ペルシア帝国と小アジア

ヘレニズム以前の社会と文化

阿部拓児

凡例

・ギリシア語をカタカナで表記するにあたっては、θ, φ, χとτ, π, κを区別しなかった。したがって、エフェソスではなく、エペソスと表記した。
・ただし、すでに一般名詞として受け入れられていると考えられるもの（例えば、サルコファゴスやアンフォラなど）については、この原則を無視した。
・子音の重複は「ッ」で表記したが、流音（λ, ρ）の重複は無視した。したがって、アッリアノスではなく、アリアノスと表記した。
・固有名詞の母音の音引きについては、原則としてこれを省略した。
・地名については、上記の原則から外れ（例えば、ギリシア、エジプト、フェニキアなど）慣習にしたがって表記した場合がある。
・古典文献および先行研究からの引用文中の（ ）は原文のままの挿入もしくは原文表記を、［ ］は訳者・引用者による補いを示す。また、〈 〉は、底本テクスト内の補いを示す。
・アナトリア諸語のうち、リュキア語とカリア語の人名についてはカタカナ表記に馴染まないため、アルファベット表記のまま残した。

はじめに

「東洋と西洋の架け橋」、「文明の十字路」、「ヨーロッパとアジアが出会う国」。これらのフレーズは、現代のトルコやアナトリアの地を言い表すのに、いささか手垢にまみれた感もある。「二つの大陸にまたがった都市」イスタンブル。「こんな都市、ほかに見たことはないだろう」とイスタンブルっ子は自慢げに語る。

人が小アジアに心惹かれるのは、西も東もヨーロッパもアジアも併せ呑む、この「懐の深さ」にあるのは間違いなかろう。一四五三年のコンスタンティノープル陥落により、小アジアの主役は東方キリスト教世界を体現したビザンツ帝国から、のちにメッカとメディナ「両聖都の庇護者」を認めるオスマン帝国へと移っていった。ビザンツ帝国が小アジアの支配者になったのは、コンスタンティノープルをローマ帝国の首都に定めたとされる三三〇年から数えたとしても千年以上。レイトカマーであるトルコ人がこの地に進入したのは、ビザンツ帝国とセルジューク朝の間で交えたマラズギルトの戦いが一〇七一年なので、こちらももうすでに千年に手が届きそうである。この二つの厚い歴史の層が折り重なって、今日のアナトリアの魅力が醸し出されていることは疑いえない。

ビザンツとオスマンの両帝国が小アジアの歴史を代表する二つの顔である一方で、ローマ人がこの地に属州を築くより四〇〇年以上前、ペルシア人がここを支配していたことは、あまり知られていないのではないか。イラン高原に興ったアカイメネス朝ペルシア帝国がアナトリアに到来したのは、紀元前六世紀のなかば。それから、アレクサンドロスの東征によって帝国が滅びるまでの二〇〇年余り、この地は彼らの領土だった。本書はこの――小アジアが積み重ねてきた厚みから比べると、やや薄い――時間の層を掘り返す。しかし、それはけっして地味な（モノトーンな）時代ではなかった。

ペルシア人たちが小アジアの支配者となったとき、彼らには大きく分けて二組の先客がいた。一組目は、ギリシア人。紀元前一〇世紀頃からエーゲ海を越えて、沿岸部に植民都市を築いていた。その領域は小アジアの西端に張り付き、沿岸から五〇キロメートルほどの幅をもって南北に伸びる帯としてイメージすることができる。その帯の外縁には、ギリシア人たちよりも前から小アジアに居住していた、便宜的に「先住アナトリア人」として括られる、もう一組の集団が暮らしていた。この人の流れによって、この地には西からも東からもさまざまな神々がもたらされ、耳慣れない複数の言語が飛び交っていたことであろう。それは、「グローバル化社会」と呼ばれる現代に生きるわれわれをしても、想像しがたいほどの「騒がしい」世界だったのかもしれない。

ペルシア帝国に支配され、ペルシア人が入植してきたことによって、小アジアの地域社会・文化はどのような反応を見せたのであろうか。本書はこの課題に、半島の北端（ダスキュレイオン）から南端（カリア・リュキア）、さらには海を越えたキュプロス島までを対象とし、総合的・横断的に比較考察することによって、答えていく。おそらくそこには、のちのビザンツやオスマンの時代にも通じる、小アジアの魅力がたっぷりと詰まっているはずである。

目　次

序章

本書の課題

前五五九年、ペルシアの王位に就いたキュロス二世（キュロス大王）は、前五五〇年に当時ペルシア人を支配していたメディア王であり、自らの祖父とも伝えられるアステュアゲス[1]を倒す。大征服活動の端緒についたキュロスは、小アジア西部一帯を支配していたクロイソス治下のリュディア王国、メソポタミアに繁栄していたナボニドス治下のバビロニア王国などを次々に征圧する。のちにペルシア人の「父」（Hdt. 3. 89）とも称えられるように、キュロスは前五三〇年に世を去るまでに、ペルシア帝国領の礎を築いた。その後、アカイメネス朝ペルシア帝国は前六世紀後半のダレイオス一世下、西はエジプトから東はインダス河にまでまたがる大帝国へと成長した。

キュロスによるリュディア王国征服以降、小アジアには新たな支配者として、帝国中央よりペルシア人が派遣された。ヘロドトスの伝えるところによると、ペルシア人の価値観では、自国に近い隣国の者たちをもっとも尊重し、距離が離れるにともないその度合いを下げていく。そして、自らからもっとも遠くに住む者たちをもっとも軽んずるという（Hdt. 1. 134）。この尺度を応用すれば、ペルシア中央から直線距離にして二五〇〇キロメートル近く離れている小アジア西部は、もっとも軽視された地域、すなわち帝国の「最果て」と見なされていたことになろう。

しかしながら、ペルシア帝国にとっての小アジアは、「最果て」というよりもむしろ「最前線」と形容したほうがよさそうである。小アジアの大陸からわずかに水道を挟んだ目の前、エーゲ海の島々には大小さまざまなギリシア人都市が栄えていた。さらにその先のバルカン半島の先端には、アテナイやスパルタなどの有力な都市国家が覇権を競っていた。小アジアに派遣されたペルシア人たちは、赴任地の統治のみならず、これらギリシア諸都市との交渉・折衝もおこなわなければならなかった。したがって、ペルシア大王ダレイオス二世の息子、小キュロスをはじめとして、幾人もの帝国要人がこの地に送り込まれてきたのも、故なきことではなかったのである。

ギリシア人たちは、エーゲ海以西のみに居住していたわけではない。すでに彼らは、前一〇世紀頃から小アジアの沿岸部に植民都市を築いていた。植民都市の一つ一つは点のような存在であったが（Hdt. 1. 142; 144; 149）、これらの点をつなぎあわせ、包み込むような領域を思い描くことは可能であろう。そうすると、その領域は小アジアの西端に張り付き、沿岸から五〇キロメートルほどの幅をもって南北に伸びる帯としてイメージすることができる。その帯の外縁には、ギリシア人たちよりも前から小アジアに居住していた、リュディア人やカリア人と呼ばれる人々（本書では彼らを便宜的に「先住アナトリア人」として括る）が暮らしていた。この外縁地帯では、前一〇世紀以降、ギリシア人と先住アナトリア人との間で種々の交流が持たれていたことは、想像に難くないであろう。しかし、前六世紀なかばに小アジアがペルシア帝国の一部となり、新たな統治者としてペルシア人が移住してきたことは、同地にこれまでにはない刺激をもたらし、さらにダイナミックな社会・文化の変化を引き起こしたと推測されるのである。

本書はこのような、ペルシア帝国支配（とペルシア人入植）にたいする地域社会・文化の反応を小アジアの北端（ダスキュレイオン）から南端（カリア・リュキア）、さらには海を越えたキュプロス島までを対象とし、総合的・横断的に比較考察することを目標に掲げる。

先行研究の回顧と本書の立場

小アジアには地政学上の観点から、時代の古今を問わずに重要性が与えられてきた。すなわち、小アジアは伝統的に西洋とオリエントに区分されてきた二世界の結節点を成し、学問的には西洋史学とオリエント学（東洋史学）の両学問分野にまたがるのである。東西の境界域に位置するという事実は、異なる訓練を積んだ、多彩な研究者の関心・協力を集めることだけを意味しない。それは同時に、歴史学の根幹をなす営為、すなわち史料解釈の問題（いかなる史料を重視し、どのように扱った上で、議論を組み立てるか）にも影響をおよぼしたのである。

アカイメネス朝ペルシア史にかんする史料の多くは、ギリシア語で書かれている。とりわけ、歴史の流れや因果関係を説明する史料（ナラティヴ史料）は、圧倒的大半がギリシア語文献によって占められていると言える。伝存するギリシア悲劇中では、唯一史実に取材したアイスキュロス『ペルシア人』。東西抗争史というグランド・テーマのなかで、キュロスによる建国からクセルクセスのギリシア遠征失敗までが語られる、ヘロドトス『歴史』。はるか太古のアッシリア建国から同時代のペルシア帝国まで、三帝国の栄枯盛衰の歴史を叙述したクテシアス『ペルシア史』。そのほかにも多くの弁論家や哲学者、歴史家が帝国に言及し、その歴史を書き残した。これらの古典文献は、われわれがペルシア史を構築する上で貴重な材料となっていることは疑うべくもないように思われる。

その一方でギリシア語文献には、他者の視点からペルシア人／帝国にたいするさまざまなバイアスが含まれており、すでにペルシア戦争直後から敗戦した彼らにたいする蔑視が見られることは、つとに指摘されている。蔑視の段階から、さらに時代が下り前四世紀に入ると、ペルシア帝国の過去と現在を比較した上で、かつて繁栄していた帝国が同時代までに衰退してしまったという思想が登場するようになる。このようにペルシア帝国史を「繁栄」の前半期とギリシア遠征（ペルシア戦争）失敗以後の「衰退」の後半期とに二分する歴史観、すなわちペルシア帝国衰退史観は、ペルシア帝国の滅亡やペルシア戦争の歴史的意義、さらには世界史における西洋の興隆を説明するにも都合がよく、そののち近代に入ってからも長らく受容されてきた(2)。

このような長きにわたってヨーロッパの知的伝統のなかに根づいてきたギリシア中心主義的な（と断罪されることになる）従前の歴史叙述にたいする反省から、一九七〇年代から八〇年代にかけて、新しいペルシア帝国史を叙述しようとする運動が連鎖的に発生した。一九八一年、オランダのグローニンゲン大学を中心に組織された「アカイメネス朝史研究会（the Achaemenid History Workshop）」(3)は、古典学者H・サンシシ＝ヴェールデンブルフ（当時グローニンゲン大学、のちにユトレヒト大学）と古代オリエント史家A・カート（ユニヴァーシティ・カレッジ・ロンドン）が初期の代表を務め、当時第一線で活躍していたギリシア史家、ペルシア史家、考古学者、文献学者、碑文学者らが多数参加した一大国際・学際的組織であった。彼らの特色、あるいは研究史上の意義は、従来の史料にたいする緻密な再検討と新史料（主としてギリシア語文献史料以外の文字史料および考古資料）の積極的な利用による新しいペルシア帝国史叙述を試みたことにもあるが[4]、しかしそれ以上に、彼ら以前のペルシア帝国史研究を痛烈に批判し、それとの決別を宣言したことにあった。

研究会の発起人であったサンシシ＝ヴェールデンブルフの主張によれば、従来のペルシア帝国史は、ギリシア語文献史料に過度に依拠した「ギリシア中心的な［歴史］観に支配された（the dominant hellenocentric view）」、一方的な歴史像であった[5]。そして今、このような歴史像が埋め込まれたギリシア古典文献は「原型（mould）」という語を用いている）の染み《バイアス》を徹底的に洗い落とすことによって[6]、「ヨーロッパ中心的な概念（Europe-centered perception）」である従前のペルシア帝国史像を「脱ギリシア化し、脱植民地化（to dehellenise and to decolonialise）」する作業が求められているという[7]。

上記のような主張を掲げる「アカイメネス朝史研究会」の発足した時代が、一九八〇年代前半であったという事実は見過ごすべきではない。改めて述べるまでもなく、一九七〇年代後半から一九八〇年代はエドワード・サイードの『オリエンタリズム』（一九七八年）に代表されるように[8]、旧植民地にたいする文化的な抑圧や西洋中心主義的な歴史観の反省に注目が集まった時代であった。「アカイメネス朝史研究会」の問題意識も、このポストコロニアリズムの風向きを敏感に察知したところから生まれてきた。サンシシ＝ヴェールデンブルフは『オリエンタリズム』にたびたび言及し、彼女の叙述においては「ギリシア中心的」と「ヨーロッパ中心的」が相互に変換可能な用語として扱われている点に特徴的に見られるごとく、ヨーロッパを定義するための物言わぬ他者オリエントというサイードが提唱した図式に、ギリシアを定義するための物言わぬ他者ペルシアを重ねあわせるのである[9]。

ギリシア人が自らを定義するために、バルバロイ（非ギリシア語を話す人々、とりわけペルシア人）の存在を対置的に構築していったという視点は、陶器画に見られるペルシア人やその他のバルバロイの表象分析といった美術史の分野にもおよんだが、『オリエンタリズム』が文芸批評の理論であったこともあり、とりわけ文学研究の分野に多大な影響を与えた。(10)例えば、E・ホールは著書『バルバロイの発明』で、ギリシア悲劇というアテナイの国家的な舞台の上で、ギリシア人（なかでも自己たるアテナイ人）に相対《あいたい》する存在として、戦いに敗れ、贅沢で、感情的で、残忍で、危険な存在としてのバルバロイ観が醸成され、発信されていった過程を描き出した。(11)また、歴史学の分野ではサンシシ＝ヴェールデンブルフが、ペルシア宮廷における女性の強権や宦官の陰謀について多くの記述を残したクテシアスの『ペルシア史』、キュロス大王によって理想的に統治されていた国家が、彼の死後に突如崩壊へとむかう様を描き出したクセノポン『キュロスの教育』といったギリシア語文献が、ペルシア戦争でギリシアに敗れたのちのペルシア帝国を衰退した国家と見なす誤った歴史像を生み出したと指摘する。さらに「ギリシア中心主義」と「ヨーロッパ中心主義」を直接的に結びつけるサンシシ＝ヴェールデンブルフは、その歴史像がヨーロッパの知的伝統に受け継がれ、そこで繰り返し再生産されていった結果、確固たるイメージへと変化していったと批判するのである。(12)

「アカイメネス朝史研究会」、とりわけサンシシ＝ヴェールデンブルフは、自身の革新性や研究の意義を明確化し差別化するために、いささか先行研究の功績を単純矮小化しているような印象を拭えない。例えば、S・ホーンブロワーは「アカイメネス朝史研究会」報告論集の書評において、サンシシ＝ヴェールデンブルフの先行研究批判がときとして揚げ足取りに近いとの苦言を呈している。(13)またT・ハリソンは、すでに一九世紀から二〇世紀初頭のペルシア研究者やアマチュアの歴史家・作家の間には、ペルシア帝国からの視点を意識して歴史を叙述した人々、すなわち「アカイメネス朝史研究会」の先駆者を見出せるとし、彼らの先行研究者との決別宣言が「想像上の断絶」にすぎなかったと指摘している。(14)さらにハリソンは、ペルシア帝国にかんする史料が限られているなかで、(15)「アカイメネス朝史研究会」がギリシア語史料にたいして過度な不信感を抱かせたことは、「ギリシア中心主義」に代わる新たな「ペルシア中心主義」的な歴史観を生み出してしまったと批判する。(16) これらの指摘・批判は正しいとしても、しかしながら「アカイメネス朝史研究会」の発言の数々が刺激的かつ挑発的であったがゆえに、それがもたらした効果は看過すべきではなかろう。すなわち、ペルシア帝国、否これはペルシア帝国史固有の問題ではなく、より広く言えばエーゲ海地域も含む（これにはむろんアテナイ史も含まれる）、ペルシア帝国がキー・ロールを担っていたあらゆる地域の実態に近づくためには、ギリシア語史料をいかに利用すべきか（あるいは排除すべきか）という難しい選択に、われわれは今まで以上に真剣にむき合わざるをえなくなってきていることに変わりはないのである。

上述のような、ペルシア帝国史とギリシア語史料、それらがもたらす「ギリシア中心主義」史観をめぐる研究動向は、むろんのこと、ペルシア帝国の一領域であった小アジアの社会・文化の解釈の変遷とも軌を一にしている。ペルシア帝国史研究においては、一九八〇年代前半に画期を見出せると指摘したが、小アジア研究もほぼ同時期に転換点を迎えることとなった。例えば、一九七五年と一九七七年に世に問われたペルシア帝国期小アジアの全域を扱った論考で、(17) 著者C・G・スターは、小アジアの文化創造の場でペルシア人が従来考えられていたほどには受動的な存在ではなかったと主張しているのである。(18) 当時の小アジアはペルシア帝国の支配下にあったのだから、一見するとスターの主張は至極当然のことのように思われる。しかし、例えば小アジアを中心に出土した、ある種のレリーフの形態を指す「グレコ・ペルシア式」という用語の成り立ちと比較した場合、スターの主張の意義は際立つであろう。

「グレコ・ペルシア式」とは、一九〇〇年のラピス・ラズリや玉髄に彫刻を施した印章、貴石彫刻のレリーフにかんする大部の研究書のなかで、A・フルトヴェングラーが造り出した美術史上の用語である。「グレコ・ペルシア式」と称されるレリーフは、モチーフの面ではオリエント的専制君主政の世界観を反映していた一方、芸術的テクニックの面ではイオニア的ギリシア芸術の影響を色濃く受けていた。これは、ギリシア人の芸術家たちがパトロンであるペルシア人の趣向に合わせて作品を制作していたことを意味しており[19]、この点でペルシア人は実際の芸術活動の場においては排除された存在とも言えた。この「グレコ・ペルシア式」という概念は、対象や細部が変更されながら、一九七〇年代頃までは有効だと考えられてきた[20]。これにたいしスターは、まずこれらの印章がギリシア人の手になるという前提を取り除くことによって、「グレコ・ペルシア式」と称されてきた芸術様式がギリシア的要素とペルシア的要素の双方の影響のもとに生み出された様式であったと反論するのである[21]。

スターが意味する文化とは何よりも芸術分野を指していると思われるが、彼がこの論考を通して試みていることは、従来のギリシア＝ペルシア関係史の解釈があまりにもギリシア側の視点から一方的になされてきたことにたいし、反省をうながすことである。それは論考の序章において、従来のギリシア＝ペルシア関係史研究がペルシア戦争の叙述に偏っていたことにたいし、「アカイメネス朝の側からすれば、ペルシア戦争は「ペルシア史における主要なエピソード」であったのか」という疑問を投げかけたり、ペルシア艦隊を指揮しクニドス沖の海戦でスパルタ艦隊を撃破したアテナイ人コノンの活躍を、ペルシアの勝利としてではなくアテナイの勝利として述べてきたこと（ギリシア＝アテナイを主語とする「語り」）を批判するというかたちで現れている[22]。そして、スターは当該時期小アジアの文化（具体的な考察対象は印章、金属製品、彫像・図像、貨幣）の分析に入る前に、従来想定されてきたような前四世紀のペルシア帝国の衰退を先入観として抱かないようなペルシア政治・経済史、すなわちギリシア語文献がもたらすバイアスを可能なかぎり排除した上での歴史の素描（ペルシアを主語とする「語り」）に、論考の前半部を割いているのである。

繰り返し述べてきたように、一九七〇年代後半とはエドワード・サイードの『オリエンタリズム』（一九七八年）に代表されるように、従来のヨーロッパ中心主義的な視点にたいする反省が注目されるようになった時代でもあった。むろん、スターの論考はサイードの著書に先行しており、彼が『オリエンタリズム』から直接的な影響を受けたということはありえない。しかし、「古代史研究においてわれわれは、ローマやアテナイや、今日ではそれほど多くはないものの、エルサレムの視点から眺めることに慣れてしまっており、もしわれわれの立場をずらしたら、これらの事件が異なったかたちに見えてくるであろうことを忘れてしまっている。われわれの歴史は、ギリシアの刻印が強く押されているがゆえに、どんなに注意深い研究者であっても彼らが［叙述に］持ち込んでしまった歪みに気が付かないのである」というスターの意見表明は、[23]一九八〇年代前半にサイードの思想を強く意識した「アカイメネス朝史研究会」による、ギリシア中心主義的な視点から脱した新たなペルシア史叙述の必要性の訴えと、驚くほどに一致するのである。「アカイメネス朝史研究会」の発起人であるサンシシ＝ヴェールデンブルフも、一九七九年に発表されたオランダ語論文で、サイードの『オリエンタリズム』に言及することなく（おそらく彼女はこの段階ではまだ、『オリエンタリズム』の存在を知らなかったと推測される）、ギリシア語文献史料からペルシア史を再構築することは可能なのかと疑問を投げかけている。[24]一九七〇年代後半から八〇年代を通じて生じた研究史上のうねりは、『オリエンタリズム』をきっかけとするものではなく、古代ギリシア・ペルシア史家の内部から芽生えた自己批判的な問題意識が、『オリエンタリズム』のタイムリーな出版によっていっきに花開いた現象であったと見るべきであろう。[25]

スターの分析手法の特徴としては、上述のようなペルシアを主語とする「語り」の強調とともに、もう一点、小アジア土着の要素への注目を指摘できる。「要するに小アジアとは、異国の影響力が彼らのメッセージを自由に書き込めるような白紙状態には置かれていなかった。…中略…ギリシアあるいはペルシアの芸術様式が小アジアへどのように入ってきたかを評価する場合、アナトリア土着の職人たちがペルシア帝国期小アジアの美術創作活動の大半に責任を負っている可能性が高いことを、われわれは心に留めておかなければならない」[26]。このような、小アジア的要素（先住アナトリア的要素）の発見も、「ギリシア中心主義」史観にたいする反省とそこからの脱却のなかでなされたことは、疑いえないであろう[27]。

ここで、これまでのペルシア帝国期小アジアの社会・文化理解の変遷を、いささか簡略化して述べると、以下のようになろう。まず、もっとも古い解釈は、小アジアにおけるペルシア人や先住アナトリア人の文化的主体性を認めず、ギリシア文化がどこまで拡大・普及したのかを問うていたと言える。この理解においては、小アジアはギリシア化の中間段階に位置づけられる地域であり、理論的には時間が進行すれば、あるいは条件さえ整えば、小アジアの社会・文化はギリシア本土のそれに限りなく近づくことも可能となる。しかし、このような見方は、歴史は直線的・単線的に発展するという考えに裏打ちされており、事象の一面しかとらえられていないという点で、その欠陥は明らかであろう。これにたいして、一九七〇年代から八〇年代にかけて「ギリシア中心主義」史観の批判が叫ばれるなかで、研究者たちはペルシア的要素と先住アナトリア的要素の二つを発見し、従来のギリシア的要素を含めた三要素によって小アジアの社会・文化を説明しようと試みたのである。以下の諸章で適宜言及するように、このような構図は一九八〇年代から今世紀初頭に至るまで小アジアの社会や文化を説明する際にもっとも多用された図式であった。そして、このような図式に従えば、ペルシア帝国期小アジアは、ギリシア的要素、ペルシア的要素、先住アナトリア的要素の「混合」した社会・文化を有していたと説明されるのである。

確かに、このような構図には一定の有効性が認められたのであろう。とりわけ、歴史におけるペルシア人や先住アナトリア人の主体性を回復させた意義は大きい。しかし筆者は、それがあわせ持つ理論的な限界も見落とすべきではないと考えている。かかる構図を用いる場合、分析の前提として何がギリシア的要素であり、何がペルシア的要素であるのかという認識を共有させる必要があろう（あるいは大半の研究においては、それらを所与の前提とし、あえて検討することなしに考察が開始されている）。ギリシアにしてもペルシア帝国の領地にしても、社会的・文化的同質性が保たれていたわけではないことは明らかなので、それらを代表させる何物かが必要なのである。この点にかんしてスターは「［ペルシア帝国の首都であったスサ、パサルガダエ、ペルセポリスやアテナイなどの］壮麗な宮殿や神殿は、ペルシアやギリシアの芸術様式を純粋な形式で描き出すというわれわれの目的にとって、きわめて有益である」と述べる[28]。しかし、「東方化革命」とも名づけられているように、前八世紀から七世紀のギリシア本土が東方からの文化的影響を強く受けたことはよく知られており[29]、スター自身も「［ギリシアとペルシアの］両文化は同じ東地中海世界をバックグラウンドとして生み出された」と認めている[30]。本書が対象とする時代においても、ペルシア王宮や巨大モニュメントの建造にあたっては、早くからイオニア系ギリシア人を含め、広く帝国全土から人材が登用されていたことも周知の事実となっている[31]。一方でアルカイック末期から古典期にかけてのアテナイでは、おそらくは東方から輸入されたと考えられる日傘が女性の間で使用されるようになり、またペルシア戦争後にはペルシア由来の金属製容器の形状から派生したアッティカ製陶器の生産量が増加するなど、「ペルシア趣味（*Perserie*）」とも呼ばれうるような一種の異国趣味的な流行がさまざまな形態で発現していたことも指摘されている[32]。このように、たとえ分析概念としてギリシア文化やペルシア文化なる理念的なマトリックスを措定したとしても、そのもっとも「純粋な形式」においてすら、それらがきわめて雑多な性格を有していたことが明らかとなっているのである[33]。

したがって、小アジアの社会・文化を叙述する際には、「ペルシア的」や「ギリシア的」、「アナトリア的」要素、また「ペルシア化」あるいは「ギリシア化」した社会といった評価は避けられるべきであろう。そもそもあらゆる社会や文化がその成り立ちにおいて雑種的であり、その意味するところ、例えばギリシア社会とは何か、ペルシア文化とは何か、が絶えず流動的である以上、「純粋」な社会や文化とはフィクションにすぎない。（先行研究者たちは、この社会・文化の流動性・可変性を見落としている点で、ペルシア帝国期の小アジアをギリシア的要素・ペルシア的要素・先住アナトリア的要素の「混合」というよりは「鼎立」ととらえてきたと見なすべきであろう。）しかし、いかにあらゆる文化や社会が雑種的であったとはいえ、ある社会に生活する者たちは、彼らのなかに生活様式や文化の差異が認められる場合、それに基づいて自他の境界線を形成していくであろう。例えば、小アジアに入植してきたペルシア人たちは、入植と同時に小アジアの社会・文化の不可分な構成要素となったわけではなく、当初は彼らの言語や宗教の違いによって、他者として認識されていたはずである。そして、この自他の境界線が、ある時間枠（本書の場合は、ペルシア帝国期）のなかで新たな社会や文化が築かれていくのにともない、いかに変化していったのかをたどることこそが、小アジアの社会・文化を説明することになるのではなかろうか。この見解をもとに、以下の諸章で筆者は、いかに「純粋」な社会・文化的要素が見出せるのかを論ずること、すなわち、ある碑文の文言に「ペルシア的」表現が見られることから、その社会が「ペルシア化」していたと判断したり、レリーフの図柄に「ギリシア的」表現が用いられたことから、当時の文化が「ギリシア化」していたなどと主張することはしない。その代わりに、ペルシア帝国による支配を始終点とする期間で、当初他者のものと認識されていた言語なり宗教なりが、いかに変質しながら、もう一方の集団に浸透していったのか、に着目していくことにする。

本書のこのような立場は、ペルシア帝国を主語とした「語り」や歴史叙述におけるペルシアの主体性を求めた「アカイメネス朝史研究会」にたいしては、そのポスト世代、すなわち彼らの成果を受け継ぎつつも、その次の認識・叙述モデルを模索する世代にあたろう。しかし、「アカイメネス朝史研究会」の特色は、ポストコロニアルな立場表明のみではなく、ギリシア語史料（主として文献史料）以外の史料を積極的に取り込んだことにもあった。ペルシア帝国期の小アジア研究における非ギリシア語文字史料とは、すなわちリュディア語やリュキア語などのアナトリア諸語で書かれた碑文である。本研究でも、おのおのの言語資料の解読段階や残存状況を確認した上で、これらの史料を積極的に用いていく。とくにこの分野で注目すべきは、今世紀に入ってようやく解読された、カリア語の存在であろう。アナトリア諸語はそれぞれが非常に近しい関係にあるため、本書のように小アジアを横断的に比較分析する研究にとって、カリア語の解読がもたらす恩恵はよりいっそうの重みを持つが、詳細は後続の各章に譲りたい。

なお、これまで筆者は小アジア史研究の先行研究者として、スターを中心に論じてきた。というのも、一つにはスターが上記のような方法論をもっとも理論的に提示した研究者であったということもある。しかし、もう一つには、これまでペルシア帝国期小アジアの研究は、発掘権やローカル言語の多様性などにより、地域研究（例えば、リュディア研究やキュプロス研究など）として発展してきた嫌いがあり（むろん以下の諸章ではこれら個別の研究にも言及し、各地域の研究動向の特徴にも触れることになる）、小アジア全体の歴史像がなかなか示されてこなかったからである。したがって、北部のダスキュレイオンから最南端のリュキア、キュプロスまでを首尾一貫した手法によって分析し、それによって当該時期の小アジアにおいて発生した社会と文化の変化、ペルシア帝国の支配にたいする反応の濃淡を総合的に描き出すことを目指す本書は、類似研究がほとんど見られないという点でも、今後の西洋史学およびオリエント史研究の発展に資するところが少なくないと思われる。

人名研究と二言語併用文化

ここで、本書に通底する二つの分析概念について、近年の研究状況を説明しておきたい。まずは人名研究である。ペルシア帝国期の小アジアを含め、前近代世界において「中心」に位置することのなかった社会は、史料的にも中心になることが稀であった。すなわち、ナラティヴな史料によって通史的な歴史像を描き出すことには、多大なる困難がともなわれるのである。そのような状況で、限られた史料に登場する人名は、当該地域の社会・文化の断片的な情報を提供し、おぼろげながらも歴史像を描き出す一助となってくれる。それ自体はけっして雄弁に語ることのない人名は、解釈に際しては当然のことながらさまざまな制約が付されるのであるが（例えば、ギリシア語の人名を持っている人物が、必ずしもギリシア系植民者の直裔を意味するわけではない）、それでも同一の文脈で集塊的に人名が現れる場合や、親子関係が記されている事例などでは、その分だけ確からしさ、利用価値が増していくのである。

ギリシア人・ギリシア語の人名研究は、一九七二年以来継続の国際プロジェクト『ギリシア人名目録（*Lexicon of Greek Personal Names, LGPN*）』によって、あらゆる文字史料（その圧倒的多数は碑文史料。ほか文献・引っ掻き字・銭銘・パピルスなど）に登場する人名が網羅的に収集され、進められている。[34] 小アジアの人名を収める同目録の第五巻は二〇一〇年にようやく最初の分冊が公刊されたばかりであるが、[35] 二〇一四年現在では三分冊中の第二分冊までが公刊されており、小アジアの内陸部を除いて、かなり広範囲にわたって横断的に調査することが可能となった。とりわけ小アジアのギリシア人名研究にかんしては、非ギリシア語である古代アナトリア諸語研究の進展が大きく寄与していることは言うまでもない。

前述のように、『ギリシア人名目録』はある種の徹底性を特徴としているのではあるが、そこから漏れてしまった人名の存在にも注意しておく必要がある。『ギリシア人名目録』はあくまでギリシア語の人名収集を目的としているために、ギリシア語およびその対応関係が明確となっているラテン語以外の言語（すなわちアナトリア諸語）で表された人名については、これらを対象の外に置いている。また、その地域に居住する住民の人名を掲載するという構成上、例えば小アジアに派遣されたペルシア人役人のように、地域に「根づいていない」と見なされる人物名については拾われていないのである。(36) しかし、以下の諸章で具体的に論じるように、あるペルシア人役人が小アジアの一時的滞在者であるのか、代々住み続けることになった植民者であるのかの判断は、容易にはつけられない事例が少なくない。そして何より、人名事例を集めただけでは無味乾燥なデータの羅列にすぎず、歴史学的には何も明らかにしたことにはならない。人名研究を歴史学の成果として活用していくためには、当時の個別的な文脈に置くことにより、個々の人名が持つ社会的・文化的な意義を見定めていくこと——碑文学者L・ロベールの言葉を引用するならば、「人名のカタログではなく、人名の歴史であり、人名による歴史を書くこと」——が必要なのである。(37)

もう一つのキー概念は、二言語併用文化（バイリンガリズム）である。ローマ帝国はその広大な領域のなかに多種多様な言語地域を収めていたこともあり、西洋古代史における複数言語併用の実態解明は、早くから研究者の関心を引く課題であった。これまで述べてきたように、ペルシア帝国期の小アジアはギリシア語、アナトリア諸語、支配者であるペルシア人の言語（口語としてのペルシア語、文語としてのアラム語）が併用された地域であった。同地のバイリンガリズムやピジン言語の存在を示すいくつかの事例については、すでに一九八〇年代前半にイタリア古典学界の碩学D・アシェーリがこれらを整理し、紹介している[38]。しかし、多言語状況の解明には、古代の事例だけではなく、グローバル化が進展した現代社会の事象もたいへん参考になる（古代世界の事例では、文字として残された史料を対象に、古典ギリシア語・ラテン語を筆頭にすでに使われなくなった言語について論じざるをえないが、現代社会の事例では生きた話し言葉を直接に分析することが可能である）。このような状況のなか、一九九八年に英国レディングで開催されたカンファレンスでの報告をもとにした論文集『古代社会におけるバイリンガリズム』、および同論集の編者の一人である、ラテン語史家J・N・アダムスによる浩瀚な研究書は、豊かな事例とともに、バイリンガリズム研究における一つの理論的な到達点を見せてくれる[39]。

以上の先行研究を踏まえた今、もはや二言語（複数言語）の併用を指摘し、事足れりとするだけではじゅうぶんではなく、それがどのような社会的要請を受け、いかなる形態で現出したのかに可能なかぎり迫ることが求められるようになった。二言語が併用され、互いに接触した場合、そこにはさまざまなレヴェルでの反応が見られる。それらは、二言語の対等なる並立であり、第一言語が圧倒的優位な下での第二言語の翻訳であり、必要な場においてのみの第二言語の使用であり（状況に応じて二つ以上の言語もしくは言語変種が使い分けられる社会を、とくに「バイリンガル」と区別して「ダイグロシア」と呼ぶことがある[40]）、長期の接触による二言語の融合・新言語の創出（ピジン化およびクレオール化）であったかもしれない。二言語が併用されていた状況でも、そのうちの一方が常に優位となり、他方が劣位に置かれていたわけではなかろうし、また言語使用場面における高位変種／言語（例えば法文や学問など、確立された文法に従う言葉）と低位変種／言語（日常的な、ときに文法が無視される土地言葉）の二極点のみを想定するだけでも不十分である。無数に立ち現れるシチュエーションで、複数言語のうちどの言語がふさわしいと考えられたかという、言語選択の視点も見落としてはならない。いずれにせよ、バイリンガリズムの研究においてはまず、不変的な「標準語」の存在を措定した議論を展開するのではなく、たえず転変しつつ生成するという言語本来のとらえがたい性質を見逃さないことが肝要であろう。

注

(1) アステュアゲスをキュロスの祖父と位置づける伝承は、ヘロドトス『歴史』やクセノポン『キュロスの教育』に確認できる（Hdt. 1. 107; Xen. *Cyrop.* 1. 2. 1）。しかし、クテシアス『ペルシア史』によれば、キュロスは盗賊の父アトラダテスと山羊飼いの母アルゴステの子であり、アステュアゲスとは何ら血がつながっていない（Ctes. fr. 8d. 3. Lenfant）。しかし、アステュアゲスの部下であったキュロスはやがて主人に反旗を翻し、メディア王国を滅ぼしたのちに、アステュアゲスの娘を娶ることにより彼と縁戚関係を持ったと伝えられている（Ctes. *FGrH* 688 F 9. 1）。ここでは一般に広く知られている前者の説を採用した。

(2) 阿部（二〇〇九）。

(3) 第一回研究会は一九八一年に開催されたが、一九八三年開催の第三回研究会以降は報告論集 *Achaemenid History* が公刊されており、研究会の具体的な活動内容を知ることができる。研究会設立の経緯や実際のシンポジウムの様子については、川瀬（一九八八）、川瀬（一九九〇）を参照。

(4) その代表として、研究会のメンバーであったP・ブリアンによる労作、Briant（2002）が挙げられる。

(5) Sancisi-Weerdenburg（1987a: xiii).

(6) 史料の「洗浄」の暗喩は、例えばBriant（2002: 762).

(7) Sancisi-Weerdenburg（1987c: 131). ただし、多くの共同研究がそうであるように、「アカイメネス朝史研究会」の場合も、参加者全員がサンシシ＝ヴェールデンブルフと主張や目的意識を共有しているようには思われないし、少なくとも彼女のように前面に押し出しているわけではない。

（8）サイード（一九九三）。原著は、一九七八年刊。

（9）Sancisi-Weerdenburg（1987c: 117-119）; Drijvers and Sancisi-Weerdenburg（1990: x）.

（10）バルバロイ研究における『オリエンタリズム』の影響については、Harrison（2002）.

（11）Hall（1989）. とくに Hall（1989: 99-100）では、アイスキュロス『ペルシア人』を「オリエンタリズム」の最初期の事例として位置づけるサイード（一九九三：上、一三三）の指摘が是認される。

（12）Sancisi-Weerdenburg（1987a: xi-xii）; Sancisi-Weerdenburg（1987b）; Sancisi-Weerdenburg（1987c）.『キュロスの教育』、クテシアス『ペルシア史』とペルシア衰退史観の関係については、筆者も別稿にて論じている（阿部（二〇〇六）、阿部（二〇〇九））。前者については衰退史観が確認されるが、後者についてはそのような歴史観を読み取ることはできないとして、サンシシ＝ヴェールデンブルフの説を斥けた。

（13）Hornblower（1990a）.

（14）Harrison（2011: 15）.

（15）ペルシア帝国史にかんする一次史料としては、今まで述べてきたギリシア語文献史料のほかに、複数の言語によって書かれた非ギリシア語文字史料が現存するが、非ギリシア語史料は圧倒的に帝国の前半期、すなわちクセルクセスの治世以前に偏っているのである（Cook（1983: 11-24）; Kuhrt（1995: 647-652））。例えば、ペルシア帝国史にとってもっとも正統な史料である古代ペルシア語碑文は、ダレイオス一世の時代に爆発的に製作されたが、人造語であったゆえにその後に根づくことはなく、早くもクセルクセスの代には定型化の様相を見せ、彼以降の代には質・量ともに急速に低下する。その他、帝国中央からの史料としては、ペルセポリスから出土した王室経済の活動を記録した「城砦文書」と「宝蔵文書」が存在するが、前者は前五〇九年から前四九四年までのもの、後者は前四九二年から前四五八年、すなわちダレイオス一世からアルタクセルクセス一世治世初期までのものしか残存していない。そのため、ペルシア帝国のナラティヴな通史を描くに際して、帝国の前半期（とくにダレイオス一世時代）にかんしてはさまざまな視点から書かれた史料をクロスチェックすることにより、批判的な歴史研究をおこなうことが可能なのだが、それ以降の時代になるとギリシア語文献史料の比重が、急速に増すのである。

（16）Harrison（2011: 38-56）.

（17）Starr（1975）; Starr（1977）.

（18）Starr（1975: 42）.

（19）Furtwängler（1900: 116–117）. フルトヴェングラーによる「グレコ・ペルシア式」概念の要点とその後の継承については、Gates（2002）; Draycott（2010）による整理が有益である。

（20）Frankfort（1946）; Richter（1946）; Richter（1949）; Farkas（1969）. このうちリクターの諸論考は、「グレコ・ペルシア式」概念をかなり極端なかたちで受け継いでおり、そこにはギリシア人のみが文化創造の担い手になりうるのだとする前提が見え隠れする。

（21）Starr（1977: 73–75）. スターは「グレコ・ペルシア式」という用語を引き続き使用しているが、この名称は誤解を引き起こすものであるとの認識を示す。「グレコ・ペルシア式」という概念および用語にたいする問題点については、Gates（2002）によるきわめて理論的な批判に、教えられるところが多い。その論点は多岐におよぶが、なかでも小アジアにおける複雑な文化接触のあり方をギリシアとペルシアの二元論に本質化してとらえてしまっているという指摘は、本書の議論にとっても重要なものとなろう。

（22）Starr（1975: 41）.

（23）Starr（1975: 41）.

（24）Sancisi-Weerdenburg（1979）.

（25）Cf. Abe（2012）.

（26）Starr（1977: 63）.

（27）従来の見解にたいしペルシアや土着の要素を強調する研究としては、Shahbazi（1975）も挙げておきたい。シャーバーズィは、ペルシア帝国期リュキア（小アジア南西部の地方）から発見された「ネレウスの娘たちの墓」や「ハルピュイアイの墓」などのモニュメントの彫像分析を通し、同地域の文化はペルシア的要素と土着リュキア的要素の混合であったと主張した（シャーバーズィは、この様式を「グレコ・ペルシア式」に代わり「イラノ・リュキア式」と命名している）。イラン出身で、ロンドン大学ＳＯＡＳで学位を取得後、本国に在ペルセポリス・アカイメネス朝研究所（the Institute of Achemenid Research at Persepolis）を開設し、テヘランから情報を発信していたというシャーバーズィの知的バックグラウンドを考慮すると、彼の研究も「一九七〇年代後半的」という位置づけを与えられよう。なお、その後シャーバーズィは、イラン革命勃発とともに亡命し、ドイツならびに合衆国の機関にて研究を継続した。以上のシャーバーズィのキャリアについては、著書の作者紹介欄および彼が最後に奉職した合衆国イースター・オレゴン大学のウェブサイトに掲載された訃報を参照（http://www.eou.edu/ua/news-stories/obituaries/ 二〇一四年七月七日、閲覧確認）。

（28）Starr（1977: 65）.

（29）Burkert（1992）; 周藤（二〇〇六）、岡田（二〇〇八）。

（30）Starr（1977: 60）.

（31）Nylander（1970）; 豊田（一九八一）; Boardman（2000）.

（32）Miller（1997）. 日傘については、とりわけ Miller（1992）.

（33）Burkert（1992: 1-8）は、古典期ギリシア文化の純化は一八世紀の主としてドイツの学界において進められたと指摘する。

（34）プロジェクトのコンセプトや進捗状況については、*LGPN* のウェブサイトに掲載されている（http://www.lgpn.ox.ac.uk/ 二〇一四年七月七日、閲覧確認）。同サイトでは、地域間横断の人名検索がおこなえるようになっている。

（35）*LGPN* 第五巻の公刊開始に合わせてはカンファレンスが開催され、報告論集『古代アナトリアの個人名』（Parker（2013））が出版された。

（36）Corsten（2010: xv-xvi）.

（37）Robert（1969: 987）. このロベールの提言を実践すべく、*LGPN* の第一回カンファレンスおよびその報告論集（Hornblower and Matthews（2000））は、まさしく人名研究の史料的価値を主題に据えた。

（38）Asheri（1983: 22-26）.

（39）Adams, Janse and Swain（2002）; Adams（2003）. これらの先行研究を受け、最近でもA・マレンとP・ジェイムズ編による論文集『ギリシア・ローマ世界におけるマルチリンガリズム』（Mullen and James（2012））が公刊された。

（40）「ダイグロシア」は本来、ある社会において一言語の二つの変種が用いられる状況を指す用語であった（例えば、カサレヴサとデモティキが使い分けられていた近代ギリシア社会）。しかし、近年ではこれが拡大解釈され、高位・低位の言語変種に対応して複数の異なる言語（高位言語／低位言語）が用いられる社会をも指し示すようになった（例えば、スペイン語とインディオの言葉であるグアラニー語が併用される現代のパラグアイ社会）。Cf. Langslow（2002: 26–27）; Adams（2003: 537–540）.

［補節］時代の概観

本章の最後に、本書の理解を助けるためにも、ペルシア帝国創設から滅亡までの小アジアの事件史を概観したい。[1]

（一）ペルシア帝国創設からイオニア反乱まで

ペルシア湾東部に位置した小国ペルシアは、キュロス二世の代（在位、前五五九―五三〇年）に急速にその版図を拡大した。前五五〇年に、当時ペルシアの宗主国であったメディア王国の支配から脱すると（Hdt. 1. 123-130）、前五四〇年代なかばには広く小アジアを支配していたクロイソス治下のリュディア王国および小アジア沿岸のギリシア系諸都市を征服した（Hdt. 1. 71-94; 141-176）。キュロスの侵攻を目前にして彼らギリシア人はスパルタに救援を請うたが、スパルタが軍を派遣することはなかった（Hdt. 1. 152-3）。キュロスの死後、王位を継承した息子カンビュセスはエジプトを征服したが（Hdt. 3. 1-16）、この征服活動中に本国ではマゴス僧（ゾロアスター教の祭司）による

（一）ペルシア帝国創設からイオニア反乱まで

クーデターが起こり、カンビュセスは失意のなかで事故死した（Hdt. 3. 61-66）。このクーデターは一年も経たずしてペルシア王家の傍系出身者であったダレイオスを含む七人のペルシア人貴族によって鎮圧され（Hdt. 3. 67-88）、以降は新王に任ぜられたダレイオスの子孫が王位を継承することとなった。

ダレイオスが最初に獲得した新領土は、エーゲ海東部の島サモスであった（Hdt. 3. 120-128; 139-149）。その後のダレイオスによるスキュティア遠征時（前五一三年頃）には、サモスのほかにキオス、レスボス、ビュザンティオンからの兵、およびケルソネソス半島の僭主ミルティアデスが参加していることから、これらの地域もペルシア帝国の勢力圏に入っていったことが判明する（Hdt. 4. 97; 137-8）。ダレイオス治世には、その後の小アジアの命運を左右する大事件、イオニア反乱が発生する。ヘロドトスによると、事の発端はミレトスの僭主アリスタゴラスの保身という個人的な事情にあったという。ペルシア帝国がエーゲ海島嶼部にも勢力を伸張していくなかで、前四九九年にはミレトスの僭主代理アリスタゴラスがリュディア総督アルタペルネスを巻き込んで、ナクソス島攻略作戦を画策するが、けっきょくは失敗してしまう（Hdt. 5. 28-34）。リュディア総督に多額の借金を負い、立場の苦しくなったアリスタゴラスは、アテナイとエウボイア島の都市エレトリアの協力を取りつけて、起死回生の反乱を起こしたのである（Hdt. 5. 38-99）。反乱軍はサルデイスの焼討に成功したが（Hdt. 5. 101）、アテナイ軍は一回の遠征のみで撤退し（Hdt. 5. 103）、その後も抵抗を見せていたミレトスが前四九四年に陥落しイオニア反乱は収束した（Hdt. 6. 18）。

（二）ペルシア戦争・ペロポネソス戦争期

イオニア反乱ののち、反乱に加担したギリシア諸都市に報復せんと、ダレイオスはまず先遣隊としてギリシア北部にマルドニオスを派遣した。マルドニオスはトラキアとマケドニアを征服したが、陸戦での戦死者と海上での難破によって、それ以上先へは進むことなく引き返した（Hdt. 6. 43-45）。前四九〇年、続いて派遣されたダティスおよびアルタペルネスは、ナクソス、デロス、エレトリアなど遠征途上の島々を屈服させたが（Hdt. 6. 95-101）、最終的にマラトンの戦いでアテナイに敗れペルシアに引き返した（Hdt. 6. 102-116）。ダレイオスはさらなる遠征の準備中に死去したために、前四八六年、息子のクセルクセスが王位を継承した（Hdt. 7. 1-4）。クセルクセスは前四八〇―七九年に陸海の大遠征隊を派遣し、テルモピュライの戦いでスパルタ軍を撃破するものの、サラミスの海戦、プラタイアの戦い、ミュカレの戦いなどで連敗し、以降ペルシア帝国がギリシアに直接的な軍事遠征をおこなうことはなくなった（Hdt. 7. 20-9. 107）。

ペルシア戦争はプラタイアの戦い・ミュカレの戦いをもって一応の勝敗を決したが、その後もギリシア本土の諸都市間でペルシア帝国来寇の脅威が消え去ったわけではない。これを除去するために、スパルタ軍の司令官パウサニアスはキュプロスとビュザンティオンにペルシア軍を追ったが、同地で彼がペルシア側との内通容疑から失脚して以降、スパルタは対ペルシア戦争から手を引いていく（Thuc. 1. 94-95）。アテナイはスパルタと入れ代わるようにして戦争継続のためにデロス同盟を組むと（Thuc. 1. 96; ［Arist.］*Ath. Pol.* 23. 5）、それを足がかりにエーゲ海全域に勢力を拡大し、帝国的とも評される支配を確立した。前四六〇年代前半、アテナイ将軍のキモンは同盟のさらなる拡張を目指し艦隊を率いて小アジア南部に出航すると、カリア、リュキアの沿岸都市を武力、あるいは説得によってデロス同盟に引き入れたのち、小アジア南部パンピュリア沿岸での陸海両戦闘（エウリュメドンの戦い）においてペルシア軍を撃破した（Diod. 11. 60-61; Plut. *Cim*. 12）。その後締結された「カリアスの和約」（前四四九年）[2]——小アジア沿岸から内陸へ徒歩で三日間の距離、あるいは騎馬で一日行程をもってギリシア諸都市とペルシア帝国相互の領土境界線と定めたとされる（Dem. 19. 273; Diod. 12. 4. 5. Plut. *Cim*. 13. 4）——によって、ペルシア軍再来襲の危険性は消滅した。そもそも「カリアスの和約」の史実性自体が疑われているのであるが、この時期にアテナイとペルシア帝国の間で互いの利益を侵害しないような工夫が確立されていったことは確かであろう[3]。それはあるいは、「カリアスの和約」が示すようなリジッドな境界線というよりも、アテナイとペルシア帝国による小アジア沿岸ギリシア系諸都市にたいする二重支配体制であったと推測するほうが、よさそうである[4]。

ペロポネソス戦争中（前四三一年—）、デロス同盟に参加していた小アジア沿岸の諸都市はアテナイ陣営として参加協力する（Thuc. 2. 9）。一方でリュディア総督ピッストネスと彼の庶子アモルゲスが相次いで小アジアで反乱を起こすと（前四二〇頃[5]—四一二／一年）、アテナイはペルシア大王ダレイオス二世との間に結ばれていた平和条約（「カリアスの和約」体制を再確認する条約と考えられる[6]）を無視し、アモルゲスを支援した（Andoc. 3. 29）。前四一三年にアテナイがシチリア遠征に失敗し戦局が大きく傾くと、小アジアからのアテナイ勢力排除を目論んだペルシア帝国は（Thuc. 8. 5）、スパルタとの間で、小アジアのギリシア系諸都市にたいするペルシア帝国の宗主権を認めさせることと引き換えに、スパルタを経済的に援助する条約を取り結んだ（Thuc. 8. 58）。これによりデロス同盟に参加していた諸都市は、続々と同盟から脱退していく。さらに前四〇八／七年には、ペルシア大王ダレイオス二世が王子の小キュロスをサルデイスに派遣し、いっそうのスパルタ支援体制を整えた（Xen. *Hell*. 1. 4. 3）。しかし、これらの政策はのちに、アテナイに代わってスパルタに小アジアに介入する機会を与えてしまうことになる。

（三）ペルシア帝国の滅亡まで

前四〇四年にペロポネソス戦争が終結しても、小アジアのギリシア系植民都市の帰属問題に最終的な決着がつけられることはなかった。ちょうど同時期ダレイオス二世が死去したことにともない、長子アルタクセルクセス二世が王位に就いた。すると、新王となった兄にたいし弟のキュロスが反乱を起こし、スパルタはキュロスの求めに応じて正式に彼を支援した（Xen. *Hell*. 3. 1. 1）。当初キュロスは快進撃を見せたものの、けっきょくはユーフラテス河畔のクナクサの戦いで王軍に敗れ、戦死した（Xen. *An*. 1.1-9; Xen. *Hell*. 3. 1. 2）。アテナイ出身の文人クセノポンもこの反乱にキュロス軍の傭兵として参加し、敗戦地からからくも脱出したが、名著の誉れ高い『アナバシス』はこの時の体験をもとにして執筆されたルポルタージュである。小キュロスの反乱後の混乱のなかで、スパルタはデロス同盟から引き抜いた小アジアのギリシア系植民諸都市を解放することもなく、またペルシア帝国に引き渡すこともないままに自らが支配することにした（Xen. *Hell*. 3. 1. 4）。スパルタの先の条約不履行にたいして、ペルシア帝国はペロポネソス戦争戦勝国間の足並みの乱れに介入し、反スパルタ勢力に資金援助することによってコリントス戦争（前三九五年―）を誘発させた（Xen. *Hell*. 3. 5. 1）。前三九四年に、スパルタがクニドス沖にて、当時キュプロス島サラミスに亡命していたアテナイ将軍コノンが指揮するペルシア艦隊に敗れると（Diod. 14. 83. 4-7; Xen. *Hell*.

4. 3. 10-12)、スパルタはやがてペルシア帝国に譲歩するようになる(Xen. *Hell.* 4. 8. 12-14)。コリントス戦争の和約として締結された「大王の和約(またはアンタルキダスの和約)」(前三八七/六年)には、小アジアのギリシア系都市はペルシア帝国に帰属することが最終的に明記された(Xen. *Hell.* 5. 1. 29-36; Diod. 14. 110)。この和約はその後も数度更新されながら、ギリシア諸都市間の国際関係を規定していき、実際に前三七八/七年、アテナイがスパルタに対抗するために結成した第二次アテナイ海上同盟は、この「大王の和約」を遵守するようなかたちで組織されている。(7) しかし、前三六七年にテバイがペルシア大王の支持を取りつけると(Xen. *Hell.* 7. 1. 33-40)、これに不満を持ったスパルタとアテナイは小アジアの多数の総督たちによって連鎖反応的に起こされた大サトラペス反乱に加担していく(Diod. 15. 90; Dem. 15. 9)。大サトラペス反乱は前三六〇年代に反乱総督間の裏切り行為から収束にむかい(Diod. 15. 91)、アテナイもペルシア大王から警告を受け入れて、前三五〇年代に最後の反乱であるアルタバゾスの反乱に参加していた将軍カレスを呼び戻した(Diod. 16. 22. 1-2)。

前三四〇年代に入ると、ギリシア北方のマケドニアが新興勢力として台頭してくる。前三三八年にカイロネイアの戦いでアテナイ・テバイ同盟軍がマケドニア軍に敗れると、マケドニア王ピリッポス二世はコリントス同盟を結成し、ペルシアとの全面戦争へと動き出した(Diod. 16. 89)。前三三六年にピリッポスは暗殺されてしまうが(Diod. 16. 93)、王位を継承した息子のアレクサンドロス三世がこの計画を実行に移し、前三三〇年、ペルシア帝国は二世紀以上にわたる歴史に幕を下ろした(Arr. *An.* 3. 21)。

(三)ペルシア帝国の滅亡まで

（1）以下のクロノロジーは、とくに注記がない場合、『ケンブリッジ古代史』の記述に従った。また、各事件の事実関係や背景には論ずべきところも多いが、煩雑さを避けるために先行研究への言及や付注は極力省いた。
（2）ディオドロス（Diod. 12. 3-4）が和約をアテナイ軍によるキュプロス征服作戦（前四五〇年）の直後に置くのにたいし、プルタルコス（Plut. *Cim.* 13. 4）は、それがエウリュメドンの戦いの直接的な結果だと記している。プルタルコスの記述は、「カリアスの和約」自体ではなく、それに先立つ何らかの準備的な和約の存在を示唆しているとも推測される。
（3）師尾（一九九〇）は、この時期に締結された複数の休戦条約によって、現状維持が確立されていったと推測する。
（4）Murray（1966）; Balcer（1985）; 師尾（二〇〇〇）。その根拠として、前四二二年にダスキュレイオン総督パルナケスが「王領」外に位置していたはずの都市（アドラミュッティオン）をデロス市民に割譲しており（Thuc. 5. 1）、また前四一二年にはリュディア総督とダスキュレイオン総督が沿岸ギリシア諸都市から税を徴収するよう、ペルシア大王から命じられている（Thuc. 8. 5）などの事例が挙げられる。
（5）ピッストネスの反乱の発生年代は、前四二〇年代末から前四一〇年代中頃まで、かなりの幅をもって想定されている。Cf. Lewis（1977: 80-81）.
（6）高畠（二〇〇二：三二六）。ただし、「カリアスの和約」の実在性を考慮し、ここでは「カリアスの和約」体制と表現した。
（7）同盟結成とその目的を表明した「アリストテレスの決議」（Tod 123）には、「大王の和訳」の恒久性やペルシア帝国の宗主権容認にかんする言及が見られる。

第一章　ペルシア帝国期小アジアの「首都」サルデイス

はじめに

サルデイスは小アジア沿岸から一〇〇キロメートルほど内陸に位置する都市である（図1）。前六世紀なかば、アカイメネス朝ペルシア帝国初代大王のキュロスによって小アジア全域が帝国の版図に組み込まれると、サルデイスは多数のペルシア人が入植し、帝国の小アジア支配の拠点としての役割を担った。それは例えば、ペルシア大王ダレイオス二世の実子の小キュロスが、のちに玉座を継いだ兄アルタクセルクセス二世の王位に挑戦した時点ではサルデイス総督に封じられていたことによく表れている。しかし、それ以前からサルデイスはリュディア王国の首

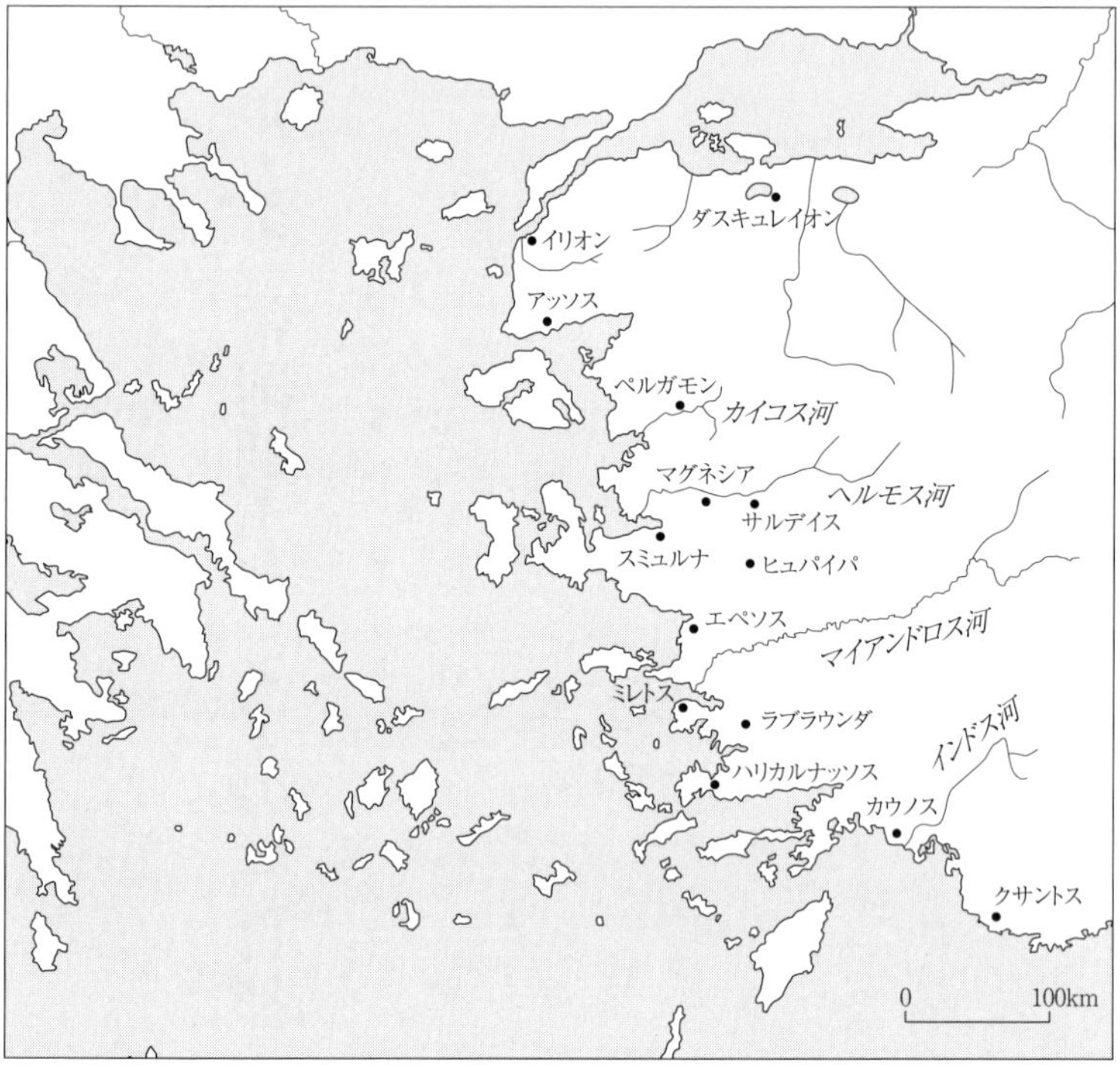

図 1　ペルシア帝国期小アジア

都として繁栄しており、王国（メルムナス朝）最後の王クロイソス時代（在位、前五六〇年―前五四〇年代中頃）の栄華は、ヘロドトス『歴史』のなかでも詳しく語られる（Hdt. 1. 26-92）。本章は、このように小アジアの「首都」であったサルデイスにて、ペルシア帝国期というタイム・スパンのなかで、人々の暮らしがどのように変化したのかを問う。

ペルシア帝国期サルデイスにかんする文字史料は、その大半がギリシア語によって書かれており、リュディア王国時代にかんする記述も含め、豊富に残っている。また考古資料にかんしても、第二次大戦以降のG・M・A・ハンフマンを中心とするハーヴァード大学・コーネル大学による組織的な調査ゆえに、多くの情報を手にすることができる。(1) 一九七五年にハンフマンが第一線を退いた際には、それまでの成果がまとめられた書が出版されたため、大戦後から約二〇年間におけるサルデイスの発掘状況については概括的に知ることができる。(2) それ以降についても、「モノグラフ」と「レポート」という二つのシリーズに分けられて、ハーヴァード大学出版局から最新の発掘成果が続々と公表されている。(3) これら文字史料と考古資料を組みあわせることにより、サルデイスの文化は分析されてきたのである。

この時期のサルデイスにおける文化にかんして、先の発掘チームによる報告書（ペルシア帝国期の執筆は編者のハンフマン自身ではなく、共同編者のW・E・ミーアスが担当している）や大戸千之氏は、ペルシア帝国期においてもサルデイスは衰退することなく、リュディア王国時代から引き続きギリシア文化の影響を受けていたという。その一方、帝国の支配下に置かれながらも、土着のリュディア的要素が継続して確認でき、むしろペルシアからの文化的な影響は小さかったと評価している。(4) このようにペルシアからの干渉をあまり認めていなかった従来の見解にたいして、E・R・M・デュシンベリーは二〇〇三年公刊の研究書で、当該時期サルデイスの文化状況のなかに長期間にわたるペルシア支配の影響力は確かに見出せると主張している。[5] 両者の見解は結論以外にも分析手法の点で異なっている。前者がギリシア的要素やリュディア的要素など不変的とも思われる文化的要素を措定して分析しているのにたいし、デュシンベリーはエスニシティという概念を用いて、その時々の文化状況に反応した文化的アイデンティティの可変性・流動性を意識しているのである。

都市サルデイス

以上のような研究動向を念頭に置きながら、まずは現在われわれが有している文献史料ならびに考古資料に基づき、ペルシア帝国期サルデイスの都市景観を概観したい（**図2**）。

サルデイスは城砦都市であった。キュロスによるサルデイス攻略のくだりで、ヘロドトスは、伝説上のサルデイス王メレスが妾の生んだ獅子を引きずってアクロポリスの城壁をめぐったことにより、サルデイスは難攻不落な都市になったという不思議な縁起譚を紹介している（Hdt. 1. 84）。同じ攻囲戦のさなか、クテシアス（前五世紀末―前四世紀初頭、小アジアの都市クニドス出身の歴史家）によれば、息子の死の悲しみに打ちひしがれたクロイソスの妻は、城壁の上から投身自殺を図ったというが、これもアクロポリスの城壁を指しているのであろう（Ctes. *FGrH* 688 F 9. 4）。図2の等高線からも読み取れるように、サルデイスのアクロポリスはかなり急峻な地形の上に置かれているのである。市街地とは別個に、アクロポリスの区域を独立して「ヒュデ」と呼ぶような風習が発達したのも（Strab. 13. 4. 6）、この切り立った地形と城壁に囲まれていたという隔絶性ゆえのことだったのであろう。

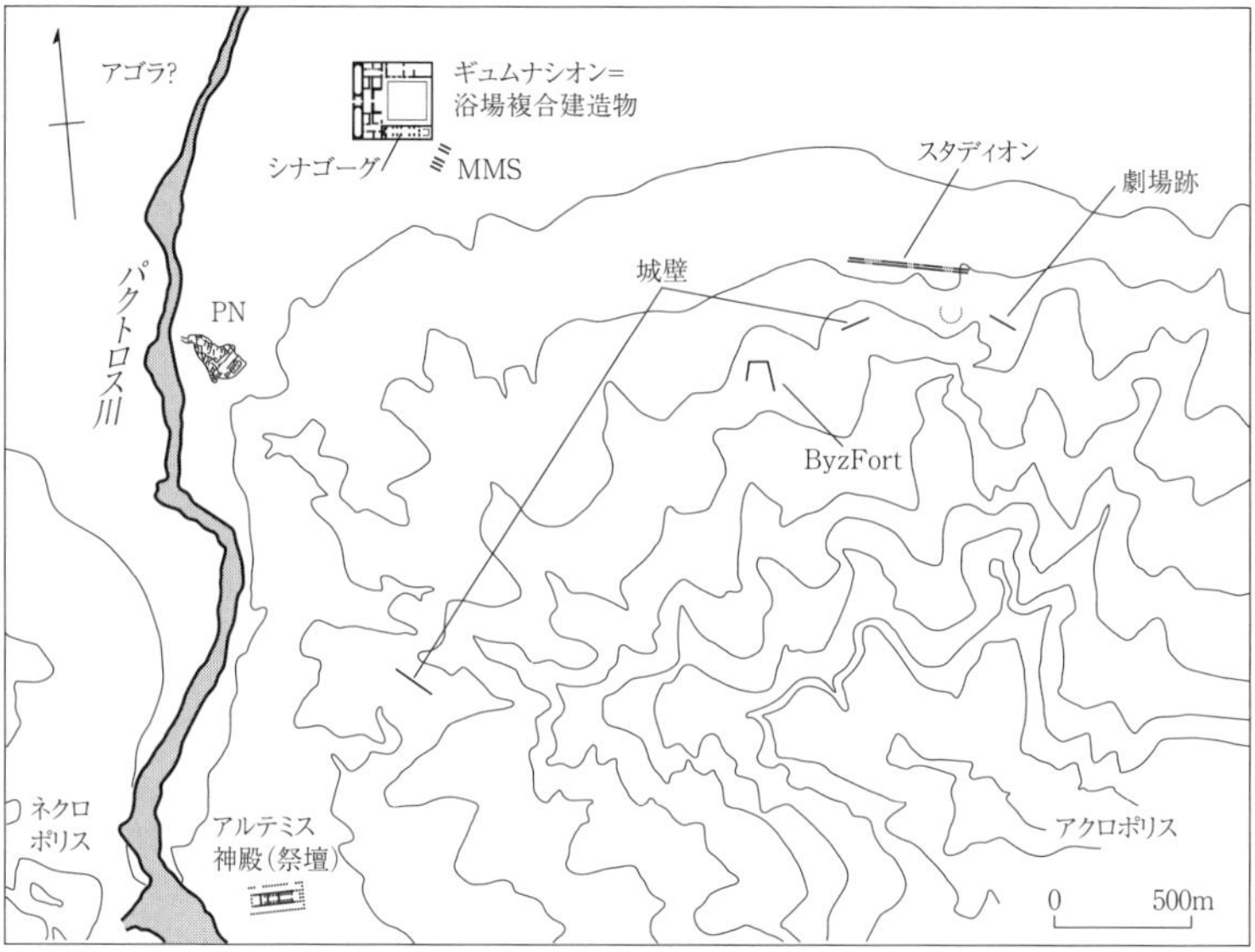
アゴラ?
ギュムナシオン=
浴場複合建造物
シナゴーグ
MMS
スタディオン
劇場跡
城壁
PN
パクトロス川
ByzFort
ネクロ
ポリス
アルテミス
神殿(祭壇)
アクロポリス
0
500m

図 2　サルデイス市街図

MMS（ローマ時代の住居址の下にリュディア時代の住居址が位置する）

キュロスによってサルデイスが征服されると、新たに部下となったクロイソスは、都市を略奪する部下たちの行動を監視するために城門に番兵を立てるよう、キュロスに進言したという（Hdt. 1. 89）。文脈から推測するに、このエピソードは市域にも城壁が存在したこと、すなわちサルデイスの城壁は多重構造であったことを示唆している。また、当地から出土したアルタクセルクセス時代（何世王かは不明だが、少なくとも前五世紀中頃以降）のアラム語碑文には「城砦都市サルデイス」という文言が登場する（*KAI* 260）。さらに時代が下って、アレクサンドロスが進軍した際（前三三四年）にも、サルデイスは三重の城壁に囲まれた都市であったと伝えられている（Arr. *An.* 1. 17. 5）。このように文字史料からは、サルデイスはリュディア王国時代からペルシア時代末期まで継続して城壁に守られていた都市であったかのように思われる。

一方、発掘調査からは、ギュムナシオン＝浴場複合建造物の南東に位置するＭＭＳ（Monumental Mudbrick Structure）と呼ばれる一画から市域の城壁址が出土している。ＭＭＳではローマ時代の住居層の下にリュディア王国時代の城壁址が位置しているが、この両側からリュディア時代の住居址が確認できることから、城壁によって居住域が厳密に分たれていたわけではないことが分かる。[6] ペルシア時代の住宅について、ヘロドトスはその大部分が葦で作られており、煉瓦造りの家であっても屋根は葦葺きであったと伝えている（Hdt. 5. 101）。ＭＭＳから発掘されたリュディア時代の城壁址は、基壇部で幅が二〇メートルほども張り出した強固な構造を持っていたが、しかしこの最初の城壁には、前六世紀なかばに破壊され、その後新たに積み直された形跡が認められる。(7) これはおそらくキュロスによる征服後に城壁はいったん取り毀たれたが、その後もサルデイスが帝国内で重要な地位を保持していたために再建されたということを示しているのであろう。

市域の中心地についてもやはりヘロドトスが記述を残してくれている。ヘロドトスによれば、パクトロス川はアゴラを貫通して流れていたという (Hdt. 5. 101: cf. Dio. Chrys. 78. 31)。この情報が正しく、またヘロドトスが述べている「アゴラ」がギリシア都市におけるアゴラのような都市の中心商業地であったとするならば (Hdt. 1. 37では、人々が行き交う場所として、サルデイスの「アゴラ」に言及されている)、ペルシア帝国期サルデイスの都市域は城壁から離れたパクトロス河畔を中心に発達していたことになる。しかし現在の発掘調査から判明しているかぎり、パクトロス川はペルシア帝国期の居住区域から七〇〇から一〇〇〇メートルほど西に位置しており、城壁の外部に位置する。この矛盾の解決策としては、ヘロドトスの記述の誤りや未発掘以外に、サルデイスのアゴラはわれわれが通常ギリシア都市で見るようなアゴラとは異なる性質の空間であった、あるいはリュディア時代から現代までの間にパクトロス川の流れが西に移動したなどの可能性が考えられる。(8)

宗教施設としては、ペルシア時代の二つの祭壇が発掘されている。一つは市域から遠く離れ、ヘレニズム時代(前三世紀)のアルテミス神殿の西に位置する祭壇であり、その位置関係より高い確率でアルテミスの祭壇だと考えられる。アルテミスはペルシア時代においてすでに重要な神格であり、そのことは、アルテミスの名が多くのサルデイス出土碑文に登場することや、小キュロスの部下のペルシア人貴族オロンタスがキュロスを裏切った後、和解の誓約をアルテミスの祭壇で交わしたというクセノポンが伝えるエピソード (Xen. *An.* 1. 6. 7) からも窺い知れる。(9)

しかし、この祭壇で祀られていたアルテミスがいったい、いかなる神格であったのかは明らかではない。可能性の一つとしては、次節で述べるエペソスのアルテミスが分祀されたものかもしれない。しかし、サルデイス発掘チームは「エペソス人によって建設されたアルテミスの聖域」（次節で分析する「冒瀆碑文」の文言）がこのアルテミスの祭壇とは別に存在していた、すなわちペルシア帝国期サルデイスには複数のアルテミスの聖域が存在していたと提案している。(10)

もう一つの祭壇は、アルテミス神殿の北方、パクトロス川北東河岸のＰＮ（Pactolus North）地区から発掘された。パクトロス川はトモロス山中に発しサルデイスを貫流しており、かつてその水は砂金を含んでいた（Hdt. 5. 101; cf. Hdt. 1. 93）。神話では、川が砂金を産出する理由は、手に触れるものすべてを金に変えてしまう能力を身に付けたプリュギア王ミダスがその源流で体を洗ったためだと説明される（Ov. *Met.* 11. 136–143）。ＰＮ地区はパクトロス川が運んだ砂金を含む沖積土から、灰吹法により金と銀を抽出する冶金場跡であり、灰吹炉のために穿たれた多数の穴がいまだに残っている。さらに抽出された金と銀の自然合金（琥珀金）からは、琥珀金を明礬を加えた塩のなかで焼き、塩化銀を生成・分離させるプロセス（セメンテーション）を経て、より純度の高い金が抽出されていた。(11) サルデイスの金工業が盛んだったことは、次節で考察する「冒瀆碑文」において金細工職人という肩書きの人物が登場していることからも窺われる。このＰＮ地区が、「黄金に満ちる」（Aesch. *Pers.* 45）と歌われたサルデイスの富を生み出していたのである。(12) なお、パクトロス川の砂金は、ローマ帝政初期までには枯渇してしまったらしい（Strab. 13. 4. 5）。(13)

ＰＮ地区において、冶金場の東部と北部の区画は、おそらくイオニア反乱（前四九九年―前四九四年）の冒頭にイオニア軍によって焼討された地域であり（Hdt. 5. 101）、祭壇は冶金場のすぐ東から出土した（一九六八年出土）。こ

火祭壇（四隅にライオン像が埋め込まれている）

の祭壇は二層構造になっており、リュディア時代の祭壇の上に六〇センチメートルの粗石が積まれている。新たに組み直された祭壇は、物を燃やした炭化痕が確認できることやその構造から、火祭壇だったと推定されている。内部に覆い隠されてしまった祭壇は四方にライオンの彫像が配置されていたことから、ライオンと深い関係にある神格、すなわちキュベベ[14]の祭壇であったと考えられ[15]、この推測は祭壇付近からリュディア語でKUVAV(A)という掻き字を持つ前六世紀第一・四半世紀に属する陶片（*LW 72*）が発見されていることからも裏づけられる[16]。発掘者A・ラメージによれば、このキュベベの祭壇は本来、冶金活動の成功を感謝するために建てられたものであったというが、注目すべきはそれがいつしか火祭壇へと作り変えられてしまったという事実であろう[17]。

ところで、上記二柱神のキュベベとアルテミスはともに豊穣の女神という性格が共通しているために、長らく混同され、研究者によってもシンクレティックな女神にたいするリュディア語表現とギリシア語表現という見方をされる

図3　Manisa 3937

こともあった[18]。しかし、一九六八年の調査の際、シナゴーグ前庭のステュロバテス（基台最上段）に再利用されていた石材（Manisa 3937）が発見されたことにより、この見解は修正されることになる。この石材は前五世紀後半のものと推定されており、左端から中央にかけて動物を抱いた二人の人物、そして右端にはそれよりも小さいサイズ（三分の二程度）の祈りを捧げる二人の人物、右上の空間にはティンパニー様の打楽器という構図のレリーフが彫られている（**図3**）。サイズの違いから左二つの人物像は神々であり、そのうち雌鹿を抱いた左端の女神はアルテミス、ライオンを抱いた中央の女神はキュベベだと推測され、右二つの人物像は女神たちのもとへ参詣にきた人間だと考えられる。このレリーフから、この二柱神はきわめて親しい関係にありながら、やはり別個の神々として崇拝されていたことが明らかとなった[19]。

この二柱神が一つのレリーフに並列して描かれていたことから、例えば、ヘロドトス（Hdt. 5. 102）が語るイオニア反乱時のキュベベ神殿焼討ののち、一時アルテミスとキュベベが神殿を共有していたとの推測もなされている[20]。現在のところキュベベの神殿自体は発掘されていない。しかし、神殿焼失にかんするヘロドトスの証言以外にも、ペルシア亡命後にテミストクレスがサルデイスで、おそらくはキュベベを指すと思われる「母」の神殿を訪れて、かつて自身がアテナイで奉納したはずの青銅像に偶然再会した（つまり像はペルシア帝国の略奪品となっていた）という逸話や（Plut. *Them.* 31. 1）、シナゴーグの壁面に再利用されていた石材（Manisa 4029. 一九六三年出土、前六世紀中頃に年代特定）には、キュベベの立像が神殿調の柱に挟まれるという構図のレリーフが刻まれていることから、キュべべ神殿の存在が示唆される。

さて、サルデイスがペルシア帝国の支配下に入った際の最大の変化は、ペルシアから総督が派遣され、それにともない多くのペルシア人が入植するようになったことであろう。文献史料からは、総督の配置とともに新たな居住施設（総督府）が建設された様子は知られていないので、総督はリュディア王国時代の王宮を転用したと想像するのが妥当であろう。リュディア王国時代の王宮について、ヘロドトスはソロンがクロイソスの王宮を訪ね、幸福な人生とは何かという哲学的命題についての議論を交わしたという有名なエピソードを紹介しており（Hdt. 1. 30）、クテシアスはサルデイス陥落後、クロイソスは一時的に王宮に監禁されたという（Ctes. *FGrH* 688 F 9. 5）。ペルシア時代については、イオニア反乱の際に進軍してきたアテナイ軍が王宮を囲む城壁外のサルデイス都市域を占領したという、アリストテレス『分析論後書』の記述が残っている（Arist. *An. Post.* 94a-b）。これに対応するヘロドトスの記述では、アテナイ軍が制圧したのはアクロポリスを除く全都市域であったということなので（Hdt. 5. 100）、王宮は平野部ではなくて、アクロポリスを中心とした丘陵地に位置していたとの推論が導き出される。

しかし、考古学調査からはこの王宮がどこに位置していたのか、確たる証拠は見つかっていない。もっとも有力視されている場所はアクロポリスの北麓、現在 ByzFort（Byzantine Fortress）と呼ばれている区画で、ここからはリュディア時代の切り石積みが発見されている。[21] ByzFort という呼称は初期の考古学者によって誤って付けられたもので、実際にはリュディア時代の遺構であるにもかかわらず、その後も慣習的に用いられているのである。これと同様にアクロポリスからもリュディア時代の切り石積みが発見されていることから、ハンフマンはサルデイスには二つの王宮が併存していた可能性を指摘している。[22] 文献史料から二つの王宮の存在が知られる大プリュギア総督区の首都ケライナイ（のちのアパメイア）の事例（Xen. *An.* 1. 2. 7-9）に鑑みるに、ハンフマンのこの推測はあながち排除できないであろう。さらに、王宮はヘレニズム期以降に別目的の施設に建て替え、もしくは転用されたとする記述も見られる。サルデイスを占領したアレクサンドロスはこの地に新たなゼウス・オリュンピオス神殿の建築を思い立ち、王宮のあった場所をその用地として選んだという（Arr. *An.* 1. 17. 5-6）。また、ウィトルウィウスとプリニウスもクロイソスの王宮がのちに市民たちが老後の余暇を過ごすための施設として転用されたと伝えている（Vitrv. *De arch.* 2. 8. 10; Plin. *HN.* 35. 49. 172）。このような後世の改変も王宮の所在地を分かりにくくする要因となっているのであろう。

ペルシア人総督が居住したことにより、彼らがペルシアで愛好していた野外庭園や狩猟場、いわゆるパラデイソスも造園された。クセノポン『キュロスの教育』（Xen. *Cyrop.* 8. 6. 12）によれば、初代の総督たちは帝国各地に派遣される際に、任地でパラデイソスを整備するようキュロスから命じられたという。このような指示が実際に出されたか否かは判別できないが、文字史料からはリュディアにおけるパラデイソスの存在が推定される。スパルタ王アゲシラオスは小アジア遠征の際――小キュロスの死後、スパルタはギリシア系諸都市をペルシア支配から「解放」する名目で、たびたび小アジアに軍隊を派遣していた――、サルデイスまで到達すると「ティッサペルネスの庭園とパラデイソスを略奪した」（Diod. 14. 80. 2）と伝えられており[23]、また小キュロスがスパルタ将軍リュサンドロスをサルデイスのパラデイソスへと案内した逸話がクセノポンによって残されている（Xen. *Oec.* 4. 20-22）。ともに前四〇〇年前後のことである。次段で述べる「ムネシマコス碑文」においても、碑文の主人公であるムネシマコスの所領には少なくとも三箇所以上のパラデイソスが含まれていたと記述されている。とりわけ同時代人でサルデイスに滞在した経験を持つクセノポンが証言している以上、パラデイソスの存在はほぼ疑うべくはないのだが、庭園の自然物としての性格からか、考古学的な証拠は発見されていない[24]。なお、小アジアでサルデイスに次ぐペルシア帝国の政治中心地であったダスキュレイオンでは、すでに総督府とパラデイソスの位置が比定されている。[25]

サルデイスの市域外においてパラデイソスとともに考察すべきは、各地に展開した中小の所領・集落の形態であろう。この点についてもっとも多くの情報を与えてくれるのは、一般に「ムネシマコス碑文」（*Sardis* VII-1. 1）と呼ばれる史料である。[26] この碑文は、サルデイス発掘の最初期段階である一九一〇年に、アルテミス神殿の壁面に刻まれているところを発見された。碑文の内容は、そこに登場するアンティゴノス（おそらくは一世モノプタルモス）が王と呼ばれていることから、ヘレニズム時代初期、とりわけアンティゴノス一世が王を名乗りだした前三〇六年以降に年代特定される（ただし、現存する碑文自体は、字体から再刻されたものであることが明らかとなっている）。[27] 文面によれば、アルテミス神殿からの貸付金を返済できなくなったムネシマコスなる人物が、金銭の代わりに自らに与えられていた所領とそこに属す農民・奴隷を神殿の管理者に抵当として譲り渡すことが取り決められた。ここで注目すべきは、その所領の所在地である。碑文によれば、この度ムネシマコスが抵当に入れることになった所領は、サルデイス平野、「モルスタスの水」（おそらく何らかの湖岸か河川域）、アットゥダ（リュディアの南方、カリアとプリュギアの境界にあたるカドモス山中に位置する集落）[28] の三地方に散っており、しかもそれぞれの地方でさらに細かく分散して展開していた。このような所領の細分化は、天候の変化などの自然災害や戦争などの人為的被害にたいするリスク・ヘッジも兼ねていたのであろう。この碑文はむろんヘレニズム期のものであるから、どれほどペルシア時代のリュディアの状況に応用できるかについては慎重にならなければならない。[29] しかし、ペルシア時代のダスキュレイオンでは、総督パルナバゾスの宮殿の周囲に「糧食を豊かに蓄えた多くの大きな集落が位置」（Xen. *Hell.* 4. 1. 15）した、あるいはリュディア総督の地位にあったティッサペルネスはカリアにも所領を保持していたとの記述は（Xen. *Hell.* 3. 2. 12）、この碑文内容との類似性を窺わせる。また、近年のサーフィス・サーヴェイ（表面調査）の結果、リュディア全域で都市にまで発展しなかった集落が点在していたことが明らかとなり、しかもそれらの数はリュディア王国時代と比べ、ペルシア時代に入ってから倍近く増加していることが分かった[30]。したがって、総督首都を本拠地としながら広く所領を分散させるというのが、土地経営にかんするペルシア人入植者の一般的な戦略だったのではないかと推測されるのである。

以上のように都市景観を概観すると、ペルシア帝国の支配下に入ったことによってサルデイスが新たな都市へと作り変えられていったことを示す考古学的証拠は乏しく――その変化はむしろ市域外において認められ、また次章ダスキュレイオンとの比較からもサルデイス都市部での変化は穏やかであったと言える――、それゆえリュディア王国時代からペルシア時代への移行については、変革よりも継続としての側面が強調されてきたのであろう。しかし、征服を機にリュディア王国時代までとは異なった文化的背景を有した人々が入植したことは確かなのであり、それにより言語・宗教などの側面で人々がどのように差異化されていたのか、あるいはされていなかったのかを、次節以下では考察したい。

ギリシア語碑文の分析

小アジアには、前一〇世紀頃にギリシア本土からの移民によってギリシア人が、前六世紀後半には軍事遠征にともないペルシア人が、ともに入植する。しかし、彼らによる入植以前のリュディアには、すでにリュディア人と呼ばれる人々が先住していた。ここで言うリュディア人とは、主にカイコス河以南からマイアンドロス河以北に居住し、印欧語族の一つ、アナトリア語派に属するリュディア語（ヘレニズム初期まで使用されていた）を母語としていた集団を指す。

前一〇世紀頃、移民活動を経たのちギリシア人らは都市を建設し、またそれらの都市から植民されたことにより小アジアの沿岸一帯にはギリシア系都市が遍在するようになる。移民当初の接触についてヘロドトスやパウサニアスらは、ギリシア人が小アジアの先住民男子を殺し、妻や娘たちを娶ったことで彼らの間に軋轢が生じたと記している（Hdt. 1. 146; Paus. 7. 2. 6）。作家らが報告しているのはミレトスの事例であるため、ここで虐殺された先住民とはカリア人を指しているはずだが、リュディアにおいても同様な事情があったことは想像に難くない。しかし、このような排斥・対立の側面のみならず、ギリシア人たちがリュディア人らを自らの世界観に取り込もうとした側面もまた、見逃すべきではない。ギリシア人はリュディア王国の祖先をヘラクレスであったと見なし（Hdt. 1. 7）、彼らを自身の神話体系に位置づけたのち、今度は諸都市の有力貴族らがリュディア王家と婚姻関係を結ぶことにより、伝説上の血縁関係を実際上の血縁関係へと発展させたと指摘されている[31]。前八世紀にいわゆるヘラクレス朝からギュゲスを祖とするメルムナス朝へと王朝が交代すると、ギリシア人とリュディア人の関係も新たな局面を迎える。リュディア王国は急速に勢力を拡大し、とくに王国最後の王クロイソスの時代には沿岸のギリシア系都市を攻撃し、「ハリュス河［現クズルウルマック］より内」、すなわちカッパドキアより西（Strab. 12. 1. 3）のほとんどの住民を支配下に置き朝貢を課す（Hdt. 1. 26–28）。しかし、このような侵略に脅かされていた一方で、ギリシア都市とリュディア王国との縁戚関係は継続しており、中井義明氏はギリシア人にたいするリュディア人の複雑な態度を「奇妙な矛盾」と形容している[32]。

前六世紀中頃以降、小アジアがペルシア帝国の支配下に置かれたことにより、多くのペルシア人が同地域に入植した。カンビュセスからダレイオス一世期のリュディア総督であったオロイテスは、近衛隊員としてだけでも千人ものペルシア兵を抱えていたという数字が（Hdt. 3. 127）、彼らの入植規模を推し量る一つの参照基準となるであろう。古代世界における傭兵や移民の問題を専門に研究しているN・V・セクンダの分析によれば、彼らペルシア人は総督を頂点とした階層的な入植形態を成し、リュディアにおいては総督の居住地であったサルデイスやカイコス河流域を中心に所領を有していたという[33]。ペルシア中央から派遣された総督が居を構え、多数のペルシア人が入植したサルデイスは、本章冒頭で述べたように帝国の小アジア支配の拠点となった。しかし、行政がペルシア人によって閉鎖的に執り行われていたわけではない。最初期の事例としては、サルデイス征服の直後、キュロスはパクテュエスという名のリュディア人に金庫番を任せたと伝えられる（Hdt. 1. 153）。けっきょくパクテュエスはこの資金を元手に反逆行為に走るのだが（Hdt. 1. 154-161; cf. Charon *FGrH* 687b F 4）、そのことによってリュディア人にたいする信用が完全に失われたわけではない。身辺警護は専らペルシア人に依存していたオロイテスも、ギュゲスの子ミュルソスなるリュディア人をサモス島への特使として派遣しており（Hdt. 3. 122）、またリュディア語が刻まれた印章が少なからず出土していることから（ただし、それらのいくつかは、すでに出土場所が不明になっている[34]）、その後もリュディア語使用者が要職に就いていた様子は窺える。これらの印章は誰しもが所持を許されていたようだが[35]、主として商取引および公務目的に使用されていたと考えられるのである[36]。

では、このようなリュディア人、ギリシア人、ペルシア人という入植当初の差異が、ペルシア帝国期というタイム・スパンのなかでどのように変化していったのであろうか。ヘロドトスは、リュディア人の風習が「ギリシア人のそれに似ていた」（Hdt. 1. 94; cf. Hdt. 7. 74）と観察し、ペルシア支配と同時に「リュディア人はすべての生活様式を変えた」（Hdt. 1. 157）と評価しているが、具体的にはそれは史料上にどのように現れるのであろうか。以下ではまず、当該時期サルデイスの文化状況理解のためにきわめてよく利用され、しかし同時に多くの問題点を含むギリシア語の二碑文（「冒瀆碑文」と「ドロアペルネスの碑文」）を取り上げ、議論したい。

一九六一年のエペソス調査の折、前面に五七行のギリシア語が刻まれた大理石碑文（一般に「冒瀆碑文」と呼ばれる）が発見された[37]。碑文はプリュタネイオンの壁面に再利用されていたが、文面から本来はエペソスのアルテミスの聖域に置かれていたと想像される。碑文の年代は字体から前四世紀後半から第四・四半世紀頃、すなわちペルシア時代末期からヘレニズム時代初期に属すると推定される[38]。ここに刻文の前半を訳出しよう。

［アルテミス］女神の代弁者たちは、以下の罪の告訴に従い、死刑の判決を下した。使節団が都市［エペソス］から、アルテミスのキトン［衣服］のため、父祖伝来の慣習に従い、派遣された。そして神への捧げ物と使節団とが、サルデイスとエペソス人によって建設されたアルテミスの聖域へと到着すると、彼らは神への捧げ物を汚し、使節団にたいし暴行を加えた。この罪にたいする処罰は死刑である。以下の者たちに判決を下した。（*IKEphesos 2*）[39]

この訳出箇所に続き、次頁の表のごとく、死刑を宣告された四五名の被告人の名が刻まれている。

ハンフマンはこの碑文に登場するすべての人名を、リュディア語、ペルシア語（もしくはリュディア語以外のアナトリア系言語）、ギリシア語の三系統に分類した[40]。**表1**は被告人およびその親族の名と、ハンフマンによる分類を併記したものである。一見して、親子間で名前の系統が異なっている事例が多々登場することに気づくであろう。表中では、ストロンボス（ギリシア語）の子タマシス（リュディア語、一二番）、ダオス（ペルシア語）の子アルテュメス（リュディア語、二五番）、ポタス（ギリシア語）の子サマティケス（ペルシア語もしくはアナトリア系言語、四四番）などが、それにあたる。このようにギリシア語名と非ギリシア語名が親族間で入り乱れて登場する現象は、本来異なっ

表1　「冒瀆碑文」における被告人

	人名
1	サプラス（L）の子マネス（L）の子テュイオス（L）
2	サプラス（L）の子マネス（L）の子ストロンボス（G）
3	ヘラクレイデス（G）の子ムサイオス（G）
4	ヘラクレイデス（G）の子カルス（L）の子パクテュエス（L）
5	カルス（L）の子パクテュエス？（L）
6	カルス（L）の子ミレトス（G）
7	カルス（L）の子ピュテオス（G）
8	アティス（L）の子パクテュエス（L）
9	ピロス（G）の子サプルス（L）
10	風呂屋マネス（L）の子アルテュメス（L）の子ヘラクレイデス（G）
11	イロス（G）の兄弟の風呂屋マネス（L）の子アルテュメス（L）の子ヘラクレイデス（G）
12	アリオテス（L）の子アティス（L）の子マネス（L）
13	靴屋アタス（L）の子モクソス（L）
14	サンダル屋サプラス（L）の子オイロス（G）の子モクソス（L）の兄弟の靴屋アタス（L）の子モクソス（L）
15	モスキオン（G）と兄弟のヘルモラオス（G）
16	ブコポス(41)（G）の子カルス（L）の子ピロス（G）
17	ブコポス（G）の子スペルモス（L）の子アルテュメス（L）
18	コンダス（L）の子カルス（L）の子ストロンボス（G）
19	マネス（L）の子パクテュエス（L）の子ストロンボス（G）
20	金細工職人ヘラクレイデス（G）の子ストロンボス（G）
21	ストロンボス（G）の子サプラス（L）
22	ストロンボス（G）の子タマシス（L）
23	マネス（L）の子カドス（L）の子ザクロレス（L）
24	エペソス（G）の子マネス（L）の子ストロンボス（G）
25	ダオス（I）の子アルテュメス（L）
26	ピュテオス（G）の子テュイオス（L）
27	コテュロス（G）の子マネス（L）の子アルテュメス（L）

28	ヒエラ・コメ(42)出身のエウマネス(I)の子シシネス(I)
29	…欠…のストロンボス(G)の子ピュテオス(G)
30	神官アティス(L)の子パクテュエス(L)
31	油屋マネス(L)の子パクテュエス(L)
32	カルス(L)の子…欠…
33	カルス(L)の子エペソス(G)の子パペス(L)
34	奴隷アティス(L)の子マネス(L)の子テュイオス(L)の子ミトラダテス(I)
35	コテュロス(G)の子カルス(L)の子ストロンボス(G)
36	カルス(L)の子ストロンボス(G)
37	ババス(L)の子カドス(L)の子ストロンボス(G)の子ピュテオス(G)
38	カリア人(43)マネス(L)の子パクテュエス(L)
39	ピュテオス(G)の子ストロンボス(G)の子モクソス(L)
40	大使バガテウス(I)の子テュイオス(L)の子スペルメス(L)
41	パペス(L)の子ラトパテス(L)
42	イビダ・コメ出身のアタス(L)の子マネス(L)の子カルス(L)
43	アティス(L)の子パクテュエス(L)の娘を娶ったアタス(L)
44	ポタス(G)の子サマティケス(I、またはアナトリア系)

G=ギリシア語名　L=リュディア語名　I=ペルシア語名

た文化的背景を有していた共同体間での通婚が日常的におこなわれていたことを示唆している。また、被告人集団がどれほどの一体性を持ったグループかは不明であるが、彼らの間ではコミュニケーションのために、何らかの共通言語が確立していたであろう。碑文の出土状況から判断すれば、リュディア語が主要言語であったことは疑いないのだが、多言語が通用する環境にあったとの想定も排除すべきではなかろう。サルデイスの事例ではないのだが、実際ペルシア帝国期のカリア(リュディアの南接地域)においては二言語が話されていた都市が存在しており(Diod. 11. 60. 4)、またリュディア人を祖に持つプリュギア南部の都市キビュラの住民は、サルデイスでリュディア語が通用しなくなったのちも、リュディア語とギリシア語を含む四言語を操っていたとも報告されている（Strab. 13. 4. 17）。しかし、ヘロドトスの時代までにはすでに口語としてのイオニア方言がリュディア地方、カリア地方、島嶼部と地域によって分化していたという状況に注目すると（Hdt. 1. 142）、サルデイスにおいても日常会話のレヴェルでは複数言語を横断するような新たな言語が用いられていたとも想像すべきではなかろうか。

人名と使用言語の問題にかんしては、先述のリュディア語が刻まれた印章も考察に値する。J・ボードマンが整理したところによれば、これらリュディア語の銘を持つ印章は都合一五例確認されており[44]、その文言はいずれも印章の所有者を表している。これらのうち、もっとも多いパターンは「マネスのもの」（*LW* 55; *LW* 56; *LW* 73）という銘である。ヘロドトスはマネスというリュディア王の名前に言及しており（Hdt. 1. 94）、ストラボンはアテナイ人がリュディアに接するプリュギア地方出身の家事奴隷を、その地域にありふれた名前から借りてマネスと渾名していたと伝えている（Strab. 7. 3. 12）。「冒瀆碑文」にもその名が頻出していることから、マネスとはこの地域ではきわめて一般的な名前であったことが分かる。そのほかには、「タフスのもの」（*LW* 76）、「ブサドヴォスのもの」（*LW* 77）、「ナナス」（*LW* 78）、「アテスの子スヴァムスのもの」（*LW* 75）というように、リュディア語と考えられる名の人物がリュディア語によって自らの名前を記している。しかし、なかには「この銘［?］はミトラタスのもの」（*LW* 74）というように、明らかにペルシア語名の人物がリュディア語を用いている事例も確認できる。これとは対照的に、字体から前五世紀から四世紀初頭に特定される、アラム語で「アルティマス」（*CIS* 2. 99）と刻まれた印も出土している。この印章の所有者として、クセノポン『アナバシス』（Xen. *An.* 7. 8. 25）で前四〇一年当時のリュディア「統治者（ἄρχων）」として言及されている「アルティマス」が可能性の一つとして浮かび上がる。この想定が正しいとするならば、サルデイス総督[45]はやはり帝国の国際公用語であったアラム語で執政していたことを示す証拠となろう。しかし、『アナバシス』でアルティマスの名が言及されている箇所は後世の加筆と考えられていることや、この印が私蔵品であり、きちんとした学術調査の対象とはなっておらず、出土地や発掘時期などの基礎的な情報も曖昧となっているなど、この印章の所有者をサルデイス総督と同定するには、依然多くの問題が残る。[46]

リュディア語銘のうち、もっとも興味深い事例は「サムスの子バキヴァスのもの」（*LW* 51）という銘であろう。このバキヴァスというのは一見するとリュディア語名のようにも思われる。しかし、サルデイスのアルテミス神殿付近から出土した彫像台座には、リュディア語とギリシア語の二言語併記によって、「バキヴァスの子ナンナスがアルテミスに」（リュディア語）と「ディオニュシクレスの子ナンナスがアルテミスに」（ギリシア語）という銘が刻まれていることから（*LW* 20）、バキヴァスとはディオニュシクレスというギリシア語名のリュディア語表記であることが分かる（音の違いは、バッコス／バキヴァス＝ディオニュソス／ディオニュシクレスの対応関係から説明される）。印章に刻まれた銘には、それを読む相手の使用言語と同時に、何よりも所有者自身の使用言語が反映されているであろう。とするならば、この時期のサルデイスにおいては、ペルシア語名やギリシア語名を持った場合でも、リュディア語をじゅうぶんに使用できた人物がいたと推定できよう。

さて、「冒瀆碑文」でもう一つ目を引くのは、「エペソス人によって建設されたアルテミスの聖域」という文言である。ここでは、イオニアを代表するギリシア植民都市エペソスから、本来ギリシア都市ではなかったサルデイスにアルテミス信仰が分祀されていること、また二都市間の交流が「父祖伝来の慣習に従い」継続されていたことを窺わせる。残念ながらこの碑文からは、サルデイスにおいてこのアルテミスを信仰していた人々がどのような集団であったかは不明である。「冒瀆碑文」が語る暴行事件に、サルデイスの人々による外来の信仰にたいする抵抗運動としての性格を見出すこともできるかもしれないが、後述するようにエペソスのアルテミス信仰はサルデイスにおいてかなりの程度浸透していたので、ギリシア宗教にたいする土着民の抵抗運動といった図式でとらえることは困難である。そもそもエペソスのアルテミス信仰が、小アジアという土壌から完全に切り離されて成立したとは考えがたいであろう(47)。そこで次に、いわゆる「ドロアペルネスの碑文」を通して、サルデイスにおける信仰のあり方を考察したい。

「ドロアペルネスの碑文」は、一九七四年にパクトロス川の浸食作用により河床から発見された。碑文の年代は字体からローマ帝政期、二世紀後半以降の作と推定されているが(48)、そこに刻まれた内容は明らかにペルシア帝国期のものを含む。後述するように、この碑文は長らく文化面でのサルデイスにおけるペルシア帝国のプレゼンスを示す貴重な証拠として扱われてきた(49)。まずは、以下に刻文を訳出しよう。

> アルタクセルクセス王治世第三九年、リュディアのヒュパルコス、バラケスの息子ドロアペルネスはバラダテスのゼウスに彫像を…欠…(50)。＊［ドロアペルネスは?］アデュトス［一般の人は立ち入りを禁止されている至聖所］に入ることができ、神に冠をかぶせる世話人のネオコロスに、犠牲獣(51)を運ぶサバジオスや、アングディスティス、マーの秘儀に参与しないように命じた。そこで彼らはネオコロスのドラテスに秘儀を控えるように命令した。＊（*SEG* 29. 1205）

冒頭に「アルタクセルクセス王治世第三九年」とあるため、ここから決議の年代特定が可能となる。歴代ペルシア大王のなかでアルタクセルクセスの名を冠する王は三人見出せる。そのうち、三世王は治世が二〇年ほどであるため、決議は一世王治世三九年（前四二七年）か二世王治世三九年（前三六七年）の二つの可能性が残るが、オリジナルの碑文が存在しないため、これ以上の同定は難しい。

この碑文の意義としては、アフラマズダ信仰がサルデイスにまで浸透したことを示すとする、ギリシア碑文学の泰斗L・ロベールの説が長らく支持されてきた。しかし、彼の説が発表されてから三〇年以上のちに、フランスを代表するペルシア史家P・ブリアンがロベールのごときペルシア化の証拠ではなく、中央から派遣されたペルシア人総督を頂点とする支配者層の地方化を示すとする新釈を提案し、現在は解釈についての意見の一致を見ていない(52)。この決議文には難解な語や省略が多いが、両者の説の相違は突き詰めれば、「バラダテスのゼウス」が何を指すのかという問題に由来する。

「バラダテス」という語は、ギリシア語に意訳されたものではなく、ペルシア語の音をそのままギリシア語へと置き換えたものである。ロベールは、ペルシア語で bara- は「運ぶ者、もたらす者」を、同様に dāta- は「宗教的な法、とくにゾロアスター教の法」を意味することから、「バラダテスのゼウス」とは「ゾロアスター教の法をもたらす」ゼウス、すなわちアフラマズダを意味すると解釈した(53)。確かに、現在残っているペルシア語碑文には「アフラマズダが私に救いをもたらした（auramazdāmaiy upastām abara）」という定型句が頻出し、クセルクセスのいわゆる「ダイワ碑文」（クセルクセスがダイワ＝悪神の崇拝を禁止し、神殿の破壊を命じた碑文）には、「アフラマズダが命じたところの、あの法を尊敬せよ（avanā dātā paridiy tya auramazdā niyaštāya）」（XPh）という表現が登場する。また、ヘロドトスの『歴史』にも、アフラマズダのことを指すと思われる神格をゼウスと呼んでいる一節が見出される（Hdt. 1. 131）、ディオゲネス・ラエルティオスが伝えるところによると（Diog. Laert. 1. praef. 8）、アリストテレスは散逸した『哲学について』という著書で、マゴス僧たちが善き霊をゼウスないしオロマスデスと呼び、悪しき霊はハデスないしアレイマニオスと呼んでいたと記している（Arist. fr. 6. Rose）。これら、アフラマズダはギリシア語ではゼウスと置換されていたと考えられることから、ロベールの解釈は一定の説得力を持っている。これにたいしブリアンは、「バラダテス」をゼウスのエピセット（添え名）と解釈することには文法的な困難がともなうことから、バラダテスを個人名、とくにドロアペルネスおよびバラケスの祖先の名であったと推測し、「バラダテスのゼウス」とはバラダテス（もしくは彼の子孫）が新たに創設したローカルな信仰であったと解釈する。[54]

では、ペルシア帝国期サルデイスにおいて、アフラマズダ信仰は確立していたのであろうか。五賢帝時代末に活躍したリュディア出身の作家パウサニアスは、[55]「ペルシア人」と渾名されるリュディア人たちがサルデイス近郊のヒエロカエサリア（「冒瀆碑文」では、二八番シシネスの出身地ヒエラ・コメの名で登場している）とヒュパイパに聖域を所有しており、マゴス僧がその聖域の火祭壇の前で、不可解な言語の呪文を唱えては火を崇めている様子を目撃したと証言している（Paus. 5. 27. 5-6）。パウサニアスの記述からは、ローマ帝政期以前にリュディアにアフラマズダ信仰が根づいていたことが示唆される。アレクサンドレイアのクレメンス（後二世紀）所伝のベロッソス（前三世紀）『バビロニア史』によれば、アルタクセルクセス二世の治下、ペルシアの女神アナヒタの信仰がサルデイスに導入されたという（Beros. *FGrH* 680 F 11）。[56]アフラマズダ信仰がサルデイスに持ち込まれた時期としても、とりわけペルシアにおける信仰を帝国全土に拡大させることに熱心であったアルタクセルクセス二世の時代、とくに碑文との関係から前三六七年を有力な候補として挙げられよう。また、リュディア出身のギリシア語作家クサントス（前五世紀）はゾロアスターの名前を知っており（Xanth. *FGrH* 765 F 32）、同じくリュディアに位置するギリシア系植民都市コロポン出身の歴史家ディノン（前四世紀）もゾロアスターの名とともに、マゴス僧が執り行う祭式の様子を正確に記録するなど（Dinon, *FGrH* 690 F 3; F 5）、この地域の人々がアフラマズダ信仰に馴染みがあったことを窺わせる。さらに、ＰＮ地区（旧冶金場）の発掘者であるラメージは、先述のキュベベ祭壇が作り変えられたのちの火祭壇は、入植ペルシア人たちが祭式に用いる拝火壇であったと推測している。[57]

以上のように、状況証拠から見ると（これらをブリアンはほとんど等閑視している）、ロベールの説は非常に魅力的である。ところが碑文自体の解釈に限ると、彼の説を受け入れるに際しては早くから指摘されてきた文法的な難点、とくに「バラダテスの」をゼウスのエピセットだと解釈した場合、本来「ゼウスに」の与格と同様「バラダテス」も与格となるはずにもかかわらず、実際の碑文では属格になっているという決定的な問題点にたいし、効果的な解決策を見出せないのである。(58) ロベール説の最大の論拠である bara- と dāta- についても、ダレイオスのベヒストゥーン碑文ペルシア語版（DB）には「[臣民たちは] 私 [ダレイオス] に貢物を運んだ（manā bājim abaratā）」や「私の法を遵守するこれらの国々（imā dahyāva tyanā manā dātā apariyāva）」という非宗教的な用法が登場するので、とりわけ「バラダテス」をアフラマズダと関連づける必要もないであろう。したがって、ペルシア帝国期におけるアフラマズダ信仰の可能性を残しつつも、語義の解釈については、「バラダテスのゼウス」をアフラマズダと比定することは危険であろう。しかし、ドロアペルネスによって何らかの新しい信仰が導入されたことは確かであり、それにたいする態度の差が現れている碑文の後半部は、「バラダテスのゼウス」問題を留保しながらでも、考察に値しよう。

「ドロアペルネスの碑文」の後半は、ヒュパルコスの地位（総督とも副総督とも解釈できる。この地位については後述）にあったドロアペルネスという人物が、「世話人のネオコロス」にたいし禁止令を出すという形式になっている。「ネオコロス（νεωκόρος）」は本来神殿の管理者を意味し、ローマ帝政期にはとりわけ皇帝礼拝の神殿を所有する都市にたいする名誉称号として用いられた語だが、ロベールは続く「世話する者（θεραπευ-*vac.*）」との関連から、「ネオコロス」とは信者団体のような組織であったと解釈している。(59) 碑文でもネオコロスは複数形で登場しているので、ここではこの語が個人よりは何らかの集団を指していると理解してよかろう。そして彼らは、サバジオスやアグディスティス、マーといった主として小アジアで信仰されていた神々（Cf. Strab. 10. 3. 15; 12. 2. 3; 12. 5. 3）の秘儀へ入信することを禁止されていた。決議文中では、これらの神々の秘儀と「バラダテスのゼウス」信仰は相反する宗教として扱われている。しかし、禁止令が発令されるということは、それを促すような状況、言い換えるならば、ドロアペルネス（あるいは彼の祖先）という高位の人物によって導入された（あるいは創造された）「バラダテスのゼウス」信仰に参与していた人物のうちのかなりの人数が、これらローカルな信仰にも参与するという状況であったことが読み取れる。そして、たとえドロアペルネスのようなきわめて上層の階級にあった者から見れば相容れない信仰だったとしても、それより下の集団にしてみれば、このような区別は抱かれていなかったのである。(60)

以上、二つのギリシア語碑文の分析からは、ペルシア帝国期サルデイスにおいてかなりの程度通婚がおこなわれていたこと、そしてペルシア人高官によって導入された新たな神格と在来の神々が同列に扱われていた状況などが、とりあえずは読み取れたであろう。

リュディア語碑文の分析

ここで、前節での筆者の推論を裏づけるために、リュディア語碑文の検討に移りたい。これまでにも本章ではいくつかのリュディア語の銘に言及してきたが、それらはいずれも数単語のみから成る銘か掻き字（graffiti）であった。しかし以下では、比較的長文から成るリュディア語碑文を扱うので、まずは分析に入る前に、現在われわれが有するリュディア語にかんする知識を整理しておきたい。(61)

リュディア語は印欧語族の一つであるアナトリア語派に属す言語であり、アナトリア語派の代表的言語であるヒッタイト語、またリュディア語と同じくペルシア帝国時代に小アジアで使用されていたリュキア語やカリア語（これら二言語はアナトリア語派のなかでもルウィ語群に属する）と言語的特徴を共有する。現在、R・グスマーニ編『リュディア語辞典（*Lydisches Wörterbuch, LW*）』に整理されているリュディア語言語資料は一一〇点余りを数えるが、その大半は掻き字や銘などで文章としての態を成していない。しかし幸いなことに、現存の資料中にはギリシア語やアラム語との併記碑文が含まれており[62]、これらとほかのアナトリア諸語との比較から、リュディア語の音価、文法が明らかになった（翻字にはラテン・アルファベットとギリシア文字を混用する）。とはいえ、サンプルの少なさゆえ文法的に未解決な問題が多く、したがって以下に掲げる筆者の試訳にも文章としてぎこちない点が残っていることを許されたい。

リュディア語（長文）碑文は、その大半が墓碑銘と奉納記念碑によって占められる。墓碑銘は二〇点ほど現存しており、以下に訳出するように、被葬者情報および墓泥棒にたいする警告を記載している。

アルタクセルクセス治世一五年目、クバスの月。この墓室、この碑文、この墓の付属品、それを取り囲む壁面は、イステュベルムスの子サブラスの子カロスのものである。何人であろうと今述べたところの何物かに、あるいはこの墓室に、あるいはこの碑文に、あるいはこの付属品に、あるいは壁面に、あるいは他の墓の部分［?-］に、あるいはこのサブラスの子カロスの墓に眠る者に損害を加え、そして財産であるkarolaś［語義未詳語。墓の一部か?］を横領した者は何人であれ、彼にエペソスのアルテミスとコロエのアルテミスとsivraλmis［語義未詳語。グスマーニは「神官団」という訳語を提案している[63]］を…欠…［文脈から判断するに、「呼ぶ」「訴えかける」などの動詞が入ると推測できる］。何人であれ、ここでこれらに損害を加えた場合、…欠…はbistav［語義未詳語。おそらく否定的な意味を持っ

た形容詞］な墓泥棒と彼の財産を滅ぼすであろう。（*LW* 2）

この碑文は、サルデイスのネクロポリス（「死者の街」＝墓地）から発見された。サルデイスのネクロポリスはパクトロス川を挟んでアルテミス神殿の反対側に広がっており、アクロポリスと同様にその山容は険しい。山の斜面にたいして横穴式に掘られた羨道（ドロモス）、そしてその奥に墓室を備える岩窟墓が作られており、その数は千以上にものぼる。遺体は墓室内に設置されたクリネ（石の棺台）に直に安置されるか、棺に入れられた上でクリネ、もしくは玄室か羨道の床に置かれていた。発見時には斜面などに倒れた状態で放置されている場合もあるが、墓碑銘は本来これら岩窟墓の羨門付近に立てられていたのである[64]。

リュディア語碑文が作成された年代はほぼペルシア帝国期と重なるため[65]、本書では詳細な年代特定の議論は不要と思われるが、上記の碑文にかんしては冒頭に「アルタクセルクセス治世」と明記されているので、碑文作成年代がペルシア時代中・後期であることは疑いない。この碑文で注目すべきは、カロスという典型的なリュディア語名を持つ人物（「冒瀆碑文」ではΚαροῦς/Karousの表記で登場）が「エペソスのアルテミスとコロエのアルテミス」に死後の墓の安全を祈願している点であろう。「コロエのアルテミス」についてはストラボンが紹介しており（Strab. 13. 4. 5）、その記述によれば、サルデイスの郊外に位置したコロエ湖に聖域があったという。このコロエ湖は元来ギュゲス湖と呼ばれており（Hom. *Il.* 2. 865; 20. 391）、それに隣接してリュディア王国時代の王陵（この墳丘墓群は、現在ではトルコ語で「ビン・テペ（千の丘）」と呼ばれている）が築かれていたことから（Hdt. 1. 93）、コロエのアルテミスは墓守の女神であったとも推測できる。一方のエペソスのアルテミスとは、先述の「冒瀆碑文」に登場した、エペソスから分祀された女神であったと考えられる。

次に、同じくサルディスのネクロポリスから出土したリュディア語墓碑銘を訳出する。

…欠…バキリ月の開始後［?·］、この碑文、この墓室、この壁面、この墓地、この墓一帯に属するもの、それはシルカスの子クムリスの子マネスのものである。何人であろうとこの碑文を、またはこの墓室を、またはそれらの壁面を、あるいはこの墓一帯に属するものを、何人であろうとそのいずれかにたいし損害を加える者は、エペソスのアルテミスとコロエのアルテミスが、彼の所領を、家を、土地を、水を、不動産を、彼の所有するいかなるものをも滅ぼすであろう。（*LW* 1）

先の碑文と同様に、ここでもエペソスのアルテミスとコロエのアルテミスがセットで登場している。この被葬者もマネスというリュディア語名を持つ人物であり、このことからエペソスのアルテミス信仰がサルディスにおいてかなりの程度浸透していたことは明らかであろう。もう一点注目すべきことに、この碑文には以下に訳出するようにアラム語文も併記されていた[66]。

アルタクセルクセス治世一〇年マルヘシュワン月五日に、城砦都市サルディスにて。この碑文、この墓室、この聖地の木々、この墓室に至る道はシルカス家のクムリスの子マネスのものである。何人であろうとこの碑文、この墓室、この墓室に至る道の木々にたいして損害を加え、破壊する者は、コロエとエペソスのアルテミスが、彼の所領を、家を、不動産を、土地を、水を、彼の所有するいかなるものを、そして彼自身をも滅ぼすであろう。（*KAI* 260）

一見して明らかなように、この碑文においてリュディア語版とアラム語版は対訳の関係にある。逐語レヴェルでは差異が見られるものの、大意は一致している。アラム語はペルシア帝国における公用語であったが、それがリュディア語名を持つ人物の墓碑という私的な場面で用いられていることは興味深い。これにかんしては、例えばマネスが役人でありアラム語を習得していた、私人であったがアラム語を習得できた、マネスがペルシア出身家系でありながらリュディア語名を持つ人物であったなどと想像されようし、あるいは作り手・読み手の視点からすると、アラム語の私的碑文を作成するような石工やアラム語話者の存在が示唆される。ただし、現存する類似の墓碑銘のうち、唯一この碑文のみがアラム語併記を採用しており、この点を考慮すると、このような私的領域でのアラム語によるメッセージの発着信はむしろ少数派であったと言える。

さて先の二碑文ではいずれも墓の安全がアルテミスに祈願されていたが、その対象は常に限定されていたわけではない。ここで、サルデイスのネクロポリスから出土した、木製の扉を模した墓壁（偽扉）に刻まれた墓碑銘を訳出しよう。

> この墓室はアルスの子マネスのものである。何人であろうとこの墓に損害を加える者、その彼をクルダンスとアルテミスは滅ぼすであろう。（*LW* 4b）

この碑文で、被葬者マネスはアルテミスと同時にクルダンスという神格にも安全を祈願している。グスマーニ編『リュディア語辞典』によれば、クルダンス（qλdãnś）は常にアルテミスとともに現れることからアポロンを意味するとの説もあるが、この同定にかんしてはそれ以上の積極的な根拠が見当たらない[67]。あるいは、われわれがまったく知識を有していない神格を表しているのかもしれない。なおこの碑文には、余白部分に後から書き足されたと考えられる、以下の碑銘も見られる。

この墓の部分［銘文が刻まれた扉を指すのであろう］はアルスの子マネスのものである。何人であろうとこの碑文を、あるいは karolaś［上述 *LW* 2 に登場する、墓の一部を指すと考えられる語義未詳語］に損害を加える者、その彼をサンタスとクファダとマリブダは滅ぼすであろう。（*LW* 4a）

ここではサンタス、クファダ、マリブダという、これまで登場しなかった神格にたいし墓の安全が祈願されている。マリブダにかんしては詳らかになっていないが、サンタスはヒッタイト語やルウィ語資料では凶暴な軍神として現れ、(68) そしてクファダ（kufada）はクヴァヴァ（kuvava）、すなわちギリシア語で表記するところのキュベベを指していると考えられる（碑文校訂者のグスマーニは、PN地区から KUVAVA の掻き字を持つ陶片が発見されたのちに、kufada の読みを kufava に修正している）。(69) 先述「ドロアペルネスの碑文」の考察から筆者は、サルディスの人々は外部から導入された新たな信仰とローカルな信仰との区別を抱いていなかったと推測したが、この二碑文からも「アルスの子マネス」、もしくは彼の子孫（マネス本人ではなく、彼の子孫が碑文の余白に書き足しをした可能性がある）がアルテミス、キュベベ、クルダンス、サンタス、マリブダを同列に扱っている様子を読み取れるのである。

ここまで論じてきた被葬者はすべてリュディア語名の人物だった。しかし、われわれが有するリュディア語墓碑銘の一つには、実はギリシア語名の人物も登場している。

この碑文は、バキヴァスの思い出に捧げられた。何人であろうとこの墓碑を破壊する者は、善がその不敬を裁くであろう。（*LW* 10）

先述した通り、このバキヴァスは、リュディア語とギリシア語の二言語碑文（*LW* 20）から、ディオニュシクレスというギリシア語名の人物であったことが分かっている。リュディア語名の人物が墓の安全をエペソスのアルテミスに祈願している一方で、ギリシア語名の人物がリュディア語の墓碑銘を捧げられていたという事実は、ペルシア帝国期サルディスの文化状況を理解する上できわめて興味深い現象であろう。

最後に、「ドロアペルネスの碑文」と同様にペルシア語名を持った高官が登場する、リュディア語奉納記念碑を取り上げよう。[70] まずは、以下に訳出する。

この神殿はクルダンスとアルテミスに建てられた。もし何人であろうとこの神殿に冒瀆を加える者は、彼を偉大なるクルダンスとエペソスのアルテミスが滅ぼすであろう。第五年に、祭司であるミトラタスの子ミトリダスタスは定めた。私の財産にかかわる所有もしくは売却の文書、それを brafrsis ［語義未詳語。グスマーニは「宗教団体」という訳語を提案している[71]］は、私が公にしたところの、しかるべき場所に管理する。私が所有した物を私が寄贈した者にたいして、悪意から罪を犯す者は、クルダンスとアルテミスは彼自身とその財産を滅ぼすであろう。これらの神々を冒瀆した者、凌辱した者［?.］は、彼自身もその財産もけっして繁栄することはないであろう。私は所有しているところのものを、ほかの誰でもなく神殿当局に寄贈する。財産を受け取った［語義未詳語。おそらく「横領した」などの否定的なニュアンスを持つ動詞］ほかの管理者［?.］はいかなる場合も、私ミトリダスタスが定めたように、なる［処刑される?.］。私が定めた規定を犯す者、あるいは mētrid ［語義未詳語。文脈から判断するに、「法に抵触する」などの否定的な動詞と推測できる］する者、あるいは何か罪を犯した者、彼らにたいしアルテミスは私が定めた規定のものをなすであろう。（*LW* 23）

この碑文はアルテミス祭壇の付近から発見された。すでに筆者は、現存するアルテミス祭壇で祀られていた神格は「エペソスのアルテミス」とは別個の神格だとする考古学者の説を紹介したが、この奉納記念碑にはエペソスのアルテミスが登場していることから、やはり現存の祭壇は「エペソスのアルテミス」に捧げられていたと見なすのが妥当であろう。

碑文の主人公は、「ミトラタスの子ミトリダスタス」という親子二代でペルシア語名を持つ有力人物である。ミトリダスタスは祭司であると同時に、神殿を献納し、さらにその後の神殿運営基金を寄贈できるほどの財力を持っていた。そして何よりも、これまで扱ってきた墓碑では、碑文作成者は神々の冒瀆者にたいし、世俗的な実効力を持っていなかったであろう呪詛の言葉を投げかけるにとどまっていたが、ミトリダスタスは具体的な罰則条項を持った法を規定している。そして、このようなサルデイスにおけるエリートが全財産を寄進するほどに、クルダンスとアルテミスを信仰していたのである（あるいは信仰心の篤さからではなく、資産運用の一環として寄進したのかもしれない。実際エペソスでは、アルテミス神殿の管理者が個人資産を預かる銀行業のような仕事も請け負っていた（Xen. *An.* 5. 3. 6-7））。

ここで、先述のドロアペルネスとの相違に気づくであろう。同じペルシア系顕職保持者でありながら、一方は在来の信仰を排除し、もう一方はそれを受容している。エペソスのアルテミスを在来の神格と表現することには語弊が生じるかもしれないが、少なくともサルデイスの人々に着実に浸透していたことは既述の通りである。このような差異はなにゆえ生じたのであろうか。

ドロアペルネスはサルデイスのヒュパルコスであった。『スーダ辞典』（一〇世紀）はヒュパルコスについて、「ほかの支配者の下にある者、服従している者、独立していない者」（*Suda, s.v. hyparchus*）と解説しており、トゥキュディデスも「［総督］ティッサペルネスのヒュパルコスであるスタゲス」（Thuc. 8. 16. 3）という表現を用いていることからも、ヒュパルコスとは総督に次ぐ地位の高官であったと考えられる。ただし、ヘロドトスは明らかに総督を指すと思われるケースについてもヒュパルコスという語を用いているので（Hdt. 4. 166）、ペルシア大王の下位にある支配者という意味としてもとらえることができるであろう。ドロアペルネスの場合、リュディア総督という重要な地位にありながらも、ほかの史料からはその存在が確認できないのは不自然なので、副総督であったと考えるほうが無難であろう。たとえ総督であったとしても、前四二〇年代中頃にはピッストネス、前三六〇年代中頃にはアウトプラダテスというサルデイス総督の存在が知られているので、その在位期間はきわめて短命であったと思われる。[72] 副総督の人事については伝えられる事例が少ないが、サルデイスの総督はその時の政局の変化に応じてペルシア中央から派遣された。例えば前四二〇年代末から前四一〇年代中頃に総督ピッストネスが反乱した際には、事態が収拾したのちに、反乱鎮圧のために中央から派遣されたティッサペルネスが総督位に就き（Ctes. *FGrH* 688 F 15. 53）、また前四世紀末にはダレイオス二世の実子であった小キュロスがティッサペルネスに代わって総督となるなど（Xen. *An.* 1. 1. 2; *Hell.* 1. 4. 3）、代々その地位が継承されるということにはならなかったのである（これは隣接するダスキュレイオンの総督位とは大きく異なる特徴である）。[73] 副総督も総督に付き随って行動していたと想定するならば、[74] ドロアペルネスは中央からサルデイスに派遣されてきたのであろう。これにたいし、同じペルシア系の出身でありながらもミトリダスタスの場合は、神職というある程度血統が求められ伝統が重視される役職に就いているわけであるから、[75] 新参者というよりはやはり、代々この地域に根づいた家系の出身者ではなかったかと想像される。したがって、単世代でサルデイスに赴任していただけであろうドロアペルネスが、ネオコロス（「バラダテスのゼウス」の信者団体）に在来信仰への入信を認めなかったのにたいし、数世代にもわたる時間のなかでサルデイス社会に溶け込んでいったミトリダスタスが、本来は彼の家系にとって他者の信仰であったアルテミスとクルダンス信仰を受け入れていくことができたと推測することで、二者の態度の差を説明できるのではなかろうか。

おわりに

これまで本章はペルシア帝国期サルデイスの社会、文化状況を考察してきた。サルデイスは小アジアにおけるペルシア帝国の最重要拠点であったにもかかわらず、考古資料、文献史料から再現される当時の都市景観からは帝国のプレゼンスを確認することは困難であった。しかし、征服に際し、それまでとは異なった文化的背景を有するペルシア人が新たに入植したことは確かであり、それによりサルデイスの人々の文化状況がいかに変化したのかという問いにたいし、筆者は主として碑文史料を用いて論じてきた。ギリシア語碑文である「冒瀆碑文」からは当時のサルデイスにおいて、リュディア人、ギリシア人、ペルシア人の共同体間でかなりの程度通婚がおこなわれていた様子を、また「ドロアペルネスの碑文」からはペルシア人高官ドロアペルネスの理想に反して、新たに導入された神格と小アジア在来の神々を同列に信仰している集団を確認できた。

しかし、これら二つのギリシア語碑文には、前者はエペソスから出土し、後者はローマ帝政期に作成されたという史料的な問題点があり、そこで筆者は同時代のサルデイス住民が作成したリュディア語碑文に着目した。これらの碑文からは、リュディア語名の人物がキュベベなどの在来の神々と並行して、エペソスのアルテミスに墓の安全を祈願していたこと、ギリシア語名の人物がリュディア語銘の入った印章を所持していたこと、エリートであり祭司であったペルシア語名の人物がエペソスのアルテミス神殿に財産を寄進していたことなどを読み取れた。そしてそれらは、先のギリシア語碑文の分析を裏づける結果となった。

以上の分析から、ペルシア帝国期サルデイスにおいては、日常業務（行政・商取引）や婚姻関係などの接触・交流を通じて、本来は他者のものであった宗教や言語を互いに受容していくことにより、リュディア人、ギリシア人、ペルシア人という移住当初の自他の境界線が曖昧になっていったと結論づけられよう。以下の章では、このサルデイスの事例を一つの基準に据え、ペルシア帝国期に発現した各地域の社会・文化の反応を追っていきたい。

（1）サルデイスの発掘史については、Hanfmann（1962）; Tassel（1998）.

（2）Hanfmann and Mierse（1983）.

（3）一部のタイトルについては、ハーヴァード大学美術館のウェブサイトで、全文が電子公開されている（http://www.harvardartmuseums.org/study-research/research-centers/sardis　二〇一四年七月七日、閲覧確認）。

（4）Hanfmann and Mierse（1983: 100-108）; 大戸（一九九三：二五〇―二七六）。Cf. Hanfmann（1978）. 大戸氏の論考の初出は、一九八七年。

また、Balcer（1983）は、前五世紀にはペルシアの影響力が小さいが、ダレイオス二世の治世にダレイオス一世が築き上げた中央集権的な帝国システムが緩み地方総督の権力が増加したことにより、前五世紀以降はサルデイスにおいて文化的なペルシア化が進行したと説明している。

（5）Dusinberre（2003）. Cf. Dusinberre（2013）.

（6）Greenwalt（1995: 128）.

（7）Greenwalt（1992: 254）; Greenwalt *et al.*（2003: 50-53）. 城壁の基壇部は、攻城櫓の接近を防ぐために、スロープ状に張り出していたと考えられる。

（8）Greenwalt（1995: 128）.

（9）祭壇の場所は明記されていないが、この時キュロスはサルディスに派遣されていたので、祭壇はサルディスのものと推測できる。またパウサニアスは、ラミア戦争（前三二三年）で戦死したリュディア人アドラストスを記念する青銅像が、リュディア人によって「ペルシアのアルテミス」の聖域前に建立されたと伝えている（Paus. 7. 6. 6）。「ペルシアのアルテミス」とはペルシアから持ち込まれたアナヒタ神（この移入については後述する）のことを指すとするのが一般的な解釈だが、Brosius（1998: 233）はエペソスやほかのギリシア系都市から広められたアルテミスであったと主張する。ただし、この場合も問題となる聖域がリュディアのどこに存在したのかは、明記されていない。

（10）Hanfmann and Mierse（1983: 50–51）.

（11）Ramage and Ramage（1983: 7–8）; Ramage and Craddock（2000: 72）; Greenwalt（2010）. 残された塩化銀は、いったん銀と鉛の合金に加工された後、再び灰吹法によって純度の高い銀に製錬される。

（12）サルディスが金に富んでいたことは、古典史料からも読み取れる。詩人アルキロコスは黄金を積んだリュディア王ギュゲスの富に嫉妬することはないと歌い、逆説的にその莫大な富の存在を証言する（Archil. F 15. Treu）。ヘロドトスもその豊かさについて、以下のような記述を残している。リュディア人は金銀の貨幣を鋳造して使用した歴史上最初の民族である（Hdt. 1. 94）。ギュゲスは六個にのぼる黄金製の混酒器をデルポイに奉納した（Hdt. 1. 14）。クロイソスは多量の金をデルポイの神託所に献納し、デルポイ市民各人にも金貨を贈与した（Hdt. 1. 50–54; cf. 1. 92）。金を購入しに来たスパルタからの使節に、クロイソスは金を無料で与えた（Hdt. 1. 69）。また、クロイソスはアテナイからの客人であったアルクメオンに、彼が持ち出せるかぎりの金を贈与し、彼の一族を富裕にした、など（Hdt. 6. 125）。

（13）ただし、ストラボンの同時代人であったオウィディウスの書き振りからは、ローマ帝政期まで金が産出されていたかのようにも読める（Ov. *Met.* 11. 144–145）。

（14）一般にギリシア語ではキュベレと表記されるが、ヘロドトスはキュベベと表記しており、こちらのほうがリュディア語の発音に近い。

（15）キュベベ図像とライオンとの親和性については、Hanfmann and Waldbaum（1969）; Munn（2006: 125–129）.

（16）*LW* 72の掻き字とキュベベとの関係については、Gusmani（1975: 28–30）.

（17）Ramage（1987: 6–15）; Ramage and Craddock（2000: 72–77）.

（18）Cf. Hanfmann（1983）; Munn（2006: 167–169）. しかし、小アジアのギリシア系都市ランプサコス出身の歴史家カロン（前五世紀）によれば、リュディア人によってキュベベと同一視されていた女神はアルテミスではなく、アプロディテであった（Charon, *FGrH* 687b F 3）。

（19）Hanfmann and Waldbaum（1969）.

（20）Hanfmann and Ramage（1978: 58–60）.

（21）Ramage（1987: 13）; Dusinberre（2003: 73–75）; Cahill（2010: 82–83）.

（22）Hanfmann（1975: 8）. Cf. Cahill（2010: 76–77）.

（23）Cf. Plut. *Alc*. 24. 5. ティッサペルネスは自らが所有していたうちで、もっとも美しいパラデイソスを「アルキビアデスの園」と名づけたとの逸話が伝えられている。ただし、Tuplin（1996: 80–131）は、パラデイソスが特殊な庭園であったと推測することに疑念を呈している。

（24）Dusinberre（2003: 70–72）.

（25）Bakır（1995）; Bakır（2001）.

（26）「ムネシマコス碑文」については、Atkinson（1972）; 大戸（一九九三：七九―八一）; Billows（1995: 111–145）; Dusinberre（2003: 123–125）; Roosevelt（2009: 112–115）をあわせて参照せよ。

（27）再刻は前二一四年のアルテミス神殿の破損とその後の再建にともなうものと推測される。Billows（1995: 144）.

（28）Thonemann（2011: 228–229）.

（29）ペルシア時代の状況をかなりダイレクトに反映させていると想定する研究としては、例えばDescat（1985）. 一方Atkinson（1972）は、碑文内容と製作年代の間にはほとんど隔たりを認められない（すなわち、ともに前三世紀末に属する）として分析をおこなっているが、この解釈は一般には支持されていない。

（30）Roosevelt（2009: 102–112）.
（31）Georges（1994: 13–24）.
（32）中井（二〇〇五：一九）。Georges（1994: 24–37）の分析によれば、ギリシア系都市のなかでも、親ヘラクレス朝的傾向を保持した都市と新興メルムナス朝を支持した都市とが存在していたという。
（33）Sekunda（1985）.
（34）Boardman（1970: 39–40）.
（35）例えばヘロドトスは（Hdt. 1. 195）、バビロニアでは各人が印章を所持していたと伝える。
（36）Boardman（2000: 169）; Dusinberre（2010）. 公務目的としての印章の使用方法については、次章ダスキュレイオン出土の封泥にかんする説明を参照。
（37）最初の校訂（editio princeps）は、Eichler（1962: 50–52）; Knibbe（1961–1963）に発表された。
（38）Hanfmann（1987）.
（39）碑文の原文およびフランス語訳文が、P・ブリアン監修の学術サイト *Achemenet* 上に公開されている（http://www.achemenet.com/pdf/grecs/sacrileges.pdf　二〇一四年七月七日、閲覧確認）。
被告人表からは、事件を起こした四五名の被告人の具体的な人物像に近づくことができる。父親や祖父については、例えば風呂屋のマネス（一〇番、一一番）、靴屋のアタス（一三番、一四番）、金細工職人のヘラクレイデス（二〇番）といったように、彼ら自身の職業を明記しているケースがある一方、被告人自身の職業に触れられることはない。これは単に碑文の形式上の問題かもしれず、例えばMasson（1987: 232–233）は、属格で示された職業名は父祖の名前ではなく、被告人本人を修飾している（例えば、一三番の「靴屋アタスの子モクソス」は「アタスの子で靴屋のモクソス」）と解釈する。この解釈に従うと、モクソス（一四番）が上手に説明できないため、Masson（1987: 227）は一四番を「アタスの子で兄弟の靴屋モクソス」と「サプラスの子オイロスの子でサンダル屋のモクソス」の二人に分けるという、困難な解釈をおこなっている。そもそも碑文がどれだけ厳密な形式に則っていたかは疑問であるが、もし一定のルールに従っていたとするならば、Hanfmann（1987: 3–4）が想定するように、被告人自身は職業を持っていなかった、あるいは職業を持つほどの年齢に達していなかった――すなわち刻文は、サルデイスの若者によるエペソスからの使節団にたいする集団暴行事件について述べていると見るほうが説得力がある。

（40）Hanfmann（1987: 5-7）.

（41）Masson（1987: 227）は、ブコポスは個人名ではなく職業名（肉屋）と解釈する。

（42）サルデイス北東に位置する、のちのヒエロカエサリア。

（43）サルデイスにおけるカリア人の存在については、Pedley（1974）. そもそも、クロイソスの母親がカリア人であったように（Hdt. 1. 92）、サルデイスには相当数のカリア人が在留していたと考えられる。

（44）Boardman（1970: 20-21）によれば、一〇例。その後、Boardman（1998）によって補足修正され、一五例となった。ただし、そのうちのいくつかは刻字が判読不能となっており、すべてが *LW* に採録されているわけではない。

（45）この時期はサルデイス総督が小キュロスからティッサペルネスへと交代する時期にあたるため、たとえ『アナバシス』の記述が正しいとしても、アルティマスは臨時総督（これが『アナバシス』の言う「統治者」か）のような地位にあったと考えられる。

（46）Cf. Bivar（1961）; Lemaire（2000）.

（47）Cf. Sokolowski（1965）.

（48）碑文の基礎情報（碑文の出土地、出土年、出土状況、保存状態、石のサイズ、材質、文字のサイズ、字体、行間幅、摩滅具合など）は、Robert（1975）. 碑文の原文・フランス語訳文および写真が、*Achemenet* 上に公開されている（http://www.achemenet.com/pdf/grecs/droaphernes.pdf　二〇一四年七月七日、閲覧確認）。

（49）例えば、Mellink（1988: 219）.

（50）碑文では＊の箇所に蔦の葉の紋様（*hedera distinguens*）が入る。

（51）原文では τὰ ἔνπυρα、すなわち「可燃物」。「犠牲獣」ととる Robert（1975）にたいして、Sokolowski（1979）は「香の容器」と解釈する。ただし本章では、この箇所の解釈を問題としないため、さしあたってロベールの説に従った。

（52）Robert（1975）; Briant（1998a）. 以下の議論および未解決の問題点については、Debord（1999: 367-374）の整理が有益。

（53）Robert（1975: 313）.

（54）Briant（1998a: 221）; Briant（2001: 16-17）; Briant（2002: 677-678）.

（55） パウサニアスは、彼の著作『ギリシア案内記』の対象をギリシア本土に限定しながらも、叙述の間にしばしば自らの生まれ故郷リュディアのエピソードを挟んでいる。パウサニアスとリュディア誌との関係については、Spawforth（2001: 389–392）.

（56） アルタクセルクセス二世とアナヒタの関係は、アルタクセルクセス二世のスサ碑文で、それ以前の「アフラマズダのご加護に」という定型句に代わって、「アフラマズダ、アナヒタ、ミトラのご加護に、私はこの宮殿を造営した。そしてミトラよ、私をあらゆる災いより守りたまえ」（A²Sa）という文言が登場することからも裏づけられる。リュディアにおけるアナヒタ信仰の拡大と存続については、Brosius（1998）を見よ。ブロシアスは、アナヒタ信仰はペルシア人エリートに限られた排他的な性格の信仰であったため、リュディアの人々の間に浸透することはほとんどなく、それゆえヘレニズム期に入ると消滅したと主張する。

（57） Ramage and Craddock（2000: 74）. Corsten（1991: 173）は、この火祭壇がアナヒタ信仰のためのものだったと推測しており、例えばストラボンもアナイティス（アナヒタのギリシア語読み）の聖域内においても火を守る祭式が執り行われていたと記している（Strab. 15. 3. 15）。ただし、このストラボンの記述は、アフラマズダの聖域でおこなわれていたのと同様の儀式がアナヒタの聖域でも執り行われていたと解釈するべきであろう。Boyce（1975 : 456）; ボイス（二〇一〇：一三〇—一三四）は、本来アナヒタは水と結びつく女神であり、初期のアナヒタ信仰では火祭式が執り行われていなかったと主張する。

（58） Frei（1984: 19–21）; Gschnitzer（1986）.

（59） Robert（1975: 318–319）. ペルシア時代（前四世紀）の小アジアで「ネオコロス」が「神殿の管理者（個人）」を意味する事例としては、エペソスのアルテミス神殿の管理者メガビュゾス（Xen. *An.* 5. 3. 6–7）と、彼の息子であったと考えられる人物（*IPr* 231. 碑文では人名が欠損し、父親名のみが読み取れる。おそらくは父親と同名であったか）の二名が確認される。

（60） 実はこの解釈にも難点が残る。上に訳したように、「ドロアペルネスの碑文」は前半部と後半部との間に蔦の葉の紋様（拙訳では、＊）が入り、そこでいったん内容が区切られていると考えられる。先述のごとく、碑文自体はローマ時代に再刻されたものであることから、Briant（1998a: 220）は、碑文後半部はペルシア帝国期ではなく、ローマ時代の状況について述べていると推測している（Cf. Briant（1998a: 225）; Herrmann（1996））。このような解釈に立つ場合、後半の禁止令を発布した人物は、筆者が疑問符を付して訳したドロアペルネスではなく、ある不特定の人物ということになる。しかし、文脈を考慮すれば、第一文と第二文の主語は同じドロアペルネスであったと解釈するのが自然であろう。Cf. Fried (2004: 134–135).

(61) 以下のリュディア語概説および文法については、Gusmani (1964); 大城・吉田（一九九〇）; Gérard (2005) を参照。

(62) *LW* 20; *LW* 40（ギリシア語併記）. *LW* 1; *LW* 41（アラム語併記）. ただし、*LW* 41のアラム語文はほとんど判読できない。

(63) Gusmani (1964: 198).

(64) Baughan (2010).

(65) Gérard (2005: 19–21).

(66) この碑文にはリュディア語やペルシア語からの借用語と考えられる語が少なからず登場し、語意の決定はかなり困難である。本章では、Kahle and Sommer (1927); Lipiński (1975: 153–161) の議論に従った。

(67) Gusmani (1964: 188). Hanfmann (1983: 230) は、この同定に否定的である。ただし、クテシアスによれば、サルデイスにはアポロン神殿が存在していたようである（Ctes. *FGrH* 688 F 9. 5）。

(68) Hanfmann (1983: 229); Melchert (2002).

(69) Gusmani (1975: 28).

(70) ここで取り上げる碑文とほぼ同内容の碑文（*LW* 24）が、同地点から出土している。おそらく、もう一方の碑文は細部を補足するために製作されたと推測できる。

(71) Gusmani (1964: 85).

(72) Cf. Weiskopf (1989: 91–93).

(73) Cf. Chaumont (1990: 579–608).

(74) 小キュロスのヒュパルコスにアリアイオスという人物がいる（Xen. *An*. 1. 8. 5）。彼はおそらくペルシア人で（Xen. *An*. 2. 2. 1で、自らとほかのペルシア人貴族の地位を比較している）、キュロスの友人にして陪食人（ホモトラペゾス）であったと紹介されていることから（Ctes. *FGrH* 688 F 20. 11; Xen. *An*. 1. 9. 30）、キュロスとの年来の信頼関係が示唆される。また、キュロス死後にはアルタクセルクセス二世陣営に寝返ったが、クナクサの戦いを生きのびたギリシア傭兵軍からキュロスに代わってペルシア王位に就くよう提案されたこと（Xen. *An*. 2. 1. 4）を考慮すると、アリアイオスは本来ペルシア中央でそれ相応の地位にあった者であり、友人キュロスに付き随って、ペルシアからサルデイスに下向したのではないかと推測される。ただし、この推測を決定づける明確な証拠史料はない。

(75) むろんミトリダスタスが祭司に任用された経緯などは明らかにしようがない。しかし、例えばカリアでは、ゼウス・ラブラウンドスの祭司は常に土地の名士のなかから選出されていた（Strab. 14. 2. 23)。また、エペソスではアルテミス神殿の管理者が親子二代によって務められていたことが、文献および碑文史料から推測される（Xen. *An.* 5. 3. 6-7; *IPr* 231)。

第二章　第二の総督区「首都」ダスキュレイオン

はじめに

ダスキュレイオンは小アジア北西部、プロポンティス（現マルマラ海）から三〇キロメートルほど内陸に位置した都市である（第一章・図1）。アカイメネス朝ペルシア帝国時代には、海上交通の要衝であるプロポンティス・ヘレスポントス両海域の監視所として総督が常駐する、サルデイスと並ぶ帝国の小アジア支配の拠点となった[1]。本章は、このダスキュレイオンが総督都市としてどのような施設を整え、そこに居住していた人々がどのような生活を送っていたのかを、限られた史料の中から明らかにする。また、前章サルデイスの事例との比較によって、ダスキュレイオンの特徴を相対化する。

ダスキュレイオンが総督都市に定められたのは、クセノポン『キュロスの教育』によると、ペルシア帝国創設直後のことであった。初代大王キュロスは帝国全土を管轄するために各地に総督を配置し、小アジア西部ではリュディア（総督区首都サルデイス）にクリュサンタスを、ヘレスポントス沿岸のプリュギア（この総督区の首都がダスキュレイオン）にパルヌコスを派遣したという（Xen. *Cyrop.* 8. 6. 7）。しかし、『キュロスの教育』はパルヌコスの人物像についてあまり雄弁には語っておらず、キュロス軍で騎兵大隊長を務めていたこと以外に（Xen. *Cyrop.* 6. 3. 32; 7. 1. 22）、その血筋などについては明らかとはしてくれない。また、彼の次に名前が伝わっているダスキュレイオン総督ミトロバテスとの血縁関係も不明である。

ダスキュレイオンとサルデイスの総督はともに帝国西部のフロンティアを預かる要職であったが、それと同時に互いを監視・牽制しあう間柄でもあった。ヘロドトスはカンビュセスの治世末期の事件として、ダスキュレイオン総督ミトロバテスとリュディア総督オロイテスが互いの力量を誇って口論になり、それがやがてオロイテスによるサモス島僭主ポリュクラテスの暗殺につながったと伝える（Hdt. 3. 120–125）。また、オロイテスはカンビュセス死後の騒乱に乗じて、ミトロバテスとその息子クラナスペスの二人を殺害した（Hdt. 3. 126）。この人物についても血統、とりわけペルシア大王との近親関係は不明である。ミトロバテスの死後、ダスキュレイオン総督の系譜については あまり確かなことが分かっておらず、おそらく空位期も介在したと考えられるが、ペルシア戦争終結までにはダレイオスの従兄弟であったメガバテスなる人物（Hdt. 5. 32）が総督の地位にあったことが知られている（Thuc. 1. 129）[2]。しかし、ギリシア遠征に敗退してアジアに戻ってきたクセルクセスは、先の戦争で活躍したパルナケスの子アルタバゾス（Hdt. 8. 126）をダスキュレイオン総督に任命し、以後総督区としての体制は再び整備されていった

（Thuc. 1. 129）。この総督区はギリシア語では「ヘレスポントス沿岸のプリュギア」と呼び習わされていたが、ペルシア語碑文では「海岸地域に居住する人々」として、その存在が確認されるようになる。[3]

新しくダスキュレイオン総督に任命されたアルタバゾスの父パルナケスはダレイオスの叔父にあたり、ペルセポリス出土のタブレット群にもたびたび名前が登場する帝国の要人であった。[4] アルタバゾス以降の総督位は彼の子孫が継いでいき、世襲「王朝」化していく（いわゆる「パルナケス朝」）。[5] リュディア総督には、その時々の国際情勢に適した新しい人材が派遣されていたのにたいし、[6] ペルシア王家の分家による地位の世襲化はダスキュレイオン総督位の特徴となった。しかし、この血筋のよさとは表裏一体に、前三六〇年代に総督位にあったアリオバルザネスは、異母弟で王族本家の血を引くアルタバゾス（二世）との確執から、[7] また前三五〇年代なかばにはアルタバゾス本人が、ペルシア大王アルタクセルクセス二世の崩御後に新王アルタクセルクセス三世との確執から反乱を起こしている。[8] このように、ダスキュレイオンの総督位はペルシア大王にとってギリシア諸都市との連絡役を果たす要職であったが――例えばアリオバルザネスは、ギリシア諸都市間に和平を成立させるために、ペルシア大王の名代でデルポイに特使を派遣している（Xen. *Hell.* 7. 1. 27; Diod. 15. 70. 2）――、その一方でその血筋からペルシア大王に挑戦する者が現れる、反乱の温床ともなりえたのである。

このような重要性にもかかわらず、実はダスキュレイオンは長年の間どこに位置していたかも明らかではなかった。[9] 前世紀初頭にはその都市名から、マルマラ海沿岸のダスケリ（トルコ語名ヤスキリ）に位置していたのではないかと推測されていた。しかし、この場合、ダスキュレイオンに隣接していたはずのダスキュリティス湖（Strab. 12. 8. 10; *Hell. Oxy.* 22. 3）は干上がってしまったと想定しなければ、残存する文献史料の情報と辻褄が合わなくなる。これにたいしJ・A・R・マンローはより内陸の、現在のマニアス湖をダスキュリティス湖と同定し、都市はその南東岸、現在のエルギリ村周辺に位置していたのではないかとの予想を立てたが、彼が実際に遺跡にまでたどり着くことはなかった。[10] 一九五〇年代に入ってからようやくK・ビッテルがエルギリを訪れ、マンローの予測が正しいことを確認し、さらにはダスキュレイオンのアクロポリスが村近郊のヒサールテペ（トルコ語で「要塞の丘」）上に築かれていたことも突き止めた。[11] この地に最初の発掘の鍬を入れたのは、一九五四年、アンカラ大学教授でトルコの古典考古学草創期を支えたE・アクルガルである。アクルガルの調査はそののち一九五七年のシーズンまで続き、数々の考古遺物を掘り起こし城壁の存在を確認したが、都市プランの全体像を明らかにするには至らなかった。[12] アクルガル以降ダスキュレイオンの発掘調査はいったん中止されるが、一九八八年になってT・バクルの指揮下、イズミルのエゲ大学によって組織的な発掘活動が継続しておこなわれるようになった。サルデイスが第二次大戦後の比較的早い段階から組織的な調査の対象とされたのに比べ、ダスキュレイオンのそれはかなり遅れており、それゆえ現在でも都市の一部分のみが発掘されているにすぎない。加えて、現段階では単発的な発掘レポートがもたらされているのみで、成果全体をまとめた報告書は未公刊である。[13]

ダスキュレイオンの都市景観

ダスキュレイオンはエルギリ村近辺のヒサールテペをアクロポリスに据えて、建設された。ペルシア時代以前のダスキュレイオンについては、ダマスコスのニコラオスが次のような故事のなかで言及している（Nic. Dam. *FGrH* 90 F 63）。リュディア王のサデュアッテス（リュディア王国最後の王クロイソスの祖父にあたる）は、軍事の才能には恵まれていたが、人柄の点ではほめられたものではなかった。このサデュアッテスについては、一一年間にわたるミレトス攻囲戦を開始した人物としてヘロドトスも記述している（Hdt. 1. 18）。さて、サデュアッテスは自身の姉妹であり、ミレトスという名の貴顕紳士の妻になっていた女性に恋慕し、力ずくで自分の妻にしてしまった。この横暴を耐えがたいと感じたミレトスは、ダスキュレイオンを経由してプロポンティス海のプロコネソス島へ逃れたという。このエピソードが何らかの史実に基づいていると仮定すると、この時点ではすでにダスキュレイオンが存在していたことになるが、リュディア時代のダスキュレイオンにかんする文献学的な証拠はニコラオスによるこの断片的な言及しか残っていない。しかも、ニコラオスの伝えるリュディア史においては、サデュアッテスもしくはアデュアッテスという名前があたかもリュディア王を指す一般名詞のごとくに王族の名に頻出しており（Nic. Dam. *FGrH* 90 F 44; F 45; F 46）――その典型例として、ヘラクレス朝最後の王は一般にカンダウレスの名で知られるが（Hdt. 1. 8）、ニコラオスの史書ではアデュアッテスと呼び換えられている（Nic. Dam. *FGrH* 90 F 47）――、それゆえこの逸話についても歴史上の特定の王に帰されるというよりは、固有性や時代的な正確さを超越した説話的性格のものとして判断したほうがよさそうである。また、リュディアのメルムナス朝最初の王ギュゲス（クロイソスの高祖父）の父はダスキュロスという、ダスキュレイオンの名祖を連想させる名前であったが（Hdt. 1. 8; Paus. 4. 21. 5）、両者に直接的な関係があったか否かは不明である。とくにニコラオスの史書では、ギュゲスの父のみならず祖父の名もまたダスキュロスであったとされ、しかも彼らはヘレスポントス地域のプリュギアに亡命していたと伝えられることから（Nic. Dam. *FGrH* 90 F 46; 47）、よりいっそうダスキュレイオンとの関連性を強く窺わせるが、先述の通りニコラオスのリュディア古代史には説話的要素が色濃く残っていると推測されるため、[14] この逸話（亡命自体、もしくは亡命先の選択）もダスキュレイオンの都市名の起源を説明すべく後から創作されたものかもしれない。

ダスキュレイオンのアクロポリス（現ヒサールテペ）

発掘報告によると、前八世紀の遺物として実物大のライオン像や破風飾りの一部が出土しており、ライオンをアトリビュートとするキュベレの祭壇が建設されていたことが推察される[15]。このように前八、七世紀から人々が居住していた形跡は多く確認できるようになるものの――陶片は前八世紀の第四・四半世紀から種類が増加する[16]――、しかし行政都市として機能していた様子は窺われない。サルディス総督がリュディア王国時代から首都としてじゅうぶんに発展していた都市を引き継ぎ、それ以前の建造物を活用できたのとは異なり、ダスキュレイオンを任された者たちは総督府にふさわしい都市を一から作り上げていかなければならなかったのである。

アクロポリスであったヒサールテペの発掘からは、総督府と公文書館の位置が比定されている[17]。ダスキュレイオンには総督パルナバゾスの王宮（*τὰ βασίλεια*）が存在するとクセノポンは記録しているが（Xen. *Hell.* 4. 1. 15）、これとヒサールテペから発掘された建物址とが直接的には同一のものとは考えられない。というのも、前三九五年にスパルタ王アゲシラオスが沿岸部のギリシア系植民都市をペルシア帝国から「解放」するために小アジアに遠征した際、「父が私［パルナバゾス］に遺してくれた見事な屋敷」を焼き尽くしたからである（Xen. *Hell.* 4. 1. 33）。現在見られる遺構は、この後にパルナバゾスが再建した宮殿の建物址であろう。また、ダスキュレイオンはリュディア時代から城壁を備えていたが、宮殿を中心としたテラスは南東部において侵入がしやすかったため、ペルシア時代初期から防御壁が増築され、その長さは一二〇メートル、高さは五メートルに達していたことも明らかとされた(18)。逸名氏の筆になる歴史書『ヘレニカ・オクシュリンキア』が「王によって整備された、堅固なる地」（*Hell. Oxy.* 22. 3）と形容しているように、ダスキュレイオンは要塞としての機能も果たしており、この点ではサルデイスと類似していたと言える。

アゲシラオスによって破壊されたダスキュレイオンの施設として、パルナバゾスはさらに「樹木や動物に満ちた庭園（パラデイソス）」（Xen. *Hell.* 4. 1. 33）を挙げる。このパラデイソスについてクセノポンは、次のような詳細な描写を残している。

［パルナバゾスの宮殿の］周囲には糧食を豊かに蓄えた多くの大きな集落が位置し、柵で囲まれたパラデイソスのなかに、あるいは囲いのない場所で、まったく見事な動物たちが野生で育てられていた。また、あらゆる種類の魚が棲む川も流れていた。さらに狩猟の心得がある者たちのために、鳥も数多く飼われていた。（Xen. *Hell.* 4. 1. 15–16）

サルデイスの場合、パラデイソスにかんする記述はいくつか残されてはいたが、実際の位置は同定されていなかった。しかし、ダスキュレイオンのパラデイソスは場所も特定されており、現在は「クシュ・ジェンネッティ（鳥の楽園）」と呼ばれる、ラムサール条約にも登録されている湿地帯に整備されていたことが判明している(19)。湖の東岸からは建材、テラコッタ片、貨幣、陶片などが出土しており[20]、クセノポンが記すような総督府周辺における衛星集落の存在を窺わせる。またストラボンによれば、キュジコス（ダスキュレイオンより北に位置する、マルマラ海沿岸のギリシア系植民都市）領の山中には王家の狩猟場があり、元来リュディア人によって使用されていたものであるが、のちにペルシア人に引き継がれたという（Strab. 13. 1. 17）。こちらは造りこまれた施設であるパラデイソスというよりは、クセノポンのいう「囲いのない場所」に相当する区域であったのだろう。

ダスキュレイオンのアクロポリスからは聖域の遺構も発掘されている。発掘を指揮するバクルは、本来キュベレの聖域を区切る囲い壁が、前五世紀の末に拡張工事され、火祭壇を備えた聖域をも包摂するようになったと推測する。とくに、火災と床面の修繕跡が確認されていることは、アゲシラオスによるダスキュレイオン焼討後にパルナバゾスによって聖域が急ピッチで再建されたことを指し示していると考えられる[21]。サルデイスでも、ペルシア時代中期にアフラマズダ信仰が導入されたか否かが盛んに議論されているが、ダスキュレイオンでもこれと時期を一にしてアフラマズダ信仰（あるいはそれに付随する火の祭式）が持ち込まれた可能性が示されているのである。導入の時期を別にすると、ダスキュレイオンでアフラマズダが信仰されていたことはほぼ間違いないと思われる。アクロポリスの聖域についてはこれ以上決定的なことは言えないが、それ以外にもダスキュレイオンからは墓の装飾の一部だったと考えられるレリーフ（前五世紀に年代特定）が出土している。このレリーフでは、ペルシア風のチュニクとズボン、頭巾（バシュリク）をまとった二人の男性が、何らかの建物の外か、あるいは祭壇を前にして立っている。彼らの手には長い棒が握られており、男性らは二頭の犠牲獣を捧げ、祈祷している様子で描かれている（**図4**）。この男性像は、アフラマズダ礼拝の祭司（マゴス僧）を表している可能性が高い。というのも、ダスキュレイオンから八〇〇キロメートル以上内陸に離れたカッパドキアのビュンヤン（カイセリ市の郊外）からではあるが、これと同じポーズをとる祭司のレリーフが彫られた火祭壇の一部と思われる遺物が発掘されているのである。[22] さらに、これらの図像史料と火の祭式との関係は、文献史料からも裏づけられる。ストラボンは、カッパドキアでおこなわれる宗教儀式にかんして、自身の目撃談を次のように書き残している。[23]

> カッパドキアでは——そこには多くのマゴス僧の一族がおり、彼らは「ピュライトイ［火を燃やす人々］」と呼ばれている。ここにはペルシアの神々の聖域が数多い——、供犠にあたっては刃物を用いずに、木の棒のようなものをまるで棍棒のごとくに用いて、犠牲獣を殴打する。さらに「ピュライテイア［火の神殿］」もあり、これはなかなか立派な囲い地［聖域］である。聖域の中央には大量の燃えさしが残る祭壇が置かれ、マゴス僧たちが消えずの火を守る。彼らは毎日その聖域へ入っていき、火の前で棒の束を手にして一時間近く呪文を唱える。その際フェルト製の頭巾を頭に巻き、その頬当ては唇を覆い隠すほどにゆったりと垂らす。（Strab. 15. 3. 15）

この詳細な記述は、まさにレリーフに描かれた場面を写し取ったものと言えよう。これはローマ時代の記述であるが、ペルシア時代の情報としては、前章でも触れたコロポン出身の歴史家ディノン（彼は、ゾロアスターの名前を記録した最初期のギリシア語作家の一人である）が、「メディア人［古代ギリシア人はペルシア人のことをメディア人とも呼んでいた］の占師は〈御柳《ぎょりゅう》の〉棒を持って神託を求める」（Dinon, *FGrH* 690 F 3）と記しており、これもレリーフが表すようなシーンを説明したものと考えられる。[24]

図4　ダスキュレイオン出土の墓碑レリーフ（一部）

以上が、文献史料と現段階での発掘調査から再現される、ペルシア帝国期のダスキュレイオンの都市景観である。総督府に指定されることにより重要性が飛躍的に増し、それにともなって都市の整備が進められていっただけあり、ダスキュレイオンではペルシア帝国支配にともなって在来の生活様式が大きく変化していったことが読み取れるであろう。

封泥の分析

ダスキュレイオン発掘調査の最初のシーズンに（一九五四年）、印章が押された粘土の塊、すなわち封泥の一括遺物が出土した。出土地はヒサールテペの南麓で、その数は四〇〇以上にものぼった。[25] 裏面にはわずかなパピルス片が付着していたり、パピルス繊維の織地跡が残っていたことから、これらの封泥が巻子状の手紙や公文書の封印に用いられていたことが明らかとなった。[26] また封泥が出土した付近からは建造物の破片も発見されており、アクロポリスの南麓には公文書館が位置していたとの推定が導かれた。[27] これらの封泥はアクロポリスをおそった火災によって焼成されたと考えられる。先述のごとくダスキュレイオンは前三九五年にスパルタ王アゲシラオスによって焼討にあっており、また（アレクサンドロスの東征時の）グラニコスの戦い後にマケドニア軍が都市を接収した際にも、おそらく略奪・焼討にあったと推測される。この事件を記録するアリアノス『アナバシス』のごく短い描写によると（*Arr. An.* 1. 17. 2）、マケドニア軍が到着するより前にダスキュレイオンは放棄されており、占領は無血で実行されたというが、この一文に反して近年の考古学調査はマケドニア軍とダスキュレイオン駐屯軍の間で攻防戦が展開されていたことを明らかにしている。[28] これら火災のいずれかによって生じた炎熱が粘土の強度を増し、封泥の保存状態を向上させたのである。[29] 同地から出土した封泥は現在、D・カプタンによって整理され、カタログとして公刊されている。[30]

ペルシア大王が意思疎通の手段として、遠方の人物との間で書簡を遣り取りしていた様子は古典文献中にも多数確認できる。例えば、スパルタの軍人パウサニアスがペルシア大王クセルクセスに内通を試みた際（Thuc. 1. 128-129）、テミストクレスがペルシア帝国に亡命を願い出た際（Thuc. 1. 137）、あるいはクニドスの海戦へとむかう過程では、アルタクセルクセスとキュプロス島サラミスの王エウアゴラス、アテナイの亡命将軍コノンとの間で書簡が取り交わされていた（Ctes. *FGrH* 688 F 30. 72-74）。手紙だけではなく、勅書や辞令状のようなものも発行されていたらしい。コリントス戦争の講和条約であった「大王の和約」は当初、リュディア総督ティリバゾスがギリシア諸都市の代表を前に、ペルシア大王の印を示した上で書面に書かれた内容を読み上げるというかたちで伝えられた（Xen. *Hell.* 5. 1. 30; cf. Xen. *Hell.* 7. 1. 39）。また小キュロスが小アジアに下ってきた折には、ダレイオス二世の封印を帯びた文書を携えており、そこには「われ、カストロスに集う者たちのカラノスとしてキュロスを遣わす」と記されていたという（Xen. *Hell.* 1. 4. 3）。なお、カストロスとはサルデイス東方に開けた平野の名前であり、カラノスとは主人という意味で、サトラペス（総督）をも下に置く臨時の全権太守のことである（Xen. *Hell.* 1. 4. 4）。

ダスキュレイオン出土の封泥（バンドゥルマ博物館）

われわれとしては親書の具体的な形式や内容を知りたいところであるが、幸いにして、ペルシア大王ダレイオスから小アジアの帝国役人ガダタスに宛てた書簡のギリシア語訳が[31]、碑文に刻まれ残っている（ML 12）。それによると、書簡は「王のなかの王、ヒュスタスペスの息子ダレイオスが臣下ガダタスに次のように命じる」と書き出され[32]、移植した果樹栽培の成功にたいする賞賛やアポロンの聖域内の耕作地から税を徴収することにかんする禁止命令など、詳細な事項が記されていた。しかし、ヘロドトス『歴史』が伝える以下のようなエピソードが、親書が作成され相手に届けられるまでのプロセスをもっとも視覚的に伝えてくれるであろう。すなわち、新たに王位に就いたダレイオスは、ダスキュレイオン総督ミトロバテスを殺害したリュディア総督オロイテスを誅殺するために、バガイオスなる人物を派遣した。

バガイオスはさまざまな事柄にかんする多くの手紙をしたためると、それらに王の印璽を押した。彼はオロイテスの面前まで来ると、書簡を一枚一枚取り出し帝国書記官に手渡して読ませた。というのも、すべての総督には帝国書記官がついていたのである。（Hdt. 3. 128）

このような手紙や文書に使用されていた物質（パピルスや羊皮紙）はやがて焼失・腐朽してしまい、それらに付されていた粘土製の捺印部分のみが残り、のちに封泥として出土したのである。

ダスキュレイオンからは大量の封泥が出土している一方で、印章自体は二つしか発見されていない。そのうちの一つは、ヘマタイト（赤鉄鉱）製の円筒印章で、前二千年紀初頭の古バビロニア時代のものと年代特定されている。印章の図柄には神と雄牛が上下に配置され、その前に長衣を着て神に祈る王が描かれており、さらにバビロニア語で「…欠…イシュタル、アダド神の僕」という三行の銘が刻まれている。しかし、この印章は制作年代があまりにも古いこと、また出土地点がビザンツ時代の墓であることから、ペルシア時代のダスキュレイオンで実際に使用されていたとは考えがたく、いつの時点にか護符や記念品としてダスキュレイオンに持ち込まれたものと推測されている。[33] より重要となるもう一つの印章は青玉髄製のスタンプ型印章で、印章の図像および出土層から前六世紀に年代特定されている。象徴化されたデザインとテクニックからこれもバビロニア製と考えられるが、バビロニア自体で制作されたものか、キュロスによる小アジア征服後にダスキュレイオンに移り住んだ職人の手によるものかは不明である。[34]

ダスキュレイオン出土の封泥のうち、ペルシア大王の銘を持つものが三種類出土している。一つは、ペルセポリスの「百柱の間」の玉座に座る王と側近の図像が描かれており、古代ペルシア語でアルタクセルクセスの銘が刻まれたもので（DS 4）、同じデザインの封泥が一二個見つかっている。残りの二種類にはクセルクセスの銘が刻まれている。一つは羽の生えたライオン（グリフォン）を倒す王のデザインであり、端に「われクセルクセス、王なり」と古代ペルシア語で刻まれた銘を持つ（DS 3）。もう一つは羽の生えたスフィンクスが左右対称に配置されたデザインで、古代ペルシア語とバビロニア語でクセルクセスの名前が刻まれている（DS 2）。クセルクセスの銘句を持つ封泥のうち、前者は同一の封泥が約一五〇個、後者は三個（うち二個は破片）が発見されている。これらは、中央権力（ペルシア大王）とダスキュレイオンがいかに密に連絡を取り合っていたかを示す証拠となろう。ダスキュレイオン出土の封泥のカタログを作成したカプタンは、これらの封泥はペルシア大王の親書に押されたのではなく、王の印璽を持つことを許された総督が押したものだと推測している。[35] この説にたいしては、前章でも触れた「アルティマス」（*CIS* 2. 99）の銘が刻まれた円筒印章が一つの反証となろう。この印章は出土地が不明のままであるが、所有者としてリュディア「総督」であったアルティマス（Xen. *An*. 7. 8. 25）が考えられているのである。このことは総督が必ずしもペルシア大王の名代で執政していたわけではないことを示しているが、ダスキュレイオンからはペルシア大王の銘のみが出土し、総督名が刻まれた封泥をまったく確認できない点を考慮すると、カプタンの推測には説得力がある。しかし、彼女の説が正しいとして、サルデイスや小アジアのほかの地域ではこのようなペルシア大王の印章が出土していないのであるから、ペルシア大王と大王の近親者であったダスキュレイオン総督との、とくに親密な関係が窺い知れよう。

クセルクセスの銘を持つ封泥がとりわけ多く出土している理由は、ギリシア遠征の前年にクセルクセス軍がサルデイスで越冬していたときに、ヘレスポントス海峡に架橋するなどの遠征準備に関連した指示が頻繁に出されていたことと関係するのかもしれない（Hdt. 7. 33-37）。これにたいしてカプタンは、ダスキュレイオン総督区が整備されていったのはアルタバゾスの時代からなので、これらの封泥はむしろペルシア戦争後の時代に属するものではないかと推測している[36]。しかし、一度ヘレスポントス架橋に失敗した報が届くと、サルデイスに駐屯していたクセルクセスから海にたいする報復儀礼の命令（海峡に三〇〇回の鞭打ち刑と海中に一対の足枷刑）が出され、それが実行されたというヘロドトスの記述からは（Hdt. 7. 35）、小アジア北西地域における円滑なコミュニケーション網の確立が示唆される。さらに、封泥自体は出土していなくとも、先述のように初期ペルシア時代に属する印章がダスキュレイオンから出土しているので、ペルシア戦争以前のダスキュレイオンが政治中心地としてまったく機能していなかったと考える必要はないであろう。ただし、ペルセポリス・タブレットやムラシュ家文書など、ペルシア帝国の他地域から出土した文書群の事例に鑑みると、ダスキュレイオンに保存されていた文書も本来はその大半が地域の日常的な経理に関わる内容だったのであろう。事実、ダスキュレイオンは周辺に豊かな食糧を備蓄する集落を多数持ち（Xen. *Hell.* 4. 1. 15）、金銀を貯蔵していた（*Hell. Oxy.* 22. 3）と伝えられることから、富の集配地として機能していたと推察されるのである。

　ペルシア大王の銘以外にも興味深い封泥としては、以下のようなものが挙げられる。前節でダスキュレイオンにおけるアフラマズダ信仰の移入について言及したが、墓碑銘のレリーフと同じ服装（チュニク、ズボン、頭巾）で同様の儀式を執り行っているマゴス僧の姿（ただし、右手にも儀仗を持っている）が描かれた封泥も出土しており（DS 100）、そこにはアラム語で「アルヤマナ」と、印章の持ち主である祭司のものと思われる名前も刻まれている（**図5**）。また、図像部分は半分欠落してしまっているが、アラム語で「火の祭司」（ただし、この読みには異論もある）という銘が見られる封泥も出土しており（DS 65）、これはおそらく印章の持ち主がこの肩書きを持つマゴス僧であったことを示唆しているのであろう。[37] むろん、これらの封泥はダスキュレイオンにおけるアフラマズダ信仰の移入をより確かなものにしている。

　宗教の問題に関連しては、猛禽の意匠が押された二つの封泥が出土している（DS 123; DS 125）。M・J・メルリンクは小アジアの母神キュベレが、犠牲に捧げられた猛禽を左手に持つ姿で表現されることがあることから、ライオンと並んで猛禽がキュベレを象徴する動物（アトリビュート）であったと指摘する。また彼女は、象形文字ルウィ語でKUBABAと表記した場合、ちょうど中央に鳥の象形文字が来ることも、この関連性を強めたと推測する。[38]

図5　DS 100

　このことからカプタンは、これら封泥に描かれた猛禽の図像がキュベレへの奉納を象徴していた可能性を提案する。[39] 確かに、前述したように考古資料は前八世紀頃のキュベレ祭壇の存在を示唆している。しかし、鳥自体は別段めずらしいモチーフではないし、問題の封泥には犠牲を捧げられた女神が表現されていないことから、断定的な結論を出すことは控えるべきであろう。

図6　DS 110

ダスキュレイオンのパラデイソスは、その位置も確認されており、現在でも豊かな動植物の棲息地となっている。この自然環境を反映してか、封泥から知られるかぎり、印章にはさまざまな動物の図柄が採用されていたが、なかには野生の獣を狩るデザインのものも見られる。(40) DS94は騎馬に乗った人物が襲い掛かってくるライオンを弓で狩ろうとしている瞬間、DS95は、馬上からおそらくは槍（武器の印影は消失している）で熊を狩ろうとしているシーンである。これらは、スポーツとしての狩りというよりは、ヘロドトスが語るよく知られた逸話、ミュシアの野猪退治（Hdt. 1. 36-45）のごとき猛獣退治のモチーフと言えるかもしれない。よりゲームとしての側面が強いものとしては、逃げる狐にたいし馬上から槍（ただし、武器の印影は消失）を投げかける図柄も見られる（DS 79）。DS110はより複雑な構図を採用しており、画面左手にはペルシア風の衣装（長ズボンとチュニク）を着て弓を構えた人物が位置し、右手手前には飛ぶ鳥と低木に止まった鳥、右手奥には野生の有蹄動物（シカか?）が潜んでいる（**図6**）。ペルシア人がまさに獲物を仕留めようとする場面である。これと一連の物語を構成するかのように、DS99では仕留められた獲物を肩に担いで歩くペルシア人が描かれている。このように、ペルシア人たちのパラデイソスで狩猟に興じていた様子が封泥の図像からも確認されるのである。

ダスキュレイオン出土の封泥のおよそ半数が図像のみのデザイン、半数には図像とともに銘が刻まれている（ただし、前述のごとく、ペルシア大王の銘を持つものは、同一の印章によって多数の封泥が作成されている）。ペルシア語は王家の印章のためにのみ用いられていたようで、[41] 残りの銘はほとんどすべてアラム語で刻まれている。アラム語の銘を持つ封泥は一二種類、計一四個出土しており（DS 16; DS 18; DS 19; DS 23; DS 24; DS 61; DS 65; DS 76; DS 100; DS 108; DS 112; DS 135）、当然のことながら、銘は印章の所有者名を表している。その名前を系統別に分けると、識別可能なかぎりでもペルシア語名とセム語系統の名前が圧倒的に多い一方で、ギリシア語名やプリュギア語名などは確認できない。[42] これは、リュディア語の銘を持つ印章が多数出土しているサルデイスの事例とは異なり、行政が中央から派遣された役人によってほぼ独占されていたことを示しているであろう。

なお封泥のほかにも、ダスキュレイオン近郊からは計三枚のアラム語墓碑銘が発見されているが、これらの碑文に刻まれた墓主およびその親族の名前もセム語系のみであり、ここにもリュディアの事例に比べて、入植者の存在感の大きさを窺わせる。[43] このうちもっとも早くに発見された碑文は保存状態もよく（一九六五年発見、前四五〇年頃に年代特定）、そこには以下のような銘文が刻まれている。

ここにあるは、アシャイの息子エルナフの絵姿。彼こそが自身の墓のため、それらを作らせた。われ、ベールとナブーの名に懸けて、汝、この道を通るいかなる者も私の墓を傷付けぬことを願う。[44]

多くの墓碑銘と同様に、この碑文でも墓主亡き後の墓の安寧が祈念されているのだが、[45] 注目すべきは祈念の対象がベール（「主人」の意味、マルドゥク神のことを指す）とマルドゥク神の息子ナブー神となっていることであろう。このことからも、ダスキュレイオンがペルシアのみならずバビロニアからも入植者を受け入れていたであろうことが分かる。

彼らセム系入植者とペルシア人支配者の関係については、あるアラム語墓碑銘[46]がその一側面を具体的に映し出している。この碑文は、エルギリ村（ダスキュレイオン）から北東におよそ一〇キロメートル離れた現在のスルタニェ村から出土しており、前五〇〇年頃に年代特定されている。(47) 銘文の上部には二段組のレリーフ（上段が馬車行列、下段が狩りのモチーフ）が彫刻されており、下段に三段のアラム語碑文が刻まれている。その文面によれば、被葬者はアッダというセム系の名前を持った人物であったが、実際に墓碑の建立資金を拠出したのは、彼の働きに感謝するアリヤバマというペルシア語名の人物であった。肝心のアッダとアリヤバマの関係を示す箇所が解読されていないが、彼らの間に何らかの主従関係が存在していたことは間違いなかろう。上述の二碑文および封泥の銘から複合的に推察すると、ペルシア人支配者の補佐役として、セム系植民者もダスキュレイオンに入植してきたと考えられるのである。

これらアラム語碑文と並んで、きわめて保存状態のよい碑文が、一九九七年にエルギリ村の集落から二キロメートル北西のカラ川から発見された。碑文は河床に埋もれていたためにほとんど損傷を受けておらず、上部にレリーフ、下部にプリュギア語の銘が刻まれている。レリーフのモチーフは小アジアの墓碑一般に見られる男女同席の宴会（おそらく葬送の宴会か）の様子であり、その様式からおおよそ前五世紀前半に年代特定されている。(48) 碑文の文意は明らかになっていないが、確認できる人名から被葬者はマネスという人物であったようである。(49) ただし、マネスの語が不自然に頻出するので、単なる墓碑銘というよりは、マネスの功績に触れる何らかの献辞が添えられていたとも想像させる。いずれにせよ、このように立派な墓碑銘を建立できる在地エリートがペルシア帝国期のダスキュレイオンに存在したことは注目に値する。ほかにも、破損が著しく文字を確認できるのみで文意を拾うことは不可能だが、プリュギア語やリュディア語の掻き字が刻まれた数枚の陶器片も発見されている。(50) 以上のように、ペルシア人の到来によって在来の言語が駆逐されたわけではないようだが、その存在が封泥から確認されたり言語間で互いに影響を与えるような現象は看取されず、この点で、リュディア語の印章が少なからず発見され、ペルシア語名の人物がリュディア語碑文を作成していたサルデイスの事例とは対照を成す。

さて議論を封泥に戻すと、出土遺物中唯一ＤＳ144のみが、ΣＡＭ（あるいはＭＡΣ）というギリシア語の銘を持つ（**図7**）。残念ながら封泥の半分近くが欠損してしまっているが、中央に首を捻った状態のシカの頭部が置かれ、その縁にギリシア文字が並ぶ構図であったことは見て取れる。ギリシア語の銘が何を意味していたかについて、カプタンはクリミア半島のケルチから出土したスカラボイド印章に見られる「キオス出身のデクサメノスが［これを］作成した」（*GGFR* 468）という銘を参考に、ΣＡＭ［…］がサモス出身の職人による署名の一部だったのではないかと推測している。[51] しかし、スペース的な問題を考慮すると、筆者には「サモス出身の某氏が作成した」というような文章が刻まれていたとは考えがたいように思われる。このほかには、アラム語の封泥と同様に人名の一部という可能性は高いであろう。例えば、エペソス出土の「冒瀆碑文」（*IKEphesos* 2）には、サルデイス人の人名として「サマティケス」というペルシア系と思われる名前が登場している。あるいは、逆から読んで本来は［…］ＭＡΣという銘であったとするならば、印章の所有者は、例えば「アルティマス」といった名前だったかもしれない。アルティマスは、クセノポン『アナバシス』（Xen. *An.* 7. 8. 25）でリュディアの統治者としてその名が登場しており、おそらくは同名異人だったと考えられるが、リュキアのリミュラ出土のアラム語墓碑銘（*TL* 152）でも墓主名として'RTYMという名前が現れる。「スピタマス」という名も候補の一人であろう。クテシアスに

図7　DS 144

よると、リュディア王国最後の王クロイソスの娘婿の名前はスピタマスであったという（Ctes. *FGrH* 688 F 9. 1）。また、クセルクセスの娘婿メガビュゾスが反乱を起こした際、スピタマスなる人物の父親が講和のために派遣されたと伝えられている（Ctes. *FGrH* 688 F 14. 42）。問題の印章の所有者と彼らが同一人物であったとは考えがたいが、彼らの同名異人がダスキュレイオンで活躍していたという想定はじゅうぶんに成り立つ。しかし、その場合には、なぜアラム語の銘が用いられなかったのかという疑問が払拭されない。もっとも素直なのは、ΣΑΜがサモス島の頭三文字か略号を表し、ギリシア人から来た手紙の消印のような役割を果たしていたという解釈であろう。この封泥以外にも、二人のギリシア重装歩兵（ただし、鎧は着用せずに肉体美を強調している）が白兵戦の勝負を決めた瞬間を描く封泥が出土しており（DS 160）、これもダスキュレイオン由来のものとは考えがたい。そもそも、ペルシア帝国によるサモス島征服が（Hdt. 3. 120–128; 139–149）、リュディア（サルディス）とダスキュレイオンの両総督の諍いに端を発していることを考慮すると、これに関連してサモスからダスキュレイオンに手紙が送られていたとしても何ら不自然ではなかろう。実際サモスでは、僭主ポリュクラテスがこの事件以前にエジプト王アマシスと書簡の遣り取りをしており、またサモスの名工テオドロスが作成した、黄金の台にはめられたエメラルド製の指輪印章を愛用していたと伝えられているのである（Hdt. 3. 40–43; Strab. 14. 1. 16）。この点でも、碑文から多数のギリシア人入植者の定住を読み取ることができたサルディスの事例に反し、ダスキュレイオンからは彼らが生活していた確固たる証拠は見出されないのである。

おわりに

本章はこれまで、小アジアにおいてサルデイスに次ぐ、ペルシア帝国総督都市としてのダスキュレイオンの様相を考察してきた。ダスキュレイオンは都市の起源を少なくとも前八世紀にまでさかのぼって持つとはいえ、すでにペルシア帝国期以前からじゅうぶんに発展していたサルデイスとは違い、新たに赴任してきたダスキュレイオン総督は行政に必要な施設を既存の建造物に頼ることができなかった。その代わりに、総督府、文書館、火祭壇を備えた聖域（あるいは、より確かなところでは祭式をつかさどる人材）、城壁、パラデイソスといった、ペルシア人入植者が統治の際に作り上げた、あるいは持ち込んだと思われるような、総督都市を飾る施設群を見出すことができた。史料的な観点からダスキュレイオンを特徴づけるのは、アクロポリスから出土した封泥の一括遺物であった。そこに含まれる大量のペルシア大王の銘は、ダスキュレイオン総督とペルシア大王の太いパイプとペルシア戦争中からの都市の重要性を示唆しており、それと並んで少なからぬ量のアラム語で人名が刻まれた封泥が発見されていることから、そこでの行政が入植者によって独占されていたことが推察される。封泥の図柄からも、アフラマズダ信仰やパラデイソスでの狩りなど、考古資料によって復元されるダスキュレイオンにおけるペルシア人たちの生活様式を再確認できた。それらは、かなりの部分で入植者たちが帝国中央で送っていた生活をそのまま持ち込んだ結果を反映していると考えられる。むろん、プリュギア語やリュディア語資料の存在、とりわけマネスの墓碑銘が示唆するように、ペルシア人入植以前の既存の文化が完全に駆逐されたわけではなく、新参ペルシア人たちにまったく影響を与えなかったとも想像されないが、サルディスの事例と比べた場合、その影響は明らかに小さく見積もるべきであろう。

とはいえ、ダスキュレイオンの発掘はいまだ初期段階で、調査が完了するまでには数十年の長き時間を要する。したがって、新出の資料によって将来的にはここで提示された歴史像が補完される、あるいは完全に覆される可能性もあるだろう。しかし、現段階でアクセス可能な史料を利用するかぎり、本章が提示した歴史像がもっとも妥当なものだと思われる。

（1）「ヘレスポントス沿岸のプリュギア」総督区には、ダスキュレイオン以外にもゼレイア（ダスキュレイオンより西に四〇キロメートル）とミュルレイア（東に八〇キロメートル）、キオス（西に一〇〇キロメートル）を中心に、大きなペルシア人入植地が存在したと推測される。Cf. Sekunda (1988).

（2）時代が下って前五世紀末、リュディア総督ティッサペルネスとダスキュレイオン総督パルナバゾスは小アジアにおけるアテナイ勢力の弱体化を目論み、同時期にスパルタに使節を派遣したが、互いに連絡を取り合うことはなかったという（Thuc. 8. 6）。両者間の対抗心・没交渉を示唆する一例であろう。またトゥキュディデスの筆になるが、パルナバゾスの成功を妬むティッサペルネスの心情が描写されている（Thuc. 8. 109）。

（3）Schmitt (1972).

（4）Hallock (1985: 589–590); Balcer (1993: 83–84).

（5）トゥキュディデスは「パルナケスの子ら」という句によって、ダスキュレイオンの擬似王朝を表現している（Thuc. 8. 58. 1）。

（6）例えば、コリントス戦争中のリュディア総督には、戦況の変化に応じて親スパルタ的なティリバゾスと親アテナイ的なストルタスが交互に任命されている（Xen. *Hell.* 4. 8. 15-17; 5. 1. 25）。

（7） 父パルナバゾスは後妻としてペルシア大王アルタクセルクセス二世の娘を娶っている（Xen. *Hell.* 5. 1. 28; Xen. *Ages.* 3. 3; Plut. *Artax.* 27. 4）。Cf. Weiskopf（1989: 54-56）.

（8） Moysey（1975; 65-66, 167-168）. ただし、アリオバルザネス・アルタバゾスの反乱理由を明確に述べる文献史料はなく、とくにアリオバルザネスの反乱について、Weiskopf（1989: 38）は義兄弟間の確執に理由を求めることには懐疑的で、むしろアリオバルザネスとリュディア総督アウトプラダテス間の確執にその原因があったと推測している。

（9） ダスキュレイオンの位置が長年同定できなかった理由として、古典文献中でダスキュレイオンの名が指す都市および地域が一定していなかったことが挙げられる。Cf. Corsten（1988）.

（10） Munro（1912）.

（11） Bittel（1953）.

（12） Akurgal（1956）.

（13） トルコ語文献ではあるが、Bakır（2003）が現在までの発掘成果をもっともコンパクトに整理している。バクルによる調査が始まるまでの発掘成果はMalikhzade（1973）によって英語でまとめられているが、これはごく簡単なもので情報も古いため、現在ではあまり有益とは言えない。考古遺物、とりわけ墓碑についてはKaptan（2003）に概説されている。

（14） ニコラオスはリュディアにかんする情報を前五世紀リュディア出身の歴史家クサントスの『リュディア誌』、もしくはメニッポス（ヘレニズム期の歴史家）による『リュディア誌』の摘要に依拠して記述したと考えられる。Cf. Drews（1973: 101-102）.

（15） Bakır（1995）.

（16） Bakır（2003: 11）.

（17） Erdoğan（2007）.

（18） Bakır（2003: 7-8）.

（19） Bakır（2003: 10）; Bakır（2006: 63-64）.

（20） Bakır（2001: 173）.

(21) Bakır (1995: 276); Bakır (2001: 171–172).
(22) Akurgal (1961: 173–174); Moorey (1988: 46–47); Briant (2002: 712).
(23) このレリーフおよびストラボンの記述以外にも、カッパドキアからはアフラマズダに言及する二枚のアラム語碑文（ヘレニズム初期に年代特定）が発見されている。詳しい出土地は、ネヴシェヒル市近郊のギュルシェヒル（旧アラプスン）になる。Dusinberre (2013: 235–237).
(24) Cf. Lenfant (2009: 98–105).
(25) 一次報告は Balkan (1959) によってもたらされた。
(26) エジプトとサマリアからは、実際に封泥で封印された状態のパピルスが出土している。Cf. Kaptan (2002: 24). またヘロドトスによれば、エジプトで聖牛アピスに捧げるのに適格と認められた牡牛は、「角にパピルスを巻き付け目印とし、そこに封泥用の泥を塗りつけたのちに、指輪［印章］を押し付けた上で、［別の場所に］連れて行かれる」(Hdt. 2. 38) という。先行する印章文化がペルシア時代の印章に与えた影響については、Kaptan (2007).
(27) Akurgal (1956: 23); Erdoğan (2007: 181).
(28) Bakır (2003: 8). 当該時期に編年される遺物（陶器・貨幣・矢じり）の出土層で、城壁の破壊痕と焼土層が確認された。
(29) Kaptan (1990).
(30) Kaptan (2002).
(31) トゥキュディデスは、アッシリア文字（楔形文字）で書かれたペルシア大王の親書に言及しているが (Thuc. 4. 50. 2)、これはほぼ間違いなく史家の誤解であって、書簡は書き言葉として主流になっていたアラム語によって作成されていたと考えられる。Lewis (1977 : 2-3).
(32) トゥキュディデスは、パウサニアスがクセルクセスから受け取ったとされる返書の文面を記録しているが (Thuc. 1. 129)、そこにもこれを簡略化したような書き出し表現が用いられている。
(33) Bakır (2003: 12).
(34) Bakır (2003: 12).

(35) Kaptan (2002: 26).

(36) Kaptan (2001).

(37) Röllig (2002: 205).

(38) Mellink (1964).

(39) Kaptan (2002: 52-54).

(40) Cf. Kaptan (1996).

(41) Schmitt (2002: 195).

(42) Röllig (2002: 209). DS 23については父親の名前か肩書きが併記されている、またDS 100については人名ではなく「火の祭司」という役職名の可能性がある。

(43) ダスキュレイオン地域から出土したアラム語碑文は、Lemaire (2001) によって整理されている。

(44) 最初の校訂 (editio princeps) は、Dupont-Sommer (1966) によって発表された。ただし、同碑文が墓碑ではなく、キャラバン隊の道中の安全を祈る願掛けの碑文だとするデュポン＝ソメールの解釈は、その後の Akurgal (1966); Cross (1966); Hanfmann (1966) らによる文面およびレリーフの検討によって覆された。碑文の解釈は、主に Cross (1966); Lipiński (1975: 150-153) に拠った。

墓碑はダスキュレイオンのネクロポリスから、ビザンツ時代の石棺として再利用されているところを発見された。墓碑上部には二段組のレリーフが刻まれており、下段に馬車で運ばれる棺と二人の随行員の図像が、上段は摩滅が激しいが行列者たちの頭部が確認できる。Cf. Nollé (1992: 11-16).

(45) この墓主と同じエルナフという名前は封泥にも確認されるが (DS 76)、両者が同一人物であったという確証はない。Cf. Kaptan (2002: 148); Röllig (2002: 205).

(46) Lemaire (2001: 29-32).

(47) 墓碑の一次報告は、Altheim-Stiehl, Metzler and Schwertheim (1983) によってもたらされた。

(48) Gusmani and G. Polat (1999).

（49）ストラボンはアテナイ人がプリュギア地方出身の家事奴隷を、その地域にありふれた名前から借りてマネスと渾名していたと伝える（Strab. 7. 3. 12）。ただし、実際にマネスの使用例はプリュギアに限定されず、ビテュニア、ミュシア、パプラゴニア、リュディアからも報告されている。Cf. Avram（2013: 59）.

（50）Bakır and Gusmani（1991）; Bakır and Gusmani（1993）; Gusmani and Y. Polat（1999）.

（51）Kaptan（2002: 174）.

第三章　小アジアの辺境リュキア

はじめに

リュキアとは小アジアの南西端、カリアとパンピュリアに挟まれた地域を指す。その範囲を最大限に見積もれば、東部のパセリスから北西部のテルメッソスまで一三〇キロメートルの幅を持つ（図8）。大部分が居住に適さない山岳地帯に占められているため、主要集落のすべてが沿岸部もしくはクサントス河谷に沿って建設された。ホメロスがリュキアをクサントス河谷と同義語として扱っているように、とりわけ後者の河谷こそがリュキアの中心地と見なされていた(1)。前五四〇年代の初代大王キュロスによる小アジア遠征ののち、エーゲ海沿岸のギリシア諸都市と

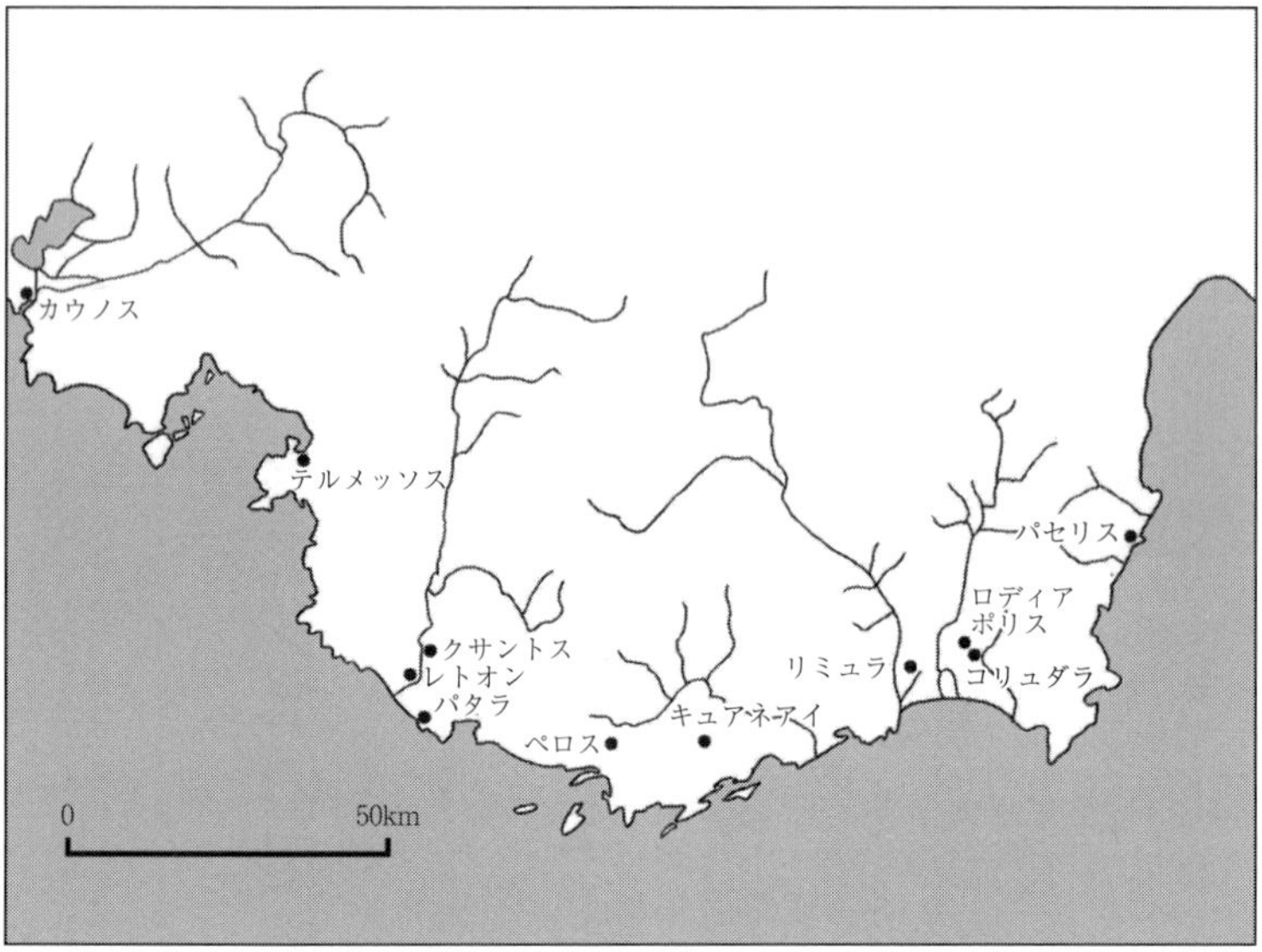

図 8　ペルシア帝国期リュキア

同様、リュキアもペルシア帝国の支配下に入った。

リュキア最大の都市（あるいは主邑）であったクサントスは、ペルシア帝国による征服事業の際、ペルシア軍の将軍ハルパゴスによって壊滅させられた（Hdt. 1. 176; cf. App. *BCiv.* 4. 10. 80; Plut. *Brut.* 31. 5）。ヘロドトスによると、征服時に一時的に都市を離れていた八〇戸の家族を除いたすべての住民が戦死もしくは自死したという。ヘロドトスは、占領行為にともなって多数の市民が命を落としたり奴隷とされた場合、それを誇張して全市民の掃討や連行と表現する傾向が認められる[2]。そのため、クサントスの事例でも征服に際して激しい戦闘が発生したのは確かであっても、都市に残った市民が全滅したとは受け取らないほうがよかろう。当初はこのような厳しい抵抗を見せたにもかかわらず、その後のリュキア人は帝国に従順な被支配民であったと言える。というのも、リュキアはイオニア反乱に与することはなかったし（Hdt. 5. 103-104）、クセルクセスのギリシア遠征には陸軍とともに四〇もしくは五〇隻の戦艦を提供したのである（Hdt. 7. 92; Diod. 11. 3. 7）。ただし、古典期（ペルシア帝国期）のリュキアにとってペルシア帝国のみが唯一の外来勢力であったわけではない。リュキアとロドス島の間には伝統的な交流関係が築かれていたし、前五世紀なかばにはアテナイがリュキア沿岸部の都市をデロス同盟に加盟させて、貢租を課していた。ペルシア時代以前、リュキアはクロイソス治下のリュディア王国支配から逃れていたが（Hdt. 1. 28）、その後は外国からの独立を守り通すことができなかったのである。

リュキアは今日、そこに残された墳墓群から一般に知られている。古典古代の遺跡では通常、ヘレニズム以前の多くの遺構はその後のヘレニズム期・ローマ時代の遺構の下に埋もれてしまっているが、リュキアではアレクサンドロスの東征以前の遺構が良好な状態で保存されている。さらに少なからぬ墳墓には、地域言語であるリュキア語をはじめ、いくつのかの言語で書かれた碑文が残されている。これら墳墓および墓碑銘の分析によって、われわれもペルシア時代リュキアの文化・社会の理解に近づくことが許されよう。

リュキア研究の歴史と史料状況の整理

リュキアは小アジアの辺境にありながらも、期待以上の史料に恵まれている。ギリシア語文献中の言及は少ないが、カリアやリュディアに比べても、地域言語で書かれた多くの碑文が出土しているのである。

近代のリュキア研究は、F・ボーフォート提督（一七七四—一八五七）による沿岸部の調査と彼が視察した遺跡の報告をもって嚆矢とする。しかし、一九世紀におけるもっとも重要な成果は、C・フェロウズ卿（一七九九—一八六〇）によってもたらされた。フェロウズ卿は一八三八年と四〇年にクサントス河谷を内陸に分け入って都市遺跡を調査し、続く四一／二年と四三／四年のシーズンには彫刻の施されたモニュメントのいくつかを運び出して、大英博物館に収めた。ネレイド・モニュメント、ハルピュイアイの墓、パヤヴァのサルコファゴスといった傑作が大英博物館に展示されると、その三〇年ほど前にエルギン・マーブルが展示されたときと同じような熱狂で迎えられたという。[3] フェロウズの後も幾人かの考古学者による調査がおこなわれたが、現在のリュキア研究にもっとも直接的かつ多大な貢献を残したのは、一九五〇年代以降のフランス隊によるクサントス、レトオンの組織的発掘であり、この成果は一九八〇年代から九〇年代に一つの頂点を迎えた。[4] これらの調査によって、リュキアに眠る数多くの墳墓が世に知られるようになったのである。

リュキアでは現在のところ、ヘレニズム期以前の墳墓としておおよそ九〇〇の事例が知られており、それらはモニュメント型墓廟（六例）、石柱墓（ピラー・トゥーム：三五例）、石棺型墓廟（サルコファゴス：六四例）、岩窟墓（ロックカット・トゥーム：約八〇〇例）の四タイプに分類されうる（**本章末・図9**）。このうち最初期のものは石柱墓で、前五四〇年前後に年代特定されており、残る三タイプの墳墓は前四七〇年代から登場してきた。[5] 石柱墓とモニュメント型墓廟はおそらく個人、すなわち支配者の威光を高めることを目的として造られており、したがって単葬墓であった可能性が高いが、それを明記する墓碑銘が残されていないので確実なことは分からない。[6]

これにたいし、サルコファゴスと岩窟墓は群葬墓であった。サルコファゴスのいくつかには墓主名が記された墓碑銘が刻まれているが、一例を除いて（Xinaxa: *TL* 125; M 104: 219）いずれもリュキア出土の銭銘から確認される人物、すなわち支配者の墓とは同定されない。[7] 一方、岩窟墓はリュキアから見つかった墳墓の圧倒的多数を占めるが、それらはさらにファサードの形態から家型墓と神殿型墓の二つに分類される。[8] 家型墓は本来、リュキアの木造家屋を模して造られたと考えられる。[9] 前四世紀なかばから形態を変化させていき、現在のフェティエ（テルメッソス）に残る「アミュンタスの墓」（ただしヘレニズム初期）に代表される神殿型墓へと発展していった。[10] かたや神殿型墓というのはファサードの形態のみによる分類法であって、そこで何らかの神が祀られていたり、英雄祭祀がおこなわれていたわけではない。[11] これら岩窟墓はリュディアのそれとは異なり通常羨道（ドロモス）を持つことはなく、入り口からすぐ墓室につながっている。この違いは、リュディアの岩窟墓が墳丘墓（リュディア王国時代の王陵）の構造を模して作られたのにたいし、リュキアのそれは家屋から発展していったことによって生じたのではないかと、筆者は推測している。しかし、墓室そのものの造りは両者ともほとんど同じで、リュキアの岩窟墓にも一つ、もしくは複数のクリネ（石の棺台）が備えられており、その上に遺体をそのまま安置していたと考えられる（リュキアにおいて火葬が導入されたのは、ヘレニズム後期になってからのことであった）。[12] これらサルコファゴスと岩窟墓の一部にはリュキア語やほかの言語で書かれた墓碑銘が備えられていた。

一九世紀以来の現地調査はモノ資料のみならず、ペルシア帝国期の主要な地域言語であったリュキア語にかんする多くの情報をもたらした。リュキア語は二九の表音文字から成っており（ただし一部は音節文字化する）、そのうち一九文字は対岸のロドス経由で輸入されたギリシア文字に形態と音価のアレンジを加えたものを採用している。[13] これに付けくわえて、リュキア語独自の音を表すために一〇の文字が作り出された。後述するように、ペルシア帝国期に属する碑文はリュキア語で書かれたものが圧倒的多数を占めていたが、ヘレニズム期に入るとリュキア語は急速に廃れ、死語になってしまった。近年の言語学研究から、リュキア語は印欧語族のアナトリア諸語、とくにルウィ語群に属していることが確実となっている。つまり、同時代に通用していた言語の間では、リュキア語は音韻論・形態論の点で、リュディア語よりもカリア語に近い言語であったと言える。[14] さらに、古い形態のリュキア語、一般にリュキア語Bあるいはミリュアス語と呼ばれる言語で書かれた二つの言語資料（*TL* 44 c32-d71; *TL* 55）が確認されているが、これはほぼ完全に未解読のままである。なお、ミリュアスとはギリシア語史料に現れるリュキアの古称である（Hdt. 1. 173; Strab. 12. 8. 5; 14. 3. 10）。

リュキア語は現在、石に書かれた碑文（約一七五例）、銭銘（約一〇〇例）、陶器や金属片に刻まれた掻き字（数例）のかたちで残されている。一九世紀にリュキアを旅行したヨーロッパ人たちが碑文を書き写し、拓本を持ち帰ったことにより次第に集められた資料データは、一九〇一年のE・カリンカ編『小アジア碑文集成――リュキア語碑文（*Tituli Asiae Minoris: Tituli Lyciae, TL*）』に結実した（リュキア語碑文一五〇点、リュキア語B碑文二点、アラム語碑文一点）。カリンカ編以降にも新たにリュキア語の碑文や掻き字が発見されたが、これらは一九七九年のG・ノイマン編『一九〇一年以降の新出リュキア語碑文集（*Neufunde lykischer Inschriften seit 1901*, N=*nova inscriptio*）』に収集された。また支配者たちが鋳造した貨幣には、鋳造者や発行地の名前が刻まれている場合があるが、これらの銭銘はO・メルコルムとG・ノイマン編『リュキア銭銘集（*Die lykischen Münzlegenden*, M=*moneta*）』に整理されている。さらに二〇〇四年にはH・C・メルチャートによって初の本格的なリュキア語辞書が公刊されている。(15)

現在知られる最古のリュキア語資料はN 300b（陶片）とN 300a（アンフォラ）の掻き字であり、それぞれ前七世紀後半と前六世紀前半に編年されている。しかし、これらの掻き字はロドスから発見されており、書かれた文字が果たしてリュキア語であったのかについても疑問視されている。(16) 確実にリュキア語として認められる最初の事例は、クサントス出土のオルペ（陶瓶）片に刻まれたPinikeという掻き字で（N 313a）、前五〇〇年前後に年代特定されている。リュキア語はおよそ前五〇〇年から前三三〇年の間、すなわちペルシア時代に使用されていたと想定されるが、残念ながらリュキア語碑文のほとんどは、何らかのタイム・マーカー（「某王の治世云々」などの文言）が記されているか、銘が刻まれた陶器・金属片から特定されないかぎり、それ以上に厳密な年代を与えることは不可能である。最後にリュキア語の解読段階について申し添えると、ほかのアナトリア諸語、例えばカリア語やシデ語に比べればはるかに進んでいるが、それでも完全解読には程遠い。

リュキアにおける神格の移入

おおよそ一七五例を数えるリュキア語碑文のうち、一五〇例は墓碑銘であった。そのうち、もっとも簡素な事例は、墓主にかんする情報のみを記したものである。

Zuhriji の息子 Xudali、Xezimeh 家（prñnezije）の者がこの墓を建てた。（*TL* 1）

しかし、リュキアの墓は基本的に群葬墓だったので、墓主は誰が墓に入る権利を持つのかについても、墓碑銘に記していた。

Xzzubeze の息子 Pddẽxñta は、この墓を［彼と］妻と子供たちのために建てた。（*TL* 13）(17)

多くの古代人と同様、リュキア人たちも死後の墓荒らしを警戒していたのだが、それ以上に彼らは他人が墓を勝手に再利用することを憂慮していたようである。

この墓の棺台には祭司 Padrm̃ma が安置されており、彼の上にほかの何者［の遺体］も載せることは許されない。（*TL* 49）

このような願いも虚しく、実際には墓主の権利が合法的に第三者に売り渡されたり（*TL* 48）、ヘレニズム期やローマ時代には墓が再利用されていた（*TL* 7; *TL* 8; *TL* 10; *TL* 72; *TL* 73; *TL* 115; *TL* 121）[18]。このような状況を少しでも防ぐため、リュキア人たちは墓の無断使用にたいする報復を神々に祈願していたのである。

Musxxa の息子 Upazi が［彼と］妻と子供たちが安置されるべく、この墓を建てた。内部には Upazi と妻が安置される。何者もほかの誰か［の遺体］を入れること、そして何かを付け足すことを許されない。…欠…もし何者かがここに何かを付け足したり、誰かを入れることがあれば、トルッカスとすべての神々が［彼を］罰するであろう。（*TL* 93）[19]

リュキア語のトルッカス（Trqqas）は、ルウィ語とヒッタイト語の嵐神で主神のタルフント（Tarhunt）と同一視される神格である[20]。トルッカスとタルフントの同一性は、この両者の間を埋めるように、カリア語碑文に trquδ（CL C.la 3: C.Ki 1: C.Hy 1a）という神格が登場していることからも裏づけられる。また直接的な証拠はないものの、ゼウスとも同一視されていたと考えられる。

リュキア研究における最重要史料の一つに、「刻文石柱（the Inscribed Pillar）」もしくは「クサントス・ステラ（the Xanthus Stele）」と呼ばれる碑文がある（*TL* 44）。石柱は本来四メートルもの高さを誇る一石造りの角柱で、上端の一部が欠けているものの、現在もクサントス遺跡のローマン・アゴラ北東角に立っている[21]。石柱の上にはクサントスの王族である墓主ケリガもしくはケレイ[22]の軍事的偉業を称えるフリーズ、その上に墓室が載っており、さら

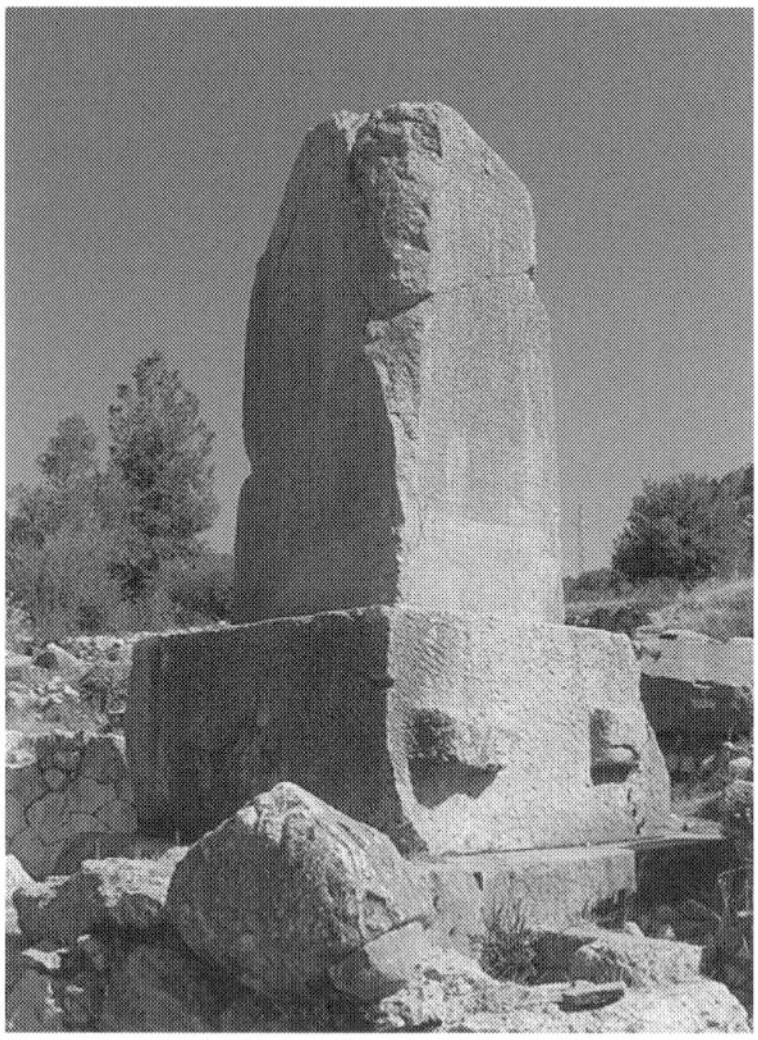

「刻文石柱」(クサントス遺跡)

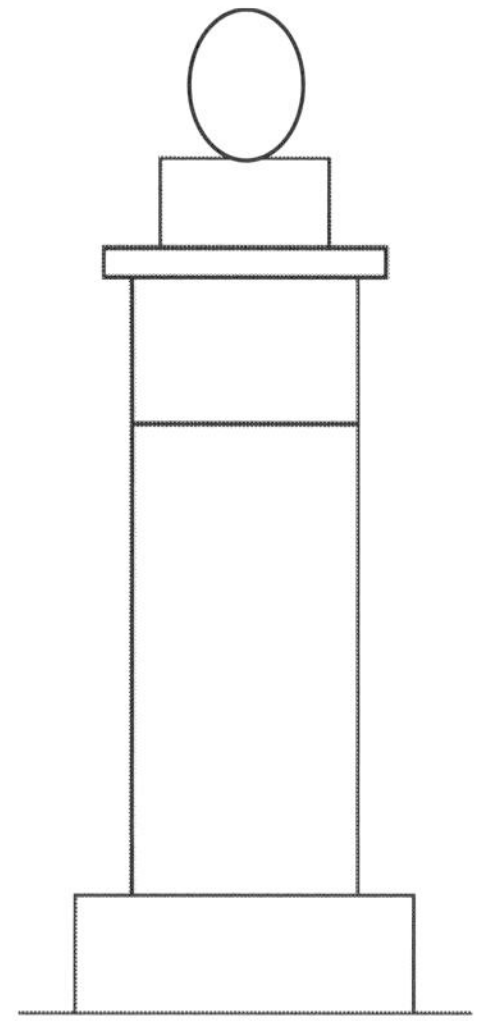

図10 「刻文石柱」モニュメント概念図

に頂上には、玉座に座る墓主と脇で伏せるライオンの石像が置かれていたと考えられている(**図10**)。支えとなる石柱の四面には全体にわたって碑文が刻まれており、南面と東面、そして北面上段には一三八行のリュキア語散文、北面中段には一二行のギリシア語韻文、北面下段と西面全体に一〇五行にわたってリュキア語Bで書かれた韻文が刻まれている。リュキア語文の大半とリュキア語B文のほぼ全体が未解読ではあるが、「刻文石柱」は後述のレトオン出土の「三言語碑文」とともにリュキア研究の二大重要史料となっている。これら「刻文石柱」の三言語文は互いの内容が正確に一致しているわけではないが、ギリシア語詩にはリュキア語長文のエッセンスが込められていると考えられる。そこでE・ラロッシュは、リュキア語文「彼は至る場所で在地のトルッカスに祭壇を建てた」(*TL* 44b, 51-2)とギリシア語詩「死すべき運命にある者[人間]のうちで、彼がゼウスにもっとも多くの戦勝記念碑を建てた」(*TL* 44c, 30)が対応関係にあったと指摘するのである。(23) ここからトルッカス=ゼウスの同定が推測されるわけだが、主神にして天候の支配者という二柱神の性格の類似を考慮すれば、これは自然なことだったのだろう。

また、在郷の支配者ペリクレもゼウスに奉献をおこなっていた。ペリクレはリュキア東部に基盤を持ちながら、前四世紀初頭に積極的にリュキア統一に乗り出し、西部地域に成長していた親ペルシア的な政治体制と対立していった人物である（Theopomp. *FGrH* 115 F 103; *TL* 104b：「ペリクレがアルテンバレスを破ったとき」）。リミュラ出土の韻文で書かれたギリシア語碑文によると、

　クロノスとレアの子、神々のなかで至高のゼウスを称え、リュキア王ペリクレスは祭壇を建てる。（*SEG* 41. 1382）[24]

ここで述べられているゼウスは、ギリシアで一般に信じられていた系譜（クロノスとレアの子）を持っており、トルッカスの陰がまったく認められないことに驚かされる。しかし、これはペリクレ家のバックグラウンドから説明されるであろう。ペリクレ（ギリシア語の表記ではペリクレス）という名前から判断するに、彼の家系がアテナイと強いコネクションを有していたことは明らかであり、これを通じ、彼の一族はトルッカスと習合させないままにゼウス信仰を導入したのであろう。しかしこのゼウス信仰はリュキアの他所では確認されず、一般には浸透していなかったようである。

次の碑文の考察に移ろう。

　この墓は Hñtihãma の息子、Tettĩmpe が建てた。彼は内部の棺台に安置され、そこには彼の妻以外の死者が葬られるべからず。ほかの者を葬った者は、この聖域［をつかさどる者？］とマリヤとミンティ［墓の監視組織か？］の誓[25]

約が、彼を滅ぼすであろう。(*TL* 75)[26]

マリヤは通常、アテナに同定される女神である。出所不明ながら、頸部に「パリスの審判」の模様が描かれた銀製の瓶が見つかっており、アテナ図像の横にはリュキア文字で書かれたMal[ija](N 307c)の掻き字が確認されるのである。[27] しかしながら、マリヤは本章の考察対象とする時期(ペルシア時代)にギリシア(アテナイ)から導入されたわけではなく、それ以前のヒッタイト語やほかのアナトリア語史料にマリヤの名を使った人名や地名が確認されることから、青銅器時代から信仰されていたと推測できる。[28] マリヤの名は「刻文石柱」リュキア語文にも三度登場し(*TL* 44a, 43; 44c, 5; 44c, 7-8)、それに対応すると思われるギリシア語詩では、王の勝利は「都市を破壊する」アテナの加護と歌われている(*TL* 44c, 26)。[29]

碑文史料から知りうるかぎり、ペルシア帝国期リュキアの人々の信仰をもっとも集めていた神格はエニ(母)である。

この墓はHlaの息子Ixttaが[彼と]妻と子供たちのために建てた。誰かが彼らに危害を加えた場合には、この聖域の母(Ẽni Qlahi Ebijehi)と都市ペロスがその者を滅ぼすであろう。(*TL* 56)[30]

実はこの碑文はリュキア・ギリシア二言語碑文になっており、ギリシア語文ではエニがレトに対応している。同様の翻訳は、後に詳述する「三言語碑文」のリュキア語文(N 320a, 38)とギリシア語文(N 320b, 34)の間でも確認でき、エニ=レトの対応関係は間違いない。エニは「この聖域の」以外に、「神々の」という添え名を持つこともあった。

この墓は、Masai が彼の妻 Xuwata のために建てた。彼［の遺体］…欠…はこの墓に安置される。彼はこの墓にほかの誰［の遺体］も置かず、入れない。そして［今後も］、誰も置かれないし、入れられないであろう。…［この前後は碑文の欠損が激しく、「支払う」「税」などの数単語を除いて、文意が不明瞭］…神々の母（Ẽni Mahanahi）がほかの死者を葬った者に罰を下すであろう、そしてリュキアの itheli［共同体？］が彼に判決を下すであろう。（*TL* 134）

トルッカスやマリヤと同様、エニも青銅器時代からその存在を確認でき、とくにẼni Mahanahi はルウィ語の Annis Maššanaššis（同じく「神々の母」の意）をほとんど直接音訳したかたちとなっている。[31]

ギリシア・ラテン語文献中では、しばしばレトはリュキアの地、とくにクサントス近郊のレトオンの名で知られる聖域と結びつけられている。レトオンにはヘレニズム中期までに、レトと二人の子、アポロンとアルテミスの石造神殿が築かれていた。[32] レトとリュキアの関係について記すもっとも有名な文学作品は、オウィディウス『変身物語』（Ov. *Met.* 6. 316-81）であり、それによるとレトはアポロンとアルテミスの双子を産んだ後、本妻ヘラの執拗な怒りから逃れてリュキアのとある湖畔で二人の子と休息したという（Cf. Ant. Lib. *Met.* 35; Serv. *Verg. Georg.* 1. 378）。オウィディウスはここでレト信仰がリュキア外からもたらされたことを如実に物語っているが、同様の伝説を書き残しているアントニノス・リベラリス（五賢帝時代後半）が依拠史料の一つにクサントスのメネクラテス（Menecrates, *FGrH* 769 F2）の名を挙げていることから、この起源譚の原型はかなり古くにまでさかのぼれるようである。メネクラテスは五編の断片史料からしか伝わっていない、多くの謎に包まれたギリシア語作家である。彼はおそらく前四世紀の人で（ただしヘレニズム期の人物だと主張する研究者もいる）、出身地は不明だが小アジア西部で学問を修めた後、クサントスを拠点に活動し『リュキア誌』と題された作品を著したらしい。[33] しかしながら、リュキアのレト信仰の基盤にはエニ信仰があり、それはレト信仰にかなり先立って確認できることは先述の通りである。レトとエニとの最初の結びつきは母性という両者間の性格上の類似に拠ったのであろうが、それに加えて、エニとラダ lada（リュキア語で妻、女性）との意味上の近似と、ラダとレトの音声上の近似が、両者間の結びつきを容易にしたのではなかろうか。(34)

ヘレニズム・ローマ時代には、レトオンの神殿群整備に見られるように、レト、アポロン、アルテミスは三柱合同でリュキアの「祖国神（*πατρῷ θεοί*）」の地位を獲得していた（*TG* 496）。しかし、エニがレトを通して青銅器時代から引き続き、ペルシア時代に入っても信仰を集めていた一方で、レト、アポロン、アルテミスというトリオは、時代・内容を確定できないメネクラテスの断片史料を除けば、レトオン出土の「三言語碑文」においてただ一度言及されているだけにすぎない。「三言語碑文」とは一九七三年にレトオンのアポロン神殿とその東の崖面の間から発見され、現在は地元のフェティエ博物館に展示されている碑文である。三面に碑文が刻まれており、幅広の表面・裏面には相互に対応するリュキア語とギリシア語の決議文、そして幅の狭い側面にはアラム語の要約が付されている。(35) 細かい年代特定については大論争が繰り広げられているのだが、ペルシア時代末のものであることは間違いない。(36) この「三言語碑文」では、レト、アルテミス、アポロンというトリオはアラ

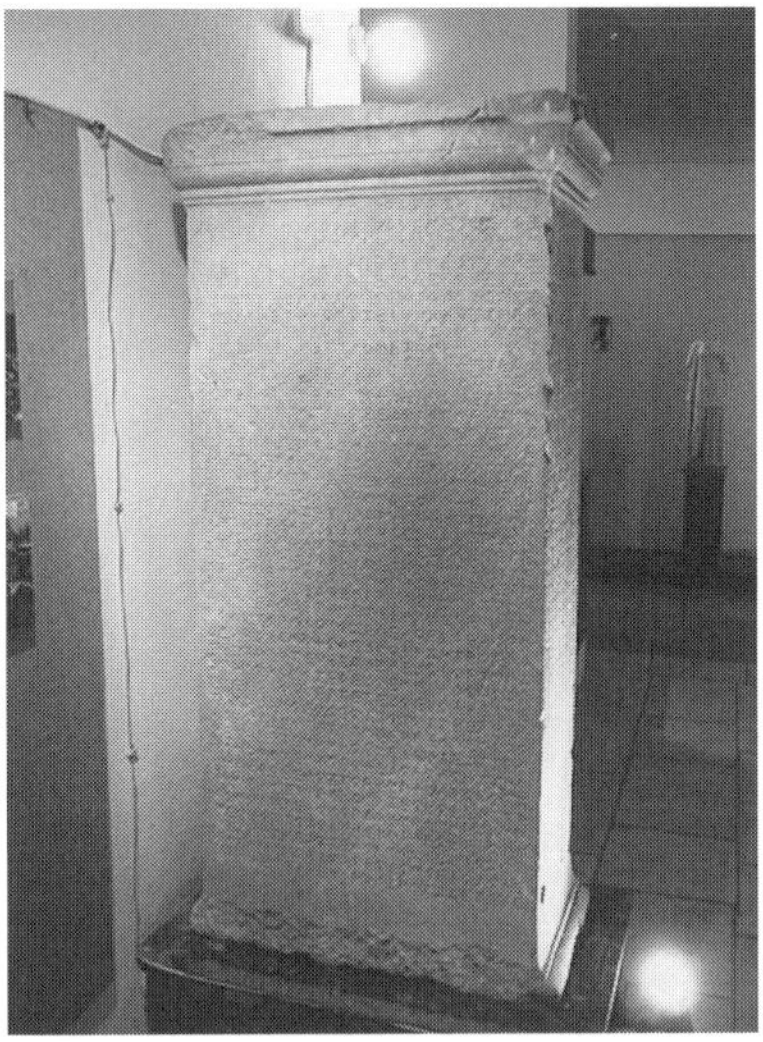

「三言語碑文」リュキア語文（フェティエ博物館）

ム語文にだけL'TW ṘTMWŚ ḤŚTRPTY（N 320c. 24-5）というかたちで登場している。しかし、ここでもアポロンの名は直接言及されずに、一般にはミトラ神のことを指すḤŚTRPTY「力の君主」（Cf. N 320c. 4のḤŚTRPTN'は総督）と呼び換えられている。[37] リュキア語文とギリシア語文では、ただエニ／レトと「その子たち」（N 320a. 38-9; 320b. 34）としか述べられていないのである（同様の表現は、ヘレニズム初期のギリシア語碑文*TG* 520でも確認できる）。

アルテミス（リュキア語ではErtemi）は、ペルシア時代以前には対応する神格が見当たらず、この時期にアテナイもしくはリュディアから持ち込まれた信仰だと考えられる。[38] アルテミスは「三言語碑文」以外に、「刻文石柱」（se malijahi se[j] ertemehi: *TL* 44c. 7-8）、レトオンから出土した三枚のリュキア・ギリシア語併用碑文（クサントスの王族エルッビナによる奉納碑：N 311+*SEG* 28. 1245A、おそらくリュキアに滞在していたギリシア人デモクレイデスによる奉納碑文：N 312、エルッビナの彫像台座に刻まれたギリシア語詩：*SEG* 39. 1414）にも登場している。また、「三言語碑文」のなかで述べられているクサントスのasaxlaza職（ギリシア語のエピメレテス＝監督官に対応）に任命されたErtimmeli（ギリシア語与格形は*Αρτεμηλιν*）は、アルテミスのセオフォリック・ネーム（神名を戴いた名）である（N 320a. 5; 320b. 5）。[39] しかし、アルテミスの名前はクサントス・レトオン地域を除いては確認されず、また墓碑銘にも現れることはない。

アポロンについては、状況がさらに複雑である。アポロンの名はリュキア出土の碑文で直接言及されることはないにもかかわらず、ギリシア・ラテンの文学作品では古くからアポロンとリュキアの関係が繰り返されるのである。[40]『イリアス』では、アポロンはゼウスに命じられてリュキアの指揮官サルペドンの戦死体をトロイアの戦場から救い出し、リュキアの地へと運び去った（Hom. *Il.* 16. 667-83）。もう一人のリュキア軍指揮官グラウコスについても、アポロンは彼を治療し、鼓舞している（Hom. *Il.* 16. 513-31）。さらに、アポロンには「リュケゲネス（*Λυκηγενής*）」というエピセット（添え名）が与えられているが（Hom. *Il.* 4. 101; 4. 119）、この解釈は非常に難しい。例えば、後五世紀アレクサンドレイアのヘシュキオス編纂の辞書には、この語が「リュキア出身」もしくは「リュキア生まれ」を意味するとあり（Hesychius. *Λυκηγενεῖ*; cf. Schol. ad *Il.* 4. 101）、スミュルナのコイントス（後三世紀末以降）もレトは双子をリュキアで出産したと述べているが（Quint. Smyrn. 11. 19-26）、これらの史料はいずれもかなり後代になってからのものである。ほかにも「リュケゲネス」は、「狼（*λύκος*）生まれ」と解釈されうる。その根拠として、レトはヘラの怒りを恐れるあまり、雌狼に化けてデロス島へ渡ったという伝承や（Arist. *His. An.* 580a [6. 35]）、さ迷うレトを狼がクサントス河へ導いたという伝承が挙げられる（Ant. Lib. *Met.* 35）。また「光（*λύκη*）生まれ」という解釈も可能であろう。マクロビウス（後五世紀）は、アポロンがラテン語でLyciusという添え名を持つのは、太陽神アポロンの下ではすべてが光り輝くからだという説を紹介し（Macrob. *Sat.* 1. 17. 36-7）、またアテナイのアポロドロス（前二世紀）は「リュキア生まれ」説を明確に否定して、「リュケゲネス」は「黎明の（*λυκαυγής*）」を意味するのだと説明している（Apollod. *FGrH* 244 F 98）。

よく知られているように、古典史料のなかでアポロンの出生地としてもっとも有名な場所はデロス島である。アポロンの出生とリュキアの関係について説明する最古の史料であるメネクラテス『リュキア誌』はレトとレトオンを結びつけるために、同地を双子の出生地ではなく、レトがアポロン、アルテミスを産湯に浸した場所だと解説している。ヘレニズム時代（前二〇〇年頃）になると、数あるアポロン生誕の地を自認する地域の一つとして、リュキアの名も見出せるようになる（Semos, *FGrH* 396 F 20）。とりわけローマ帝政期の小アジアの都市では、神話の「地理的移動」とも呼べる現象が多発し、例えば同一の地名や神々の足跡など何らかの連関が見られる場合、パンヘレニックな神話を自分たちの土地（都市や地域）のものとして取り込んでしまうという事例が多々確認されている。[41]「リュキア＝アポロン生誕地」説の発生も、このような現象の初期の一例と見なしうるであろう。しかし、史料の年代を考慮すると、リュキアがアポロンの出生地としての地位を確立できたのは、おそらくローマ帝政後期に入ってからのことだったのであろう。

古典史料によると（Diod. 5. 56. 1; Verg. *Aen.* 4. 143-4; 4. 346; 4. 377; Pompon. 1. 15. 82）、アポロンはリュキアの有名な神託所パタラにも関係があったと考えられていた。[42]とくにヘカタイオスによると、アポロンはクサントスの娘、ニンフのリュキアと交わって、パタラの名祖であるパタロスが生まれたという（Hecat. *FGrH* 1 F 56）。しかし、同地の神託所にかんする同時代史料であるヘロドトス『歴史』では（Hdt. 1. 182）、アポロンとパタラとの関係については何も述べられていない。

アルテミスと同様アポロンについても、アポロドトス（リュキア語ではNatrbbijẽmi：N 320a. 4: 320b. 3-4）やアポロニデス（リュキア語ではPulenjda：*TL* 6）というセオフォリック・ネームを確認できる。Pulenjdaはアポロニデスの音訳と考えて間違いなかろうが、Natrbbijẽmiは音声的にアポロドトスから遠く、意味から訳した可能性がある。ここから、「刻文石柱」リュキア語B文に登場するNatri（*TL* 44 c33: c48）が実はアポロンを指すのだとする推測も出されているが、[43]「刻文石柱」リュキア語文を含め、その他の碑文からナトリおよびその類似名が確認されることはない。以上のように、「三言語碑文」を含み、ペルシア帝国期リュキアにおけるアポロン信仰について明確に述べている史料は見当たらず、アポロンもしくはそれに対応する神格の信仰が浸透し、青銅器時代から続くエニ信仰と結びつけられていたとは考えがたいのである。

墓碑銘から知られるかぎり、ペルシア帝国期リュキアにおいてエニ、トルッカス、マリヤが多くの人々の信仰を集めていた。エニ、マリヤはそれぞれレト、アテナと同一視され、またトルッカスもゼウスと同一視されていた可能性があるが、これらの神々はこの時代にリュキア外から導入されたわけではなく、青銅器時代の史料にその原型を見出すことができる。もっとも習合が進んでいたレト＝エニにかんしては、この時代になってアルテミス信仰と（可能性は低いながらも）アポロン信仰が限定的に確認できるが、母と双子というトリオの信仰はいまだ確立しておらず、その重要性が増すのはヘレニズム期に入ってからのことであった。それでは、このような現象（神格の導入や同一視）がいつ、どのように発生したかというと、これはギリシア語碑文の分析に依拠するため、続いてリュキアにおけるギリシア語の使用状況について考察したい。

二言語碑文と擬似二言語碑文

前述の通り、リュキア語とギリシア語とのつながりはかなり古く、リュキア文字の三分の二はギリシア文字から採用され、また現在確認できるリュキア最古の銭銘（前五〇〇年頃）はギリシア文字で鋳刻されている（M 2 a; c）。しかしながら、ペルシア時代にもっとも支配的だった言語はリュキア語であり、それに比べてリュキア語以外の言語で書かれた碑文は極端に少なく、リュキア・ギリシア二言語碑文一〇点、リュキア・ギリシア擬似二言語碑文九点、そして「三言語碑文」（リュキア語・ギリシア語・アラム語）、ギリシア語碑文（*SEG* 41. 1382）、アラム語碑文（*TL* 152）が一点ずつ（ただし、欠損が甚だしいものは除く）を数えるにすぎない。

擬似二言語碑文とは、一つの碑文にリュキア語とギリシア語で文面が書かれているのだが、一方が他方より極端に短い部分訳、もしくは要約になっている碑文を指す。

Kntabub の息子 Sbikaza、Temusemut の甥がこの墓を建てた。スピガサ。（*TL* 70）

この墓碑ではリュキア語墓主名（Sbikaza）の音訳であるスピガサのみが、ギリシア語で書かれている。[44] このような切り替え現象は、言語学の用語で「コード・スイッチング」と説明されることがある。

「コード・スイッチング」の事例を、もう一例取り上げよう。

オサイモスの息子カダラス。このサルコファゴスを Xudara が、妻M̃mi と子供たちのために建てた。Mlãñnazi がサルコファゴスを Pttlezẽi と彼の妻 Mam̃m̃aha、娘と息子たちに割り当てた。（*TL* 143）

ここでも傍線部の人名のみがギリシア語で表記されている。墓主の父オサイモスはリュキア語文では言及されていないが、実際に墓を使用できる人物を特定している点で、リュキア語文の内容のほうがはるかに重要であることは明らかである。

これにたいし、リュキア語文とギリシア語文がほぼ対訳関係にある碑文を二言語碑文と呼ぶ。

この墓室を Mullijesi の息子 Pulenjda と、Pulenjda の息子 Dapara、Purihimet 家の者が、彼らの妻と子たちのために建てた。この墓に誰かほかの遺体を追葬した者には、まったき怒りが下るであろう。［墓の管理費は？・］五アダ。[45]

（*TL* 6, 1-3：リュキア語文）

モリシオスの子アポロニデスとアポロニデスの子ラパラス、プリマティオス家の者が、妻と子たちのためにこの墓室を建てた。もし何者かがこの墓に災いをなすならば、その者に大いなる怒りが下るであろう。（*TL* 6, 4-7：ギリシア語文）

一見して明らかなように、「五アダ」という情報を除いて、ギリシア語文はほぼリュキア語文と一致している。この墓主か彼の代理人は相当ギリシア語に精通していたのであろう。しかし、リュキア人一般がどのレヴェルでギリシア語と接していたかについては、ここで立ち止まってさらに深く考察する必要があろう。

リュキアでは、彼らの主要言語が外来の新言語によって干渉を受けていたようで、リュキア語にはいくつかのギリシア語からの借用語を確認できる。例えば、リュキア語 stalla（石柱）はギリシア語ドーリス方言 *στάλα*（*stala*）からの借用語であるし、また sttrat（将軍）は *στρατηγός*（*strategos*）から、trijere（三段櫂船）は *τριήρης*（*trieres*）からの借用語である。(46) 一方リュキアで使われていたギリシア語には、いくつかの不自然な特徴を指摘できる。例えば、定冠詞がないというリュキア語の特徴に引きずられて、ギリシア語文でも定冠詞が省略されており、(47) またギリシア語の決議碑文では一般にタイム・マーカーは絶対属格（名詞の属格＋分詞の属格）によって表現されるところが、リュキアで見られるギリシア語碑文では、リュキア語の統語法に従って、「〜のとき」から始まる節のかたちで表されているのである。(48) さらには、ローマ時代に入るまで（すなわち、ラテン語の影響が強くなるまで）、一般にギリシア語で親子関係を表現するときには、個人名に父親名の属格を添えるのだが、(49) これについてもリュキア語で一般的な表現法に従って、個人名＋父親名の属格＋名詞「息子」というかたちが登場するのである。

先述のレト、アポロン、アルテミスの考察時に紹介した「三言語碑文」の書き出しは、以上の特徴をよく確認できる文章となっている。そのギリシア語文は、*ἐπεὶ Λυκίας ξαδράπης*（*sic*）*ἐγένετο Πιξώδαρος Ἑκατόμνω ὑός*（*sic*）（N 320b, 1-2）と書き出されているが、それは一語ずつ訳すと「とき／リュキアの／総督／である／ピクソダロス／ヘカトムノスの／息子」となる。通常ならば絶対属格によって、*Πιξωδάρου τοῦ Ἑκατόμνω ἐξαιθραπεύοντος*（*sic*）（*GHI* 54からの類推）、逐語訳で「ピクソダロスの／冠詞／ヘカトムノスの／総督であること」となるべきところだが、ここでは必要以上に冗長な表現になっているのである。一方、これに対応するリュキア語文は、ẽke Trm̃misñ xssaθrapazate Pigesere Katamlah tideimi（N 320a. 1-2）となっており、これを一語ずつ訳すと「とき／リュキアの／総督である／ピクソダロス／ヘカトムノスの／息子」となり、ギリシア語文と逐語レヴェルで一致していることが分かる。このような機械的とも言える翻訳は、ペルシア帝国期のリュキアにおいてはリュキア語の思考様式に支配されながらギリシア語が使われていたことに起因すると推測されるであろう。上述の擬似二言語墓碑銘では、重要な情報がすべてリュキア語によって伝えられており、ギリシア語は実践的なコミュニケーション手段というよりは単なる装飾にすぎなかったが、二言語碑文においてもやはりリュキア語の優位は保たれていたようである。

リュキア出土のギリシア語碑文のうち、支配者（碑文作成者）の名をともなうなどして、その製作年代が特定されるものを集めると、リュキアにおけるギリシア語の使用は前四世紀初頭から広まったと推測できる。例えば、すでに述べたように、前四世紀初頭にリュキア東部の支配者であったペリクレによるゼウス奉献碑文はギリシア語で作成されていた（*SEG* 41. 1382）。また、前四世紀初頭のクサントス王で古代リュキアの至宝「ネレイド・モニュメント」の墓主であったエルッビナも、積極的に碑文にギリシア語を用いた。一九六〇―七〇年代にかけてレトオンから発掘された彫像台座に刻まれた二組の碑文はともにリュキア・ギリシア擬似二言語碑文に分類され、一つはエルッビナによるアルテミス女神への奉納を、もう一つはエルッビナの業績を記念し称えている（N 311＋*SEG* 28. 1245A; *SEG* 39. 1414）。しかも注目すべきは、比較的保存状態のよい前者の碑文では明らかにリュキア語に比べてギリシア語が重視されており、八行のギリシア語詩（*SEG* 28. 1245A. ただし、その右半分は欠損）の内容が、「ケリガとウペニの息子エルッビナはそれ［彫像］をアルテミスに捧げた」（N 311）という二行の素っ気ないリュキア語文で要約されているのである。

さらに、従来は前五世紀末に特定されていたギリシア語碑文も、エルッビナの時代にまで作成年代を引き下げることができる。従来「刻文石柱」（四面にわたり一三八行のリュキア語散文、一二行のギリシア語韻文、一〇五行のリュキア語B韻文が刻まれていた）のギリシア語韻文は墓主（エルッビナの父もしくは叔父）の時代、すなわちエルッビナの一世代前に作成されたと考えられていた。しかし、近年のリュキア語研究の進展にともない、リュキア語文中にネレイド・モニュメントのことを指すと推測される「エルッビナの石棺（Erbbinahe tezi）」（*TL* 44a, 25）という語句が見出されたことにより、碑文はモニュメント制作から数十年遅れて、エルッビナの時代に先王の偉業を称えて作成されたことが明らかとなった。(50)

それでは、なぜこの時期にエルッビナやペリクレといった王族支配者らはギリシア語を用いるようになったのであろうか。そしてなぜ、その他多くの二言語・擬似二言語碑文ではリュキア語の優位性が崩されることはなかったのであろうか。ペルシア帝国期のリュキアを取り巻く国際情勢から検討したい。

先述したように、ペルシア帝国によるリュキア征服は苛烈を極めるものであった。しかし、それにもかかわらず、あるいはその苛烈さゆえに、いったん版図に組み込まれたのちは、リュキアはかなりの自治を許されていたようである。リュキア周辺には帝国総督が赴任していた様子は窺われず、駐屯軍などの帝国の出先機関も配置されていなかったようである。(51)それゆえ例えば、弁論家イソクラテスなどは、明らかに誤りであるにもかかわらず、リュキアは一度もペルシア帝国に征服されたことがないとまで述べているのである（Isoc. *Paneg.* 161）。

ペルシア帝国期のリュキア史における転換期は、前五世紀なかば、アテナイによる海上帝国建設とともに訪れた。アテナイ将軍キモンは小アジアに遠征し、リュキアの諸都市をデロス同盟に加盟させた（Diod. 11. 60. 4）。アテナイのリュキアにたいする関心は主として経済的なものであり、とくに建艦のための木材供給地の意味合いが大きかったのだろうが、同時にリュキアが地中海東部との交通の要所にあったことも重要だった。[52] ディオドロスによればエウリュメドンの戦い（前四六〇年代前半）に先立って、キモンは「説得によって」リュキアの諸都市をデロス同盟に加入させたらしいが、これが事実だとすると、この段階でもまだペルシアが即応（例えば、駐留軍による抗戦）できるような状況には置かれていなかったと推測できよう。しかしリュキアはあまり積極的な加盟国ではなかったようで、「アテナイ貢税表」には「リュキア人たち」の名前が前四五二／一年、四五一／〇年、四四六／五年の三度しか確認されない（*IG* I^3 261. I, 29-30; 262. V, 32-3; 266. III, 33-4）。けっきょくリュキアの同盟参加期間は短命に終わっており、ペロポネソス戦争勃発時（前四三一年）にはすでに、アテナイに敵していたようである。これはまず、トゥキュディデスが作成した、開戦時のアテナイ同盟国一覧からリュキアの名前が落ちているという、やや消極的な事実から認められる（Thuc. 2. 9）。さらに前四三〇／二九年、リュキアは徴税目的で遠征したメレサンドロス麾下のアテナイ軍と交戦し、結果メレサンドロスを戦死させている（Thuc. 2. 69）。この事件は「刻文石柱」のリュキア語碑文でも、「Trbbẽnimi は軍隊［?-］とメレサンドロス（Milasãñtrã）を打ち負かした」（*TL* 44a, 44-5）という文面からも確認される。[53] しかしながら、ここではアテナイによるリュキア支配期と同地におけるギリシア語使用事例の年代が微妙にずれている点にも注意しておきたい。

このような前五世紀なかばからの国際情勢の変化は、それまで内向きだったリュキア人たちの関心を、否応なく外にむけさせることになったであろう。実はこの変化を映し出すがごとく、先述したエルッビナの奉献碑文ギリシア語文には、以下のような詩の作者名が入っている。一つは、「エウメデスの息子シュンマコス、ペラナ［ギリシア本土アカイアの都市］の人、過たない予言者」（*SEG* 28. 1245A）であり、もう一つの作詩者名は欠損しているが、「体育教師」（*SEG* 39. 1414）という職業名を読み取ることができる。この二編の詩の類似は、シュンマコスと同様、

「体育教師」もギリシア出身者であり、エルッビナが幼くしてはこの人物が家庭教師として、王となってはシュンマコスがアドバイザー（予言者）としてエルッビナに仕えていたのではないかと想像させる。[54] そして、以上の考察から明らかとなった「点」をつなぎあわせると、以下のような「線」を描き出すことができるのではなかろうか。

すなわち、前五世紀なかば以降、それまで自治を享受していたリュキア人たちは、にわかにエーゲ海世界のパワー・ゲームに巻き込まれていった。この国際化時代の幕開けに際し、当時幼少の身であった王子エルッビナにはギリシア語を教授できる家庭教師がつけられ、またペリクレにはおそらく同盟関係を背景としてアテナイの有名政治家の名前が与えられた。やがて成長したエルッビナは、王位に就いた後もギリシア人を重用し、自らのアドバイザーとして側に置いた。けっきょくアテナイによるリュキア支配は短命に終わったが、その後も王族支配者層は、幼いころに身に付けた自らの教養を見せびらかすかのように、碑文にギリシア語を用い続けた（これが先に指摘した、年代のずれを引き起こした）。またエリート層の一部も、このような支配者の態度を模倣して自らの墓碑に簡単なギリシア語の句を採用したが、しかしそれは、「ファッション」の域を出ることはなかったのである、と。

外国人の入植状況

ここまで墓碑銘を中心に分析してきた結果、そこに外国勢力、とりわけアテナイによる支配・干渉の痕跡を認めることができたが、その文化的な影響は表面的であり、深く根づくには至らなかったと暫定的に結論される。一方でリュキアはペルシア帝国の一部であったとはいえ、征服以後、帝国はリュキアを直接統治してこなかったこともあり、その影響を墓碑銘のなかに見出すことは難しい。しかしながら前五世紀末、すなわちアテナイによるデロス同盟政策の失敗が明らかになったころから、文字史料中にペルシア帝国による支配の形跡が徐々に見受けられるようになる。リュディア総督ティッサペルネスの銘を持つ貨幣が鋳造され（M 221：リュキア語で Zisaprña）、いわゆるパヤウァのサルコファゴス（*TL* 40d）や Sbikezijẽi なる人物の墓碑銘（*TL* 61）では別のリュディア総督アウトプラダテスの名が言及されているのである。そして何よりも公文書である「三言語碑文」においてアラム語が使用されていたという事実こそが、ペルシア帝国内の統合、一体性を示す証拠となろう[55]（ただし、「三言語碑文」のアラム語文では多くのスペルミスが発見されており、石工がアラム文字に慣れ親しんでいなかった様子が窺われる[56]）。それと同時にこの碑文は、ペルシア総督による外国からの信仰の流入を示す史料であるとも見なされてきた。

第一章で述べたごとく、ペルシア帝国期サルデイスでは帝国の高官ドロアペルネスが「バラダテスのゼウス」という新たな信仰を導入していた。これと類似して、「三言語碑文」がこのような外来の信仰の導入過程を垣間見せる史料だと解釈されてきた。「三言語碑文」の主意はクサントスにおける「カウノス王（*Βασιλεὺς Καυνίος*/Xñtawati Xbidẽñni）」という神もしくは半神の祭壇建設、祭司選出、所領地、運営資金にかんする取り決めについてである。「カウノス王」は「刻文石柱」のリュキア語文でも、「カウノス［人］は、この聖域［をつかさどる者?］」、マリヤ、エルテミ、カウノス王（Xñtawatehi Xbidẽñhi）を記念して、石柱を建てる」（*TL* 44c. 6-9）と述べられていることから、「カウノス王」信仰はすでに前四世紀初頭までにクサントスに持ち込まれていたようで、「三言語碑文」は前四世紀中・後期における「カウノス王」礼拝の再導入、再興を示していると考えられる。残念ながらこの信仰の具体的な内容は明らかになっていないが、その存在はクサントス外からも確認される。コス出土の碑文では、クサントスの場合と同様の「カウノス王（*βασιλέως Καύνου*）」（*Inscr. Cos* 53）という名を確認でき、またカウノス出土の碑文では、ただ「王・神（βασιλεύς ὁ θεός）」（*SEG* 14. 639; *SEG* 14. 649）とだけ述べられている。カウノス外に限定して「カウノス王」と呼ばれていることから、カウノスがその発祥地であることは間違いないであろう。この推測は、カウノス人は異国の神々を放擲し、自国の神々のみを祀るとする、ヘロドトスの記述（Hdt. 1. 172）とも合致するのである。

「カウノス王」信仰を誰が再導入したのかという問いにたいし、P・ブリアンは「クサントスと周辺都市の人々はカウノス王とアルケシマス［「三言語碑文」でのみ登場する神格］の祭壇を建てるように決議した」（N 320b. 5-8; cf. N 320a. 5-8）という文言を重視し、住民の自由意志として「カウノス王」信仰をクサントスに導入したのだと主張する。(57) これに反論してL・S・フライドは、ギリシア語文最後の句、「［総督］ピクソダロスが責任者」（N 320b. 35）の持つ意味を強調し、彼こそが信仰導入の主導権を握っていたのだと推測する。ここで言及されているピクソダロスとは、詳しくは次章で述べるが、隣国カリアの王族ヘカトムノス家の一員であり、同時にペルシア帝国の総督として登用されていた人物である。この時点までにリュキアは、ヘカトムノス家を通してペルシア帝国の統治下に置かれるという体制に移行していたのである。(58) フライドは続けて、カリア出身ながらリュキア総督を兼務することになったピクソダロスは、「カウノス王」というカリアの信仰を通して、彼のリュキア支配を強固にしたいという思惑があったと主張する。(59) しかし筆者はこのフライドの主張、とりわけ「カウノス王」のカリア的信仰という側面の強調には決定的な欠点があると考える。確かにカウノスはカリア語圏の都市であり、そこからは九点のカリア語碑文が出土している。(60) しかし、ヘロドトスはカウノス人の生活様式や信仰形態は他地域の人々、とくにカリア人のそれとはまったく異なっていると証言し、小アジア南西部をカリア、リュキア、カウノスの三地域に区分していたのである（Hdt. 1. 171-172）。葬送文化の点でもカウノスの特異な性格は認められ、同じタイプの神殿型岩窟墓がカウノス一帯とリュキアのカウノス寄りの地域に集中的に見られるのである。[61] これらの墓は残存する陪葬品から前四世紀、すなわちヘロドトスの時代から一世紀後に年代特定されるが、この時期までカウノスの独自色は保たれていたのであろう。「カウノス王」信仰再導入の主導者は誰であったかはひとまず措くとしても（ただし、碑文の文言に従えば、クサントス市民の主導のもとにピクソダロスが追認したと解釈するのが自然）、「カウノス王」信仰がカリア支配にともなってリュキア外から持ち込まれたとは考えられないのである。

以上のようにペルシア帝国期リュキアの文化にたいする外国の支配・干渉の影響が史料の量から得られる第一印象に比べて、質の点では表面的であったことは、直接的にはペルシア帝国から許されていた自治の時代が長かったこと、そしてデロス同盟の加盟期間が短かったことに起因するであろう。ここでさらに、期間の長短だけではなく、それにともなう入植者の規模、すなわちリュキアの住民がどれほどの頻度で新しく流入した文化の担い手に接触する機会があったのかについても目をむけたい。リュキア由来の史料からは確かに、ペルシア語やギリシア語の人名例を確認できる。ケリガの父アルパック（ギリシア語でハルパゴス）と息子エルッビナ（同アルビナス）、さらに「刻文石柱」（*TL* 44b. 16）と銭銘（M 138; 139）から確認できるMithrapataなどは、ペルシア／メディア語の名前である。[62] また、クサントスを拠点とする王朝に代わりリュキア全土の支配を試みたペリクレはギリシア語名であり、銭銘からのみ知られているTēnegure（M 217a; b）はおそらくギリシア語名アテナゴラスの音訳である。[63] しかし、これらの事例はすべて支配者のものであり、彼らはしばしば友誼関係の証として外国の有力者の名前を子弟に付けることがあったため、これらの事例は入植者の存在を示す直接的証拠としては弱い。[64] では、より一般の状況を反映する墓碑銘からは、どの程度の入植者数を推定できるのであろうか。

ペルシア人の入植状況を考察する上でまず注目すべきは、リミュラ出土のアラム語墓碑銘（*TL* 152）である。欠損が激しく全体の判読には至らないが、字体から前四世紀なかばに年代特定されている。幸いにして前半部分は欠損を免れており、それによると墓主はʼRTYMʼ、おそらくギリシア語表記でアルティマスとなるペルシア語名の人物であり、墓主の父はʼRZPYで、これは何語の名前かは不明である。(65) 興味深いことにこの碑文には続きがあり、リミュラの近隣都市コリュダラに居住する、墓主の曾孫と考えられる人物によってギリシア語の訳文が追刻されている。ギリシア語文も欠損が激しいが、字体からヘレニズム初期に特定され、また「アルティ…欠…」や曽祖父という単語が読み取れるのである。このアルティマスが何者であったのかを他史料から特定することは不可能である。しかし、一つの可能性として、アルティマスはリュキアにたいするペルシア帝国の介入が強まった前四世紀前半、ペリクレによって倒されたアルテンバレスと同様、リュキア統治を命ぜられてリュキア外から赴任した人物であり、しかし彼がリュキアで没した後も、彼の子孫はそのままリュキアに定住し続けたという推測が成り立つであろう。テクストにかなりの問題が残るが、クセノポン『アナバシス』(Xen. *An.* 7. 8. 25) で、前四〇一年当時のリュディア統治者としてアルティマスなる人物の名が挙げられていることから、アルティマスがペルシアの貴族層に見られても不自然ではない名前だったと考えられるのである。

さらに入植を示唆する証拠として、墓碑銘からは一つの家族内で、リュキア語とギリシア語やペルシア語の名前が混在する事例を確認できる。これはリュキア語を母語とする人々とそれ以外の言語を話す入植者との間で通婚があったことを示す証拠となろう。例えば、Xlasitini と父 Megabata (N 310) はリュキア語名-ペルシア語名の組み合わせ、Upazi と父 Mosxos (*TL* 93)、Xlppasi と父 Xanthias (*TL* 91)、Ddaqasa と父 Stolos (*TL* 88)、Ijamara と父 Terpsikles (*TL* 149) などはリュキア語名-ギリシア語名の組み合わせと考えられる。顕彰記念碑からも、Merimawa と夫 Mexistēne (*TL* 27)、Tikeukepre/ティセウセンブラと夫 Xssbezē/ポルパクス (*TL* 25:リュキア・ギリシア二言語碑文）のようなリュキア語名とギリシア語名の組み合わせを確認できる。家族関係にとらわれずにペルシア帝国期のリュキア語墓碑銘に現れる人名を分類した場合、A-V・シュヴィエールの統計によると、リュキア語、ギリシア語、ペルシア語名の数は、それぞれ二三六例、一五例、一例を数える。[66]これにアラム語碑文のアルティマスが加わるので、ペルシア語名は合計二例になる。

しかし、これをサルデイスの事例と比べた場合、ギリシア語名、ペルシア語名の割合が圧倒的に小さい。第一章で議論したように、前四世紀末の「冒瀆碑文」はエペソスからサルデイスに派遣された使節団に暴行を加えたサルデイス市民の名を父親名と祖父名、ときには曽祖父名や兄弟名とともに記しているのだが、それによればペルシア帝国期のサルデイスではリュディア人とギリシア人、ペルシア人の間で三、四世代にわたって通婚が繰り返されていたことが示されていた。ここには、古くから小アジアの「首都」としての地位を確立し、ペルシア時代には帝国の支配拠点となって、外部から多くの人々を受け入れてきたサルデイスと、周縁として帝国から比較的自由な統治を許され、また近隣にギリシア植民都市が築かれなかったリュキアとの差が明確に現れている。また、次章で検証するハリカルナッソスの事例と比べても、人名の交差事例（リュキア語名-ギリシア語名、リュキア語名-ペルシア語名）の数は格段に少なく、周りを山に囲まれたリュキアの孤立性が浮き立つ。すなわち、ペルシア帝国期のリュキア人たちにとって、リュキア外からの入植者と長期的、日常的に接する機会は、ほとんどなかったと推測されるのである。

おわりに

これまで主として墓碑銘の分析を通し、ペルシア帝国期リュキアにおける外国の支配・干渉とその文化的な影響について論じてきた。ここで、これまでの考察結果を時系列に従って並べてみよう。ペルシア帝国によるリュキア統治は、当初凄惨を極めたが、いったん支配が確立すると、リュキア人にはかなりの自治が許された。前五世紀に入ると状況は変わり、アテナイの海上政策の煽りを受けて、リュキアは国際的なパワー・ゲームに巻き込まれていった。この時期、外の世界に目をむけ始めたリュキアの支配者たちは、彼らの子弟にギリシア人家庭教師をつけてギリシア語を学ばせ、また彼らの周りにいたエリート層にもギリシア語使用の習慣が広がった。一方、年代的な確証はないが、在来の神格と外来の神格の習合や、アルテミス・アポロン信仰の移入（アポロンにかんしては疑わしいが）などが起こったのも、ギリシア語の流入と軌を一にした現象であったと考えてよいであろう。しかし、けっきょくアテナイによるリュキア支配は長くは続かず、周辺他地域と比べてギリシア人入植者の規模もきわめて小さかった。アテナイのデロス同盟政策が失敗したのち、今度はペルシア帝国が統治者を送り込む、あるいはカリアのヘカトムノス家を代理に立てて、リュキアの統治を強めていった。しかし、人名の分析によるかぎり、これによるペルシア人の集団的なリュキアへの移住を想定することは困難である。このように、リュキア人が入植者や彼らが持ち込んだ文化と長期的、日常的に接触する機会は限られていたゆえに、ギリシア語の装飾としての利用や機械的な翻訳、アラム語のスペルミス、エニ＝レト信仰とアルテミス・アポロン信仰の連携の未確立など、外来の新勢力による在来の文化にたいする影響は[67]、表面的な段階にとどまっていたのであろう。

（1） Bryce（1986: 13）; Keen（1998: 13）.

（2） サモスはペルシアの征服（前五一七年頃）により無人島になったと伝えるが（Hdt. 3. 149）、イオニア反乱末期（前四九四年）には全イオニア艦隊三五三隻中、六〇隻を提供できるまでに国力が回復している（Hdt. 6. 8）。たとえ再植民がおこなわれたとしても、この復興スピードは不自然であるし、そもそもサモスほどの面積を持つ島で虱潰しの掃討作戦が可能であったかも疑わしい。また、イオニア反乱失敗によりミレトス全市民は奴隷として連行されたにもかかわらず（Hdt. 6. 20）、ミュカレの戦いに際しては、一人も存在しないはずのミレトス人をペルシア軍が警戒している（Hdt. 9. 99; 9. 104）。

（3） Madran（1981）; Keen（1998: 3）. フェロウズ卿の活動については、Challis（2008: 23-39）.

（4） リュキアにおける発掘史については、Metzger（1990）. なお、ペルシア帝国期リュキアにかんする代表的な邦語文献である大戸（一九九三：一七一―二四九）は、美術史的分析を中心としており、本章の採用するアプローチとはだいぶ異なっている。

（5） Zahle（1991: 150-152）; Schweyer（2002: 13-18）.

（6） Schweyer（2002: 203）. Borchhardt（1998）; Borchhardt（2000: 79-80）は、石柱墓は支配者を含む戦死者を記念するためのモニュメントであり、実際には空墓であったと主張する。

（7） Bryce（1991: 77）. ただし、ブライスはこのような墳墓の形態がリュキアの社会階層を厳格に映し出しているとする想定には懐疑的である。おそらく墳墓の多様性は各階層の緩やかな志向に基づいているのであろう。

（8） 当然のことながら、この分類法にはいくつかの例外が生じる。例えば、クサントスのアゴラ周辺に位置する「箱型墓」は家型墓の一種だが、岩壁に掘削されていないフリースタンディングな墓であり、キュアネアイのある墓は岩窟墓だが、そのファサードはサルコファゴスを模している。また、*TL* 88の墓碑銘によると、岩窟墓の中にサルコファゴスが納められる入子型の墓もあったらしい。Demargne（1974: 21-24）; Bean（1978: 111）.

（9）Demargne（1974: 18）; Schweyer（2002: 14）.

（10）Keen（1998: 184）.

（11）Bean（1980: 147）.

（12）Keen（1998: 184）; Schweyer（2002: 39-41）.

（13）Houwink ten Cate（1961: 3）.

（14）大城・吉田（一九九〇：六—七）。カリア語は近年まで未解読の謎の言語であったが、二〇〇七年にAdiego（2007a）によって解読され、カリア語も同じくアナトリア語派の、とくにルウィ語群に属することが明らかとなった。

（15）Melchert（2004）.

（16）Bryce（1986: 45）.

（17）リュキアの家族構成は、多くの古典作家たちが母系制であったと証言していることから注目されている。ヘロドトスは母系制がリュキア人を他の民族と大きく分け隔てていたと述べ、「もしリュキア人に何者かを尋ねた場合、彼らは自分の名前と母親名を名乗り、母親の母親たちの名前を列挙する」習慣があったと証言している（Hdt. 1. 173）。プルタルコスもこのヘロドトスの主張を踏襲しており（Plut. *Mor.* 248d）、紀元前後の歴史家ダマスコスのニコラオスは、ヘロドトスの説からさらに一歩進んで、家産の相続も母方を通しておこなわれたと述べている（Nic. Dam. *FGrH* 90 F 103k）。アリストテレス（Arist. fr. 611. 43. Rose）やヘラクレイデス・ポンティコス（Heraclid. Pont. *FHG* 2. 217. 15）らは、リュキアは母権制社会（女性が首長の社会）であったとまで主張しているが、リュキアからはハリカルナッソスのアルテミシア（Hdt. 7. 99）のような女王の存在は確認されておらず、さすがにこれは明らかに誤りであった。リュキアの墓碑銘におけるuhes（母親の兄弟から見た甥・姪?）やprñnezije（母方の親戚一族?）といった単語は、母方の親族が重視されていたことを示唆しているかもしれないが、しかし墓碑銘全般で見るかぎり、リュキアが母系制社会であったとまでは断言できない。ブライスは、リュキア社会において著しく男性の比率が低下するような状況、例えば前六世紀後半から前五世紀なかばにかけての断続的な戦争時のような場合に限定して、一時的に母方居住制（夫が妻の家族と同居する制度）や母系制が発生したと推測する。リュキア社会と母系制に焦点を当てた研究としては、Pembroke（1965）; Bryce

（1986: 138-158）; Borchhardt（1990: 34-35）.

（18）Schweyer（2002: 58-59）. これらのリュキア語墓碑銘には、より新しい時代のギリシア語文が追刻されているが、リュキア語文とギリシア語文の間には何ら脈絡がない。

（19）トルッカスに祈願するそのほかの墓碑銘は、*TL* 80; 83; 88.

（20）Laroche（1959: 127-128）; Laroche（1980: 3）.

（21）「刻文石柱」発見史と遺物の分析については、Demargne（1958: 79-105）; Courtils（2003: 49-54）. 最近の碑文テクストにかんする研究としては、Thonemann（2009）.

（22）墓主はギリシア詩に登場する王名の欠損箇所を推測補完することによって、同定されている。詳しくは、Laroche（1974: 145-146）; Bousquet（1975: 139）. Childs（1979）は、墓主はケリガの弟で次王のケレイであったと主張しており、Bryce（1982: 331-332）; Bryce（1986: 97 no. 126）もチャイルズ説を採用しているが、この説には批判も多い。Cf. Bousquet（1992: 168-169）. Keen（1992）は、クサントスに残る王墓の被葬者を試験的ながらすべて同定しており、この問題を考察する上で非常に有益である。

（23）Laroche（1980: 3）.

（24）碑文の校訂、基礎情報については、Wörrle（1991: 203-206）.

（25）Cf. Bryce（1976）; Bryce（1981）.

（26）マリヤに祈願するそのほかの墓碑銘は、*TL* 80; 149; 150.

（27）Strong（1964）. 銀瓶はカイロの古物商から入手されたことを除き、出土地や発掘の経緯などの考古学的文脈を欠いている。おそらくリュキアで活動していたアッティカの職人による、前四〇〇年以降の作品だと考えられている。

（28）Barnett（1974）; Laroche（1980: 4）.

（29）ロディア（のちのロディアポリス）出土の二つの碑文では、マリヤはWedrẽñiという添え名が付されている（*TL* 149; 150）。これはアテナ・ポリアスに同定されることもあるが、その根拠は乏しい。Cf. Bryce（1981: 81-93）; Keen（1998: 70-71）.

（30）「この聖域の母」に祈願するそのほかの墓碑銘は、*TL* 94; 102; 110; 112; 131; 145.

（31）Laroche（1957-1958: 190）; Laroche（1959: 70）; Laroche（1980: 1）; Houwink ten Cate（1961: 203）.

（32） Metzger *et al.*（1974）; Courtils（2003: 130-166）.

（33） Cf. Asheri（1983: 125-166）.

（34） Cf. Bean（1978: 61）.

（35） Metzger（1979）は、碑文を発見したフランスのレトオン発掘チームによる、一九七四年の *CRAI* 誌上に発表された最初の校訂（editio princeps）を加筆修正した報告書。この報告書におけるフランス語訳のほか、Kuhrt（2007: 859-863）による英訳、松本（一九八三）による和訳など、数ヶ国語による複数の翻訳が発表されている。

（36） 碑文の正確な製作年について本書では立ち入った議論を控えるが、アラム語文から得られる年代とギリシア語文から推測される年代の間に矛盾が生じていることから、アルタクセルクセス三世治世初年（前三五八年）とアルセス治世初年（前三三七年）の二つの可能性が想定されてきた。詳しい論争については、Dupont-Sommer（1979）; Badian（1977）; Fried（2004: 144-145）.

（37） Dupont-Sommer（1979: 155-156）; Lemaire and Lozachmeur（1996: 118）.

（38） Laroche（1980: 5）.

（39） 「セオフォリック・ネーム（theophoric name）」という用語は、アテナイオス所伝のクレアルコス断片に見られる「ディオニュシオスのように神名を戴いた名前（*θεοφόρα ὀνόματα*）」（Clearch. fr. 86, Wehrli *ap*. Ath. 10. 448d-e）の一節に由来する。ギリシア語人名に見られるセオフォリック・ネームを整理・分析した Parker（2000）は、セオフォリック・ネームがギリシア宗教史研究の史料として利用できると評価しながらも、神名を戴いた人物が必ずしもその名の神を信仰しているわけではない（例えば、キリスト教徒であっても異教のセオフォリック・ネームを持つ事例が確認される）と注意を喚起する。

（40） レトオン出土のギリシア語詩碑にアポロンの名が登場するが（*SEG* 39. 1414, 8）、これはデルポイの神託所について述べたものなので考察対象から外す。

（41） Price（2005: 115-121）; Thonemann（2011: 66-67）.

（42） ディオドロスはここで、リュキアへの入植者がクサントス近郊にアポロン神殿を創建したと述べているが、それがパタラであったと明記しているわけではない。

（43） Cf. Laroche（1979: 61-62）; Melchert（2004: 122）.

(44)「コード・スイッチング」とは、文章中のフレーズもしくはセンテンスがある言語からほかの言語体系もしくは言語変種に切り替わる現象と定義される。これにより、ある言語体系のなかに取り込まれてしまった「借用（語）」と区別して論じることが可能となる。Cf. Langslow（2002: 36-39）; Adams（2003: 18-29）. ローマ時代の碑文に見られる人名の「コード・スイッチング」現象については、Adams（2003: 369-376）.

(45) Melchert（2004: 1）によると、「1アダ」はペルシアの「1シグロス」と等価であった。Bryce（1976）は、墓碑銘の最後に記載される金額は総じて小額であり、墓荒らしにたいする罰金というよりも、前払いの管理費であったと推測する。

(46) Rutherford（2002: 204）; Adiego（2007b: 765）.

(47) Rutherford（2002: 208-209）; Brixhe（2007: 930）.

(48) Rutherford（2002: 217）.

(49) ラテン語の影響による、ギリシア語における親子関係表記の変化（父親名の属格＋「息子」の登場）については、Adams（2003: 670-677）.

(50) Domingo Gygax and Tietz（2005）は、「刻文石柱」モニュメントが数世代にわたって段階的に制作されていったと主張する。この指摘はたいへん示唆的であるが、ギリシア語文がリュキア語文よりも前の世代に属するという彼らの推測は、ギリシア語文の上にリュキア語文が整然と刻まれている事実を考慮すると不自然である。

(51) その根拠として Treuber（1887: 95-96）は、当時敵国であったエジプトの派遣隊がリュキア内で自由に活動できていたというヘロドトスの逸話（Hdt. 3. 4）を挙げる。

(52) Childs（1981: 61-62）.

(53) そのほかのアテナイによるリュキア回復の試みについては、Keen（1993）.

(54) Asheri（1983: 97-105）; Bousquet（1992: 165-166）.

(55) Briant（2009）. 欠損が激しくて断定には至っていないが、ピクソダロスの名で発布されたリュキア・ギリシア二言語碑文（*TL* 45）とアラム語碑文の二断片（うち一つはリュキア語も刻まれている）が、本来は一つの碑文であり、三言語碑文であったとの推測もされている。Laroche（1979: 112）; Bousquet（1986）; Lemaire and Lozachmeur（1996: 101）.

（56）Dupont-Sommer（1979: 163–164）; Lemaire and Lozachmeur（1996: 114）.

（57）Briant（1998b）.

（58）伝アリストテレスによれば（[Arist.] *Oec.* 2. 1348a）、ヘカトムノスの子マウソロスはリュキア人に税を課したという。これが事実だとすると、ヘカトムノス家によるリュキアの実効支配は前四世紀なかばには確立していたことになる。Cf. Domingo Gygax（2001: 106–109）.

（59）Fried（2004: 153）. Cf. Bryce（1978–1979: 125–127）.

（60）Adiego（2007a: 151–158）.

（61）Bean（1980: 146–147）; Keen（1998: 184–185）; Henry（2009: 71–73）. Henry（2009: 159）は、カウノスの神殿型岩窟墓はカリアの中心域で誕生し南部で花開いた文化だと推測するが、カウノスの独自性を主張するヘロドトスの証言を軽視しすぎている点に疑問が残る。

（62）名前の分類については以下を参照。Bryce（1990: 535–540）; Schweyer（2002: 93–170）; Melchert（2004: 91–111）. Sekunda（1991: 97–105）は、ヘレニズム期やローマ時代の証拠事例から遡及的に、ペルシア帝国期からリュキア人とペルシア人入植者間の通婚が認められるとしたものの、それは大総督反乱以後の小規模な兆候であったと推測している。

（63）Houwink ten Cate（1961: 105）. Tēnegure の銭銘を持つ貨幣は、前四五〇から四二〇年頃に製作された。

（64）Keen（1998: 139–140）. Cf. Habicht（2000）.

（65）Lipiński（1975: 162–170）. Cf. Le Roy（1981: 220）. リピンスキーは、RZPY はリュキア語名であったと推測しているが、積極的な根拠はない。

（66）Schweyer（2002: 208）.

（67）このような現象は、一部の研究者（例えば、Raimond（2007））によって「ギリシア化」や「ペルシア化」と呼ばれているが、このような分析視角の妥当性と筆者による反論は本書序論を参照されたい。

神殿型岩窟墓、モニュメント型墓廟

注

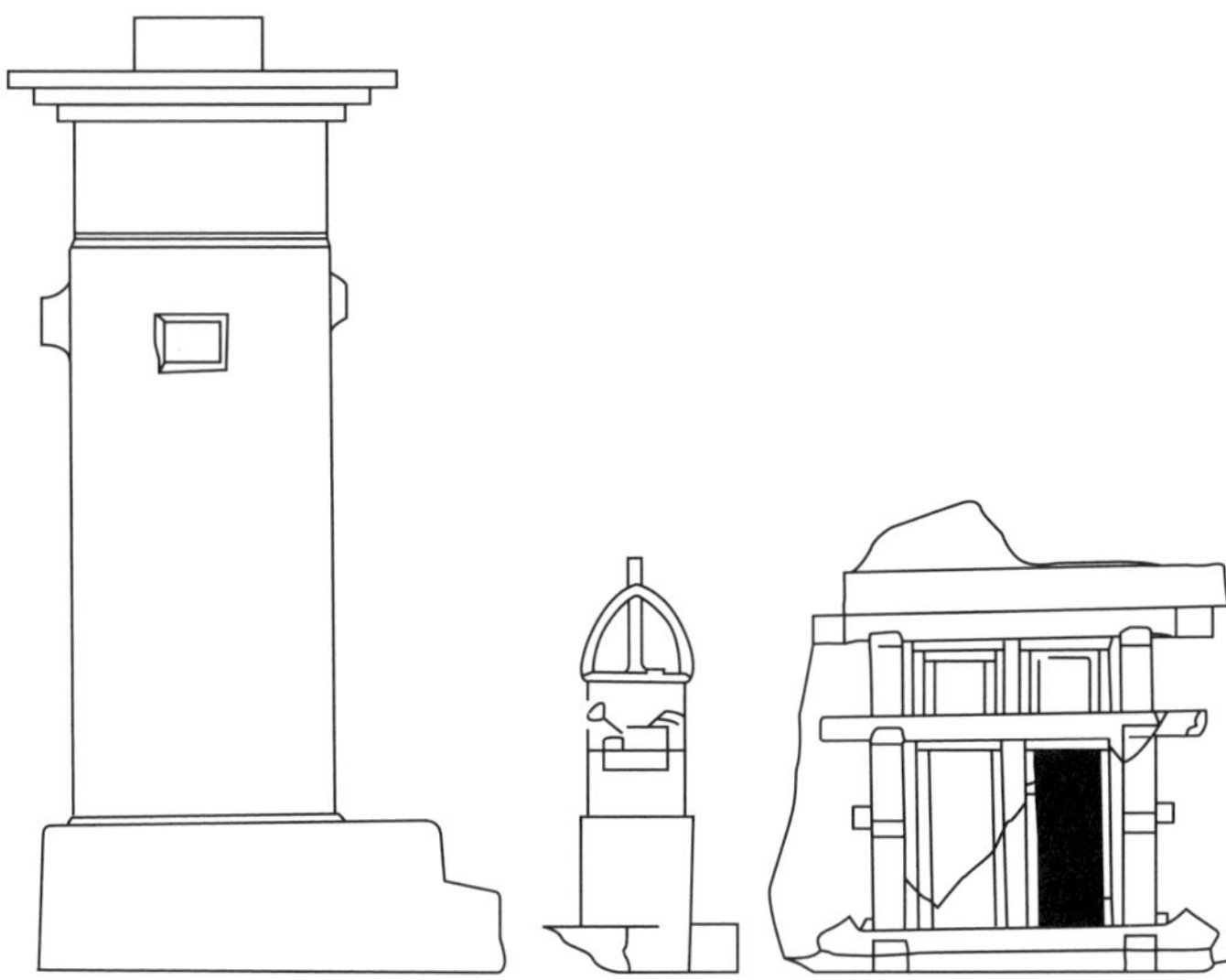

図9　リュキアの墳墓類型
左より、石柱墓、サルコファゴス、家型岩窟墓、

第四章　カリアとヘカトムノス朝

はじめに

　カリアとは小アジア南西部、北はマイアンドロス河とマイアンドロス平野によって、南東は沿岸部でダイダラ山に、内陸部ではおそらくインドス河によって区切られる地域を指し、その大半を山岳地帯が占めている(図11)。[1]この地域は小アジアの一辺境地域にすぎないが、前四世紀のペルシア帝国下において小アジアの他地域には見られない特異な状況を経験した。ここで、カリアが経験した「特異な状況」とその意義を説明するために、その歴史を概観しておきたい。

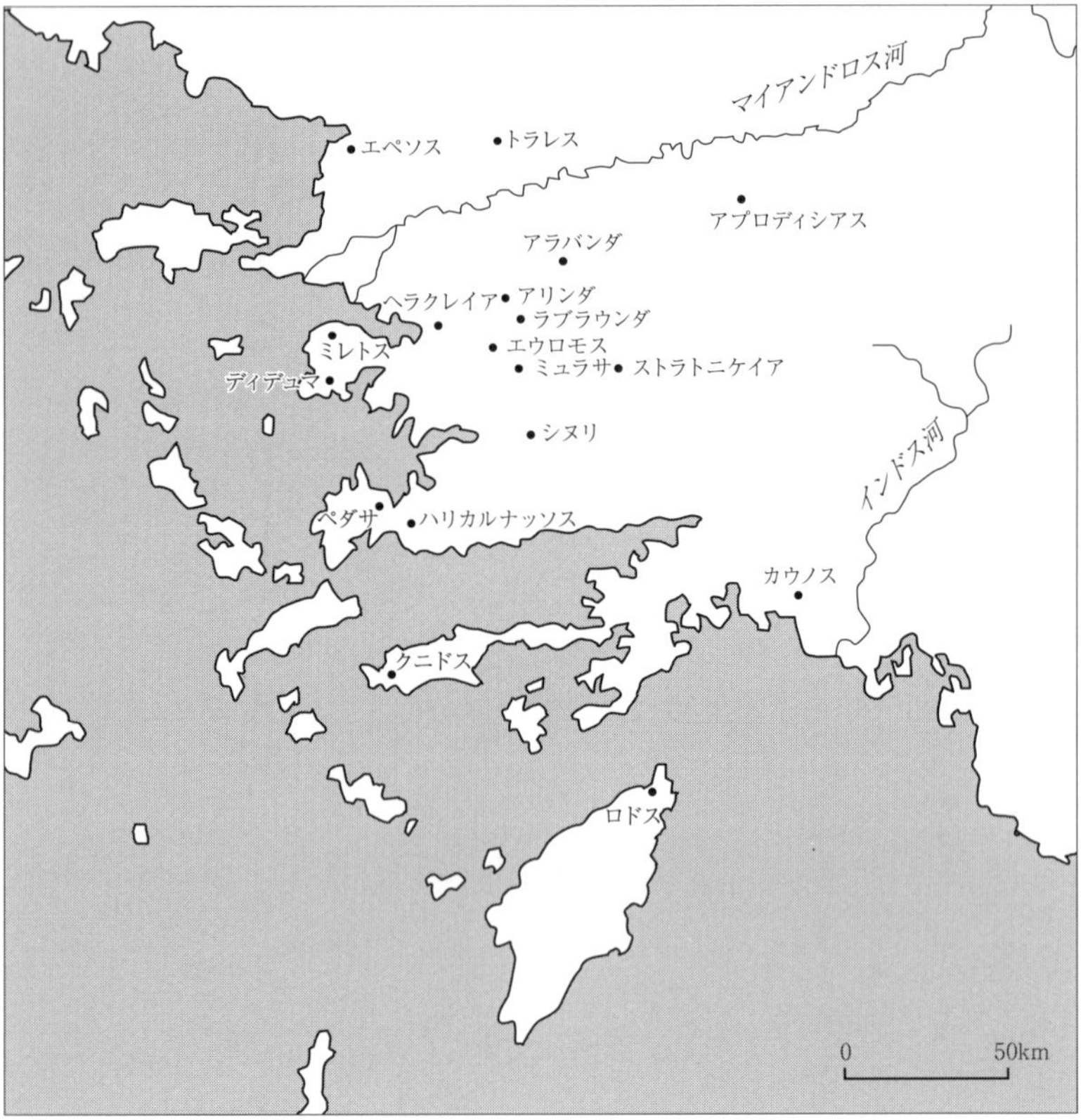

図11　ペルシア帝国期カリア

前六世紀、カリアの北部にリュディア王国が栄えると、カリアの沿岸や内陸の諸都市はクロイソス治下のリュディア王国に併合された（Hdt. 1. 28）。前五四〇年代中頃、リュディア王国がキュロス二世によって征服されると、カリアはキュロスの命を受けたハルパゴスによってペルシア帝国の支配に組み込まれる（Hdt. 1. 174）。これ以後ペルシア人が小アジアに入植し、カリアにおいてはトラレス周辺のマイアンドロス平野に所領を有した。帝国による小アジア支配の拠点となったサルデイス、ダスキュレイオンなどに比べるとその規模は圧倒的に小さかったと推測されるが、(2) ここにおいてカリアは先住のカリア人、前一〇世紀頃までに移住してきたギリシア人、そしてペルシア人が混住する地域となったのである。

ペルシア帝国下に入ると、当初カリアはリュディア総督の管轄下に置かれる。(3) この時期、カリアの諸都市はイオニア反乱に与する一方で（Hdt. 5. 117）、クセルクセスのギリシア遠征にも参加している（Hdt. 7. 93; 7. 98-99）。またペルシア戦争終結後には、今度はデロス同盟にも加盟し、おそらくはアテナイとペルシア帝国の二重支配下に置かれていた。この時点までのカリアは、ペルシア帝国とイオニア諸都市、アテナイの間を揺れ動いており、小アジア西岸の他地域ととくに異なった点は見られない。ただし、この時期のカリアからはヘロドトスが出ており、量は多くないものの（ヘロドトスはあまり自身の出生地について語ってはくれない）、他地域と比べると実体験に根ざした正確な情報を得られることは特筆に値しよう。

前五世紀末になるとカリアを取り巻く状況は、にわかに変化した。リュディア総督ピッストネスと彼の庶子アモルゲス、さらにはペルシア王弟の小キュロスらが立て続けに反乱を起こし、王位に挑戦した。これに加えて前四世紀初頭になると、小アジアはスパルタによる継続的な軍事遠征を経験する。かかる危機的状況に対処するため、前三九〇年代後半、(4) 大王アルタクセルクセス二世は広大な総督区であったリュディアを分割し、新たな総督区カリアを創出する。そして、その総督には中央から派遣されたペルシア人ではなく、在郷の支配者であったヘカトムノスを着任させたのである。[5] 以後、その地位はヘカトムノスの五人の子女、マウソロス、アルテミシア、イドリエウス、アダ、ピクソダロスらが世襲し——アルテミシアとアダは娘であったが、それぞれ兄弟のマウソロス、イドリエウスと結婚し共同統治（夫亡き後は単独統治）をおこなった——[6]、カリアは擬似王朝（ヘカトムノス朝カリア）と化した。[7] そして、彼らヘカトムノス朝の歴代支配者は、さまざまなモニュメントや碑文を積極的に残していくことになった。

以下では、先行研究を整理した上で考察の指標を示し、カリアにおいてもとりわけ史料状況に恵まれている二大中心地、すなわち内陸の宗教的中心地ラブラウンダと沿岸の政治・経済的中心地ハリカルナッソスに焦点を当てた考察をおこなう。

先行研究の整理と考察の指標

一九世紀中頃よりヨーロッパ人研究者がカリアを訪れるようになると、それまで文献史料からのみ知られていた聖域やモニュメントが踏査されるようになった。一八四四年、フランス人研究者P・ルバが内陸にあるラブラウンダを訪れ、その地を同定すると、のちに大英博物館の初代ギリシア・ローマ部局長となるC・T・ニュートンの小アジア実地調査（一八五六―一八五九年）に随行した陸軍技師R・M・スミスもそこを訪れ、詳細なレポートを残している。しかし、その後もラブラウンダの調査が順調であったわけではない。一九三〇年代中頃、フランス人研究者A・ローモニエは二度にわたりラブラウンダを訪れ発掘調査を試みたが、資金不足ゆえに断念せざるをえず、レポートやスケッチを残すにとどまっている[8]。第二次大戦後になるとスウェーデン隊によってようやく本格的な発掘調査がおこなわれるようになり、数度のインターバルを挟んで、今世紀まで続いている[9]。

山中に位置したラブラウンダの調査が遅々として進捗しなかった一方で、沿岸部のハリカルナッソスからは早くから着実に成果がもたらされた。一八五六―一八五九年にかけてニュートンはハリカルナッソスを調査し、古代世界の七不思議の一つに数えられているマウソロス廟の位置を同定した（ただし、近年では未公刊の書簡や日記の分析から、この同定も実はスミスによるものであり、ニュートンは彼の功績をあたかも自らのそれとして世に公表したことが明らかとなっている）。またその折りには、多数のマウソロス廟の遺物を大英博物館へと持ち帰っている[10]。第二次大戦後しばらくすると、ハリカルナッソスを中心とする沿岸部からはG・E・ビーンとJ・M・クックによる一連の発掘報告がもたらされている[11]。現在はデンマーク隊と地元のボドルム海洋考古学博物館が協力し、組織的な調査、保存活動をおこなっている[12]。

このように新たにもたらされた成果とそれ以前から利用されてきた史料は、一九八二年に世に問われたS・ホーンブロワーの大著『マウソロス』で一つに結実した[13]。ホーンブロワーはカリアにかんするあらゆる文献史料、当時までに用いられた碑文史料と考古資料を駆使し、ヘカトムノス朝カリアの政治、経済、文化などを詳細に描き出した。出版から三〇年以上が経過した現在でも、この時期のカリアを研究する際、『マウソロス』は第一の基本書となっている。

ところで『マウソロス』には、議論が多岐におよんでいるために、その主張が不明瞭になっているという難点がある。それゆえ、この著作をめぐっては論争がなされたのだが、幸いにもその過程で彼の主張はより明確となった。ホーンブロワーは著書のなかで「ギリシア化」と題した一章を設けて考察しており、これにたいしスウェーデン人考古学者A・C・グンテルが、ホーンブロワーはギリシア化の側面のみを過度に強調していると批判した(14)。このグンテルによる批判にたいし、さらにホーンブロワーが反駁する論文を発表し、自らの主張の要点を簡潔に述べなおしたのである(15)。

ホーンブロワーの主張は、「主要な潮流［ギリシア化］にたいする反主流的傾向であるカリア的要素、ペルシア的要素をも正当に評価しつつ、ヘカトムノス朝の文化的なギリシア化の活動の証拠を提示する」という自らの言葉によって(16)、明確に表されている。彼の主張によれば、ヘカトムノス朝支配下のカリアにおいてはギリシア化、カリア化、ペルシア化が同時に起こり、ギリシア的要素、カリア的要素、ペルシア的要素が鼎立していたことになる。具体的に述べるならば、ヘカトムノス朝カリアにおいてはギリシア的建造物が造営され、ギリシア的都市システムが誕生するなど、全体としてはギリシア文化に近づいていく傾向が認められながらも、例えばカリア的要素であるゼウス・ラブラウンドス信仰の興隆やカリア語碑文の使用（ただし、この段階ではカリア語は未解読で、この現象は憶測にすぎない）といったカリア化も見られたのだという(17)。

確かに、『マウソロス』によってカリアの文化研究は一定の到達点を見た。しかし、ホーンブロワーの成果はその高い評価とともに問題点も指摘されており、先述のグンテルによる批判をさし措いても、例えばC・フランコはホーンブロワー説の欠陥として、彼がカリアにおけるあらゆる文化状況の変化をマウソロス時代に集約して説明している点、そして何よりも彼の用いる「ギリシア化」の大半が行政や軍事システム上の表層的な変化を意味するにとどまっている点などを指摘している(18)。このような批判とともに、本書序章でも主張したように、筆者はホーンブロワーが文化的要素を用いて議論している点に疑問を抱くのである。はたしてホーンブロワーが論ずるところのギリシア的要素を、カリア的要素やペルシア的要素と明確に異なる文化的要素として見出すことは可能なのであろうかという疑問である。そこでこれまでの諸章と同様に以下では、移住当初の文化的な差異がペルシア帝国期というタイム・スパンのなかでどのように変化していったのかに着目して、考察を進める。

ラブラウンダ聖域の整備

カリアの内陸都市ミュラサは、旧来ヘカトムノス家の出身地であった(Strab. 14. 2. 23; Vitrv. *De arch.* 2. 8. 11)。ストラボンによればミュラサ一円には三つのゼウスの聖域が存在していたという。

ミュラサの人々は二つのゼウスの聖域を持っており、それはゼウス・オソゴアと呼ばれているものとゼウス・ラブラウンドス[19]である。一方はミュラサにあるが、他方のラブラウンダはアラバンダからミュラサへ越える道沿いにある山中の村で、ミュラサからは離れている。そこには古い神殿とゼウス・ストラティオスの木像がある。それは周辺の住民とミュラサの人々によって信仰されており、「聖なる道」と呼ばれる道がミュラサまでおよそ六〇スタディオン、石畳で舗装されていて、その上を犠牲獣が行列を組んで運ばれる。ミュラサでもっとも傑出した者が終身祭司を務める。これらはミュラサ限定であったが、三つめの聖域、ゼウス・カリオスの聖域もあり、それはすべてのカリア人に共通の聖域である。(Strab. 14. 2. 23)

ストラボンは紀元前後を生きた人である。後述するように、ストラボンの時代までにはラブラウンダ聖域の神殿は増改築されており、また木造の神像とともに石造の神像も祀られていた。つまり、ストラボンの記述は新旧の情報を混在させているか、あるいは必要以上に情報をスリムにして、ラブラウンダが鄙びた聖域であるかの印象を与える。とはいえ、このストラボンの記述は、ミュラサ近隣における聖域の複雑な様相を窺わせる貴重な史料である。これらミュラサ一円に栄えたゼウスの聖域のうち、ヘカトムノス朝はゼウス・ラブラウンドスの聖域に深く関与していく。以下では、残された碑文や遺構などからその過程を描出しよう。

(一) 前ヘカトムノス朝期のラブラウンダ聖域

プルタルコスによれば、ラブラウンダで祀られていたゼウスはその手に両刃の戦斧を携えていたという。プルタルコスの伝える神話では、この戦斧はヘラクレスがアマゾン族の女王ヒッポリュテを討った際の戦利品ということになっている（Plut. *Quaest. Graec.* 45）。また貨幣では、このゼウスは片手に両刃の戦斧を、もう一方の手には長槍を装備した姿で描かれている[20]。これら両刃の戦斧、長槍といったアトリビュートゆえ、ゼウス・ラブラウンドスはゼウス・ストラティオス、すなわち「戦のゼウス」とも呼ばれていた。なお、アイリアノス（後二―三世紀）は『動物誌』で、ラブラウンダに祀られているゼウスはゼウス・カリオス、あるいはゼウス・ストラティオスと呼ばれていたと伝えるが（Ael. *NA.* 12. 30）、この記述は明らかに誤りである。というのも、ミュラサ出土の前一世紀の碑文（*IKMylasa* 204）では、ゼウス・カリオスの祭司とゼウス・ストラティオスの祭司が区別されているからであり、このことからも、（ゼウス・カリオスではなく）ゼウス・ラブラウンドスとゼウス・ストラティオスが同一であったと考えるのが自然であろう。

ヘカトムノス朝期以前のゼウス・ラブラウンドス、あるいはゼウス・ストラティオスの聖域について知られているところはわずかしかない。その貴重な情報を与えてくれるのは、カリア出身のヘロドトスである。イオニア反乱の末期、ペルシア軍が反乱に与したカリアに侵入してきたくだりで、ヘロドトスはヘカトムノス朝期以前の聖域について次のように記している。

> そこで、彼らカリア人のうち生き逃れた者たちは、ラブラウンダにあるゼウス・ストラティオスの聖域に追い詰められたのだが、そこは深く神聖なプラタナスの森であった。われわれが知っているかぎり、ゼウス・ストラティオスに犠牲を捧げるのはカリア人のみである。(Hdt. 5. 119)

このほかにも、考古学調査によっていくらかの情報が明らかとなっている。ラブラウンダ聖域から発見された最古の遺物は前七世紀の陶片であり、聖域はこの頃から機能していたと考えられる。しかし、ヘカトムノス朝期以前の聖域にはイン・アンティス式(正面のアーキトレーヴ(楣石《まぐさいし》)を支える壁端柱の間に二柱を配しただけの、簡素な建築様式)の神殿と神殿のテラス(東面)の北半分のみしか備わっていなかった。[21] ラブラウンダは山の斜面に築かれた聖域であるため、神殿などの建設に際してはまず、山肌を削り出し石垣で固める(土留め)などして、水平方向に均した地面(テラス)を造成する必要があったのである。後述するようにヘカトムノス朝下の聖域整備で、最終的にテラスは五面を数えることになるので、ここからも前ヘカトムノス朝期の聖域の面積がいかに手狭であったかは一目瞭然であろう。

このように、ヘカトムノス朝期以前のラブラウンダ聖域はきわめて質素で、山中にありながらも、参詣者を迎え入れる施設を備えていなかった。先のヘロドトスの「ゼウス・ストラティオスに犠牲を捧げるのはカリア人のみである」、ストラボンの「ミュラサ限定であった」という記述と聖域の規模とを考えあわせるならば、ゼウス・ラブラウンドスはカリア人のなかでも主にラブラウンダとミュラサ近隣の人々によって信仰されていたと推測できよう。

（二）ヘカトムノス朝による聖域整備

ヘカトムノス朝は、このラブラウンダ聖域を大々的に整備していく（**図12**）。ラブラウンダでは、建造物のアーキトレーヴ（楣石）に刻まれた奉献碑文の最初期かつ典型的な事例を確認できるのだが、[22] それら奉献碑文より聖域の整備過程を再現することが可能となる。奉献碑文には例えば、「ヘカトムノスの子マウソロスはアンドロンとその中身をゼウス・ラブラウンドスに奉献する」（*ILabr* 14）というようにギリシア語で記されており、[23] これら奉献碑文に刻まれた情報をまとめると、上記の**表2**のようになる。

表2　奉献碑文から見るヘカトムノス朝の聖域整備

奉献者	奉献物	奉献碑文
ヘカトムノス	彫像（の台座）	*ILabr* 27
マウソロス	北のストア	*ILabr* 13
マウソロス	アンドロンB	*ILabr* 14
イドリエウス	アンドロンA	*ILabr* 15
イドリエウス	ゼウス神殿	*ILabr* 16
イドリエウス	オイコイ	*ILabr* 17
イドリエウス	南のプロピュライア	*ILabr* 18
イドリエウス	「ドーリス式の」オイコス	*ILabr* 19

この表に若干の補足をしたい。

まず、アンドロンについてだが、文字通りに解せば男部屋という意味になるが、一般的には私宅内に設けられた男たちが饗宴（シュンポシオン）を催した部屋のことを指す（Vitrv. *De arch.* 6. 7. 5）。しかし、ラブラウンダのアンドロンは邸宅に付随する一区画ではなく、独立した建物である。しかも、ギリシアのアンドロンでは寝椅子の収納効率を上げるために、入り口をオフセンターに設けるのが普通だが、ラブラウンダのアンドロンでは入り口が間口の中央に配置されている。そのため、プラトンの著作で語られるような、寝椅子を並べた男性のみの饗宴がおこなわれていたとは想定しがたいのではなかろうか。[24] これについて例えば、ヘロドトスによれば、トラキアにおいてサルモクシスという人物がアンドロンを建て、地元の有力者を招き接待をしながら自らの信仰を説教したという（Hdt. 4. 95）。ここでのアンド

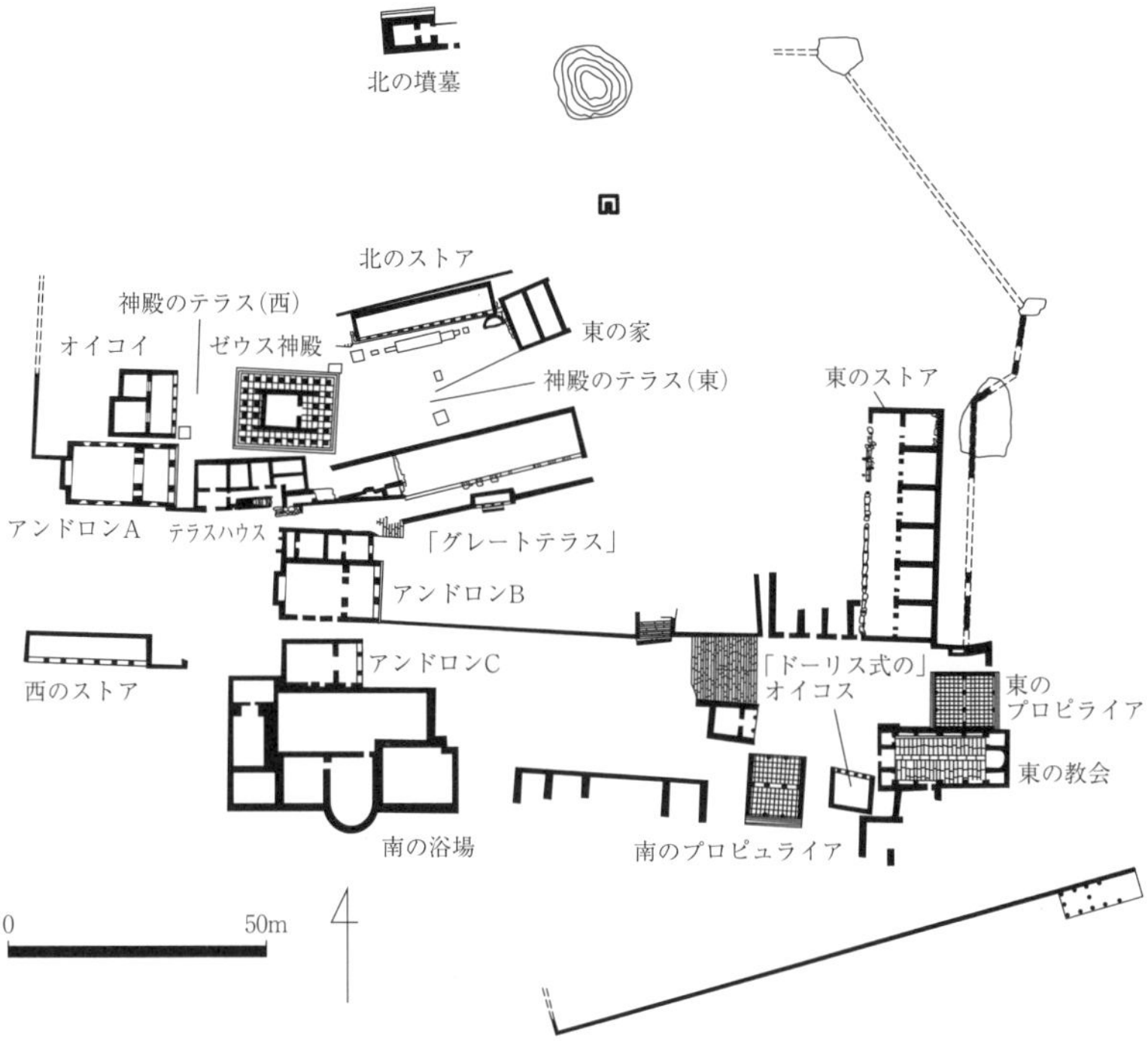

図12　ラブラウンダ聖域図

ロンはむしろこのイメージに近く、参詣者を供応する目的の施設だったと推測されよう。(25) 同様の供応施設は、東のストアにも備わっていたと考えられている。なお、アンドロンAとアンドロンBを識別する記号（アルファベット）と建立年代の順序が逆転しているのは、初期の考古学者が誤って付けた呼び名が、その後も慣習的に使われ続けていることによる。

次にイドリエウスによる奉献物について補足説明したい。まず、イドリエウスによって奉献されたゼウス神殿についてだが、これは以前からあったイン・アンティス式の神殿を取り潰したり、それと別個に建造されたわけではなく、それに覆いかぶさるように増改築された。(26) また、オイコイは家を意味するオイコスの複数形であるが、この建造物は碑文上でも複

ラブラウンダ遺跡内の参道（右は「グレート・テラス」の擁壁）

数形で記されている。これは、オイコイが複数の部屋を有していたことによるのであろう。使用目的としては文書館や迎賓館、宝物庫などが考えられている。[27]

考古学調査によっても聖域整備の様子が明らかとなる。それによれば、プロピュライアからアンドロンへの動線周辺の石垣（テラスの擁壁）、テラスハウス（倉庫か）、東のストア、東のプロピュライア、ミュラサからラブラウンダまでの「聖なる道」、聖域内の階段などが、ヘカトムノス朝による整備計画に帰されている。[28]また、これらの施設を建てるための敷地も整備されていった。もとから整備されていた神殿のテラス（東面）をいったん埋め戻したのち、より広いテラスへと造成しなおすと、神殿の西面にはアンドロンAやオイコイが建つテラス、その下にはアンドロンBが建つテラス（「グレート・テラス」）など、合計五面のテラスを整備し、聖域の面積を大幅に拡張したのであった。[29]

ヘカトムノス朝によるゼウス・ラブラウンドス信仰への積極的関与は、貨幣からも窺い知れる。最初にヘカトムノスが貨幣のレリーフにゼウス・ラブラウンドス像を利用すると、歴代のヘカトムノス朝の支配者たちはそれに倣った。ピクソダロスの代にはゼウス・ラブラウンドスのアトリビュートである両刃の戦斧のみが刻まれた貨幣も鋳造されるようになる。このゼウス・ラブラウンドスや両刃の戦斧を貨幣の意匠として用いる慣習は、ヘレニズム期やローマ時代に入っても途絶えることはなかった[30]。

以上のように、ヘカトムノス朝はゼウス・ラブラウンドス信仰に積極的に関与し、ラブラウンダ聖域を整備してその様相を一変させた。では、この聖域整備の前後で、カリアにおける信仰の様相はどのように変化したのであろうか。

ストラボンが伝えているように、ミュラサ近隣にはゼウス・ラブラウンドス以外にも、ゼウス・オソゴアとゼウス・カリオスの聖域が存在した。ゼウス・オソゴアが盛んに信仰されるようになったのは前三世紀頃からなので[31]、本章の議論と関わることはない。しかし、ゼウス・カリオスはヘカトムノス朝期以前から人気があり、その信仰はカリア内のみならず近隣地域にもおよんでいた。例えば、ビュザンティオンのステパノスは『民族誌』「トレボス、リュディアの都市」の項で次のように記している。なお、この項中で言及されるダマスコスのニコラオス（紀元前後の世界史家）は、リュディアにかんする情報を前五世紀リュディア出身の歴史家クサントスの『リュディア誌』、もしくはメニッポス（ヘレニズム期の歴史家）によるクサントス『リュディア誌』の摘要に依拠して記述したと考えられるので、以下の記述に見られる神殿や山の呼称は前五世紀の状況を反映していると見なしてよかろう[32]。

> トレビア湖の地域にはカリオスと呼ばれている山があり、そこにはカリオスの神殿がある。ニコラオスが彼の著書の第四巻で述べているところによれば、ゼウス［・カリオス］と［ニンフの］トレビアの子カリオスが、彼にちなんでトレビアと呼ばれている湖の近くを歩いていると、リュディア人たちがムーサと呼んでいるニンフの声を聴き、

そこでカリオスは音楽を学び、それをリュディア人に教えた。それゆえ、このメロディーはトレビアと呼ばれるという。(Steph. Byz. *s.v.* Torrhebos)

トレビア湖とカリオス山は現在それぞれ、サルデイスの南方およそ二〇キロメートルに位置するボズダー(トモロス)山脈中のギュルジュク湖とケルダー峰に比定されており、ケルダー峰からは聖域の存在を物語る遺物も確認されている。[33] またストラボンも、本節冒頭に引用した箇所の後に、「ゼウス・カリオスの聖域には、カリア人の兄弟であるがゆえにリュディア人とミュシア人も与る」(Strab. 14. 2. 23) と続けている。これらは、ゼウス・カリオス信仰によるカリア人とリュディア人の結びつきを示唆しよう。しかし、ゼウス・カリオスがカリアの近隣地域でも信仰されていた一方で、ヘロドトスは次のように記している。

カリア人は、[彼らが古くからカリアの地に居住していた] 証拠としてミュラサにあるゼウス・カリオスの古い聖域を挙げる。ここは、ミュシア人もリュディア人もカリア人の兄弟だということで参与が許されている。彼らいわく [リュディア人の名祖] リュドスと [ミュシア人の名祖] ミュソスは [カリア人の名祖] カルの兄弟なのである。そこで彼らは参与を許されているが、ほかの民族の者は、たとえカリア人と同じ言葉を話しても参与は許されていない。(Hdt. 1. 171)

このように、ゼウス・カリオス信仰はある一定の範囲外に位置する者を排除していた。[34] そのように退けられた者には、カリア語を用いながらもカリア人とは区別して扱われていたカウノス人 (Hdt. 1. 172; cf. Strab. 14. 2. 3) が当てはまるだろうし (ゼウス・カリオスの章とカウノス人の章は『歴史』のなかで隣接しており、このような理解は文脈のなかで一貫性が保たれる)、カリア語が使用できた一部のハリカルナッソス人などが含まれていたのであろう (詳しくは次章)。すなわち、ゼウス・カリオス信仰はカリア人とカリアに居住する彼ら以外の人々との文化的差異として機能していたのである。

ヘカトムノス朝が主に関心を示したのは、このゼウス・カリオス信仰ではなくて、ミュラサ近隣の住民が信仰していたゼウス・ラブラウンドスの聖域であった。では、なぜヘカトムノス朝はゼウス・カリオス信仰にたいし積極性を示さなかったのであろうか。推測の域を出ることはないが、ここで私見を述べておきたい。

イオニア反乱中、カリアに侵入してくるペルシア軍を前に、カリア人たちは「白い柱」と呼ばれる土地に集まり対策会議を開いた。そこでの発話者に、「父の名はマウソロスといい、キリキア王シュエンネシスの娘婿であった」ピクソダロスという名の人物がいたという(Hdt. 5. 118)。ピクソダロス、マウソロスという名が示唆するように、もしこれらの人物がのちのヘカトムノス朝の祖先にあたると仮定するならば[35]、ヘカトムノス家にはキリキア人の血が流れていたことになる。もしそうではなかったとしても、リュディア王クロイソスの母親がカリア人であった(Hdt. 1. 92)、またハリカルナッソスの僭主リュグダミスの妻がクレタ人であった(Hdt. 7. 99)という記述が示すように、カリアの支配者層においては婚姻同盟の成立を目的とした「国際結婚」が稀ではなかったのであろう。そして、ラブラウンダの聖域整備着手以降の事例とはなるが、当のヘカトムノス家においても「国際結婚」の証拠を見出しうるのである。同家の末弟ピクソダロスの妻アプネイスはカッパドキアの出身であったし(Strab. 14. 2. 17)、彼らの娘アダ(女王であった同名の叔母アダと区別するために、通常アダ二世と呼ばれる)は最初マケドニア王ピリッポス二世の子アリダイオスに嫁がせる計画が持たれ(Plut. *Alex.* 10. 1-3)、同じくピリッポスの子であったアレクサンドロスの一派によってこれが頓挫せられたのちは、ペルシア人オロントバテスの妻となったのである(Strab. 14. 2. 17; Arr. *An.* 1. 23. 8)。以上の諸事例から類推されるところでは、カリア人、リュディア人、ミュシア人以外の参与を嫌うゼウス・カリオス信仰において、「外国人」の祖先を持つ（かもしれない）ヘカトムノス家は、たとえ排除されることはなかったとしても、けっして中心的な役割を担うことを許されなかったのではなかろうか。

その一方で、ストラボンの記述が示すように、ゼウス・ラブラウンドス信仰をリードするのはミュラサの名望家系であったとするならば（Strab. 14. 2. 23）、ヘカトムノス家はまさにこの条件に合致する。そして、彼らは上で論じたような多数の施設の建造というハード面での整備と同時に、その祝祭自体の内容も変化させていくのである。ここで前四世紀のゼウス・ラブラウンドスの祝祭にかんする決議が刻まれた、ローマ帝政期に作成された著しい欠損が見られる二つの碑文（*ILabr* 53; *ILabr* 54）を取り上げよう。これら二つの碑文はいずれも右半分が欠損して判読できず、おのおの単独では文意を拾うことができない。しかし、銘文の同一と考えられる箇所に同じ文字が現れることから、碑文校訂者のJ・クランパは両碑文には本来同一の決議文が刻まれていたと推測し、両銘文の欠損箇所を互いに補い合うことにより、以下のような決議文を復元させた。(36)

以前の毎年一日間よりも長きにわたって、以前一日でなされていた行列と同じように祝祭が催されるようマウソロスが決議して以来、今はすべての者が五日間にわたり、この祭典と犠牲式を執行すべし。そして一日目は、ラブラウンダにおける父祖伝来の慣習に従い犠牲獣を捧げ、二日目は…欠…以前の犠牲式に…欠…、四日目は残りが…欠…、子々孫々はこのように祝祭が催されるように心がけるよう。彼と…欠…は呪われよう。（*ILabr* 53+54）

銘文の、上に訳出した箇所以外からは、「ヘカトムノス」「イドリエウス」（ただし、「イドリエウス」については欠損が激しいため、異読も考えられる）「ゼウス・ラブラウンドス」といった語を確認できることから、この決議が前四世紀のヘカトムノス朝下に発令されたと考えて誤りはない。ペルシア帝国期に出された決議がローマ時代に改めて碑文に刻みなおされたことにかんしては、例えばローマ時代に何らかの決議がなされた際その前例として引照されたなどの理由を想定できるが、このようなことは「ドロアペルネスの碑文」の事例に鑑みるに、さほどめずらしい慣習ではなかったのであろう。[37]

上記の決議文からは、マウソロスが祝祭を日仕事から五日間の規模へと充実させたことを読み取れる。確かに、この碑文は史料解釈上いささかの問題もないとは言い切れない。しかし、ミュラサ出土の碑文（*IKMylasa* 3）では、前三五五年頃にパクテュエスの子マニタスなる人物が、ゼウス・ラブラウンドスの祝祭に参加しているところを見計らってマウソロス暗殺を試みたと伝えられていることから、ヘカトムノス家が同祝祭に深くコミットしていたことは疑うべくもない。では、このように整備されていった祝祭には、どのような人々が参与していたのであろうか。上に訳出した銘文に従えば、マウソロスによる決議以来「すべての者（*πάντες*）」が祝祭に参与しているという。実は、あまりに欠損が激しいために訳出することができなかったが、ここに訳出した決議文より前の箇所からは「ほかのカリア人に（*τοῖς ἄλλοις Καρσὶν*）」（*ILabr* 53）という語を読み取れる。ここで、「すべての者」という語が「ほかのカリア人」に対応して用いられたとするならば、ゼウス・ラブラウンドス信仰参与者の範囲が従来の参与者から「ほかのカリア人」、さらにはそれ以外の者を含めた「すべての者」へと拡大していったという解釈が成り立つ。では、かかる推測は妥当なのであろうか。

この問いには以下の二点が鍵となる。まず、奉献碑文に見られる特徴として、最初に聖域の整備に着手したヘカトムノスとマウソロスの奉献碑文では、のちのイドリエウスによる奉献碑文とは異なり「ミュラサの人」という肩書きが用いられていない。これについては、事業の初期には聖域の一般化、「国際化」をねらって、意図的にこの肩書きの使用が避けられたとの説も出されている。[38]ただし、比較対象となる、ラブラウンダ以外の聖域から出土した奉献碑文の事例がじゅうぶんではないため、この判断には慎重にならざるをえない。その一方で、ヘカトムノス朝は日帰りが不可能な遠方からの参詣者を想定させるような多数の迎賓、供応施設を建造していることは確かである。これらの点を加味すると、全体としてはやはり、整備計画は先に確認したようなゼウス・ラブラウンドスがミュラサ近隣住民によってのみ信仰されていたというニュアンスを払拭する方向にむかっていたと言える。

以上のような推論は、碑文史料からも裏づけられる。ラブラウンダやミュラサ以外でも、ミレトスからゼウス・ストラティオスに捧げられたローマ帝政期の奉献碑文（*Inscr. Cos* 347）が出土している。また、年代の特定はなされていないものの、ミレトスで発見されたのと同様の祭壇（おそらくヘレニズム期のものか）が、ハリカルナッソス（*Halikarnassos* 82）、アプロディシアス（*CIG* 2750）、ラトモス湖畔のヘラクレイア（*CIG* 2896）からも出土している。さらに、ヘレニズム時代に築かれた、カリアにおけるマケドニア人植民都市であるストラトニケイア（Strab. 14. 2. 25）からも、ゼウス・ラブラウンドスにたいする二枚の奉献碑文が見つかっているのである（*IKStrat* 813; 1109）。これら碑文が発見された地域分布からは、少なくともヘレニズム期までには、ゼウス・ラブラウンドスがミュラサ・ラブラウンダ地域を抜け出して、広くカリア内の人々によって信仰されていたことが分かる。このような状況は、第一章での「ドロアペルネスの碑文」におけるネオコロスの「バラダテスのゼウス」信仰や、リュディア語墓碑銘におけるサルデイス住人のエペソスのアルテミス信仰の受容を連想させよう。そして、新たなゼウス・ラブラウンドス信仰入信者のなかには、ゼウス・カリオス信仰からは除外されていた「カリア人」以外の「ほかの民族の者（*ἐόντες ἄλλου ἔθνεος*）」（Hdt. 1. 171）も含まれていたであろう。これは推測の域を出ないが、少なくともヘカトムノス朝期にいっきに花開いたゼウス・ラブラウンドス信仰からは、ゼウス・カリオス信仰のような閉鎖的性格を見出せないのである。

前五世紀のハリカルナッソス

カリア沿岸に位置するハリカルナッソスは、かのヘロドトスの出身地として名高い。しかし、ヘロドトスの時代には、さしたる大都市ではなかった。デロス同盟期、「アテナイ貢税表」に記されているところによれば、同じカリア沿岸に位置するクニドスの貢納額が五タラントンであったのに比し、ハリカルナッソスの貢納額は一タラントン四〇〇〇ドラクマにとどまっていた。[39]「アテナイ貢税表」の貢納額がダイレクトに都市規模を反映しているとは言えないものの、この額の開きからカリア沿岸地域における第一の都市はクニドスであり、ハリカルナッソスはその中位の都市にすぎなかったと考えられる。

マウソロスはハリカルナッソスに天然の要害、良港、商業地を認めると、活動の中心を内陸のミュラサからハリカルナッソスへと移した（Vitrv. *De arch.* 2. 8. 11）。マウソロスがこのタイミングでハリカルナッソスに遷都したのは、時流を的確に読んだ戦略と言える。前五世紀カリアの対岸に位置するロドス島では、リンドス、イアリュソス、カミロスという有力都市が協力しながらも独立して商業活動をおこなっていたのだが、[40]前四〇八年にこれら三都市はデロス同盟から離反し、島北端に住民が集住して新都市ロドスを建設した（Diod. 13. 75. 1）。この都市ロドスの成功は目覚ましく、古典期後半からヘレニズム期にかけて、「商用で全世界を航行してまわる者たち」（Lyc. 1. 15）が集まる、東エーゲ海の一大貿易中継センターへと発展していった（Cf. [Dem.] 56. 3: 10）。したがって、今次のマウソロスによる遷都も、東地中海全体の動向、物流や商業の重心移動に敏感に反応した結果であったと評価されるのである。[41] そして、マウソロス以後のヘカトムノス朝支配者たちはラブラウンダ聖域を整備していくと同時に、このハリカルナッソスをカリア第一の都市とすべく、さまざまに手を加えていった。その結果、大サトラペス反乱（前三六〇年代後半）の時点では、ハリカルナッソスはカリアの「かまど［一家の中心］にして母市」（Diod. 15. 90. 3）にまで成長していたという。

ハリカルナッソスはドーリス系の移住者によって建てられた都市である（Hdt. 1. 144）。ギリシア人の移住は、紀元二六年にローマの元老院でハリカルナッソスからの使節が「一二〇〇年の間、自分たちの住居は地震によって一度も揺らがなかった」と語ったとするタキトゥス『年代記』の記述（Tac. *Ann.* 4. 55）を信用するならば、前一一七五年頃にまでさかのぼることになる。しかし、考古学的にはこの計算より少し遅く、移住は前一一世紀におこなわれたと考えられている。[42] ギリシア人たちは当初、ハリカルナッソス東部のゼピュリオンとよばれる小島――のちに本土と繋がり岬となる（Plin. *HN.* 2. 91. 204）――に移住した。[43]

ギリシア人の移住にともなって先住のカリア人との間に生じた摩擦については、多くのギリシア人著作家たちが証言している。ヘロドトス、アテナイのペレキュデス、ストラボン、パウサニアスらによれば、イオニア植民にともなって多くのカリア人が追放・虐殺されたという（Hdt. 1. 146; Pherecyd. *FGrH* 3 F 155; Strab. 7. 7. 2; Paus. 7. 2. 6）。彼らが伝えているのは主にミレトスの事例についてであるが、ハリカルナッソスについてはウィトルウィウスの記す伝承が残っており（Vitrv. *De arch.* 2. 8. 12）、その概要は次のようになっている。移住当初、ギリシア人たちはカリア人らを彼らの居住地から追い出した。山へと逃げたカリア人は、ときに町へ下っては略奪行為を繰り返した。しかし、あるギリシア人がハリカルナッソスの西方に位置したサルマキスの泉のほとりに飲食店（タベルナ）を開くと、カリア人の「一人一人が山から下り、荒々しく野蛮な風習を捨て去り、ギリシア人の慣習と優雅へと自ら変わった」。

この伝承自体の真偽は措くとしても、この記述が彼らの交流の一端を示している可能性はあろう。そこで次に、人名の考察からギリシア人とカリア人の共生関係を明らかにしていきたい。まず、例外的に詳細な情報が残されているヘロドトスと、彼の血縁者にして叙事詩人のパニュアッシスの家系を取り上げよう。『スーダ辞典』「ヘロドトス」の項には、次のように記されている。

ヘロドトス。リュクセスとドゥリュオの子、ハリカルナッソスの人、名望家層の出で、兄弟にテオドロスを持つ。アルテミシア［ヘカトムノス家のアルテミシアとは、むろん同名異人］から三代目のハリカルナッソスの僭主リュグダミスが原因でサモスへ移住した。アルテミシアの息子がピシンデリス、ピシンデリスの息子がリュグダミスであった。さて、ヘロドトスはサモスでイオニア方言も習得し、ペルシア人キュロスとリュディア王カンダウレスから始めて、九巻の歴史を叙述した。そしてハリカルナッソスへ戻り僭主を追放したが、やがて自らが市民から憎まれていることを知り、アテナイによる［イタリア半島の「土踏まず」に位置する］トゥリオイ植民に志願して赴いた。そしてその地で死亡して広場に葬られている。(*Suda, s.v.* Herodotus)

同じく『スーダ辞典』「パニュア［ッ］シス」の項には次のように記されている。

パニュアシス。ポリュアルコスの子、ハリカルナッソスの人、占師にして叙事詩人。衰微していた詩を再興した。…中略…また、パニュアシスは歴史家ヘロドトスの従兄弟だと伝えられている。すなわち、パニュアシスはポリュアルコスの子であり、ヘロドトスはポリュアルコスの兄弟のリュクセスの子だからである。またある人は、リュク

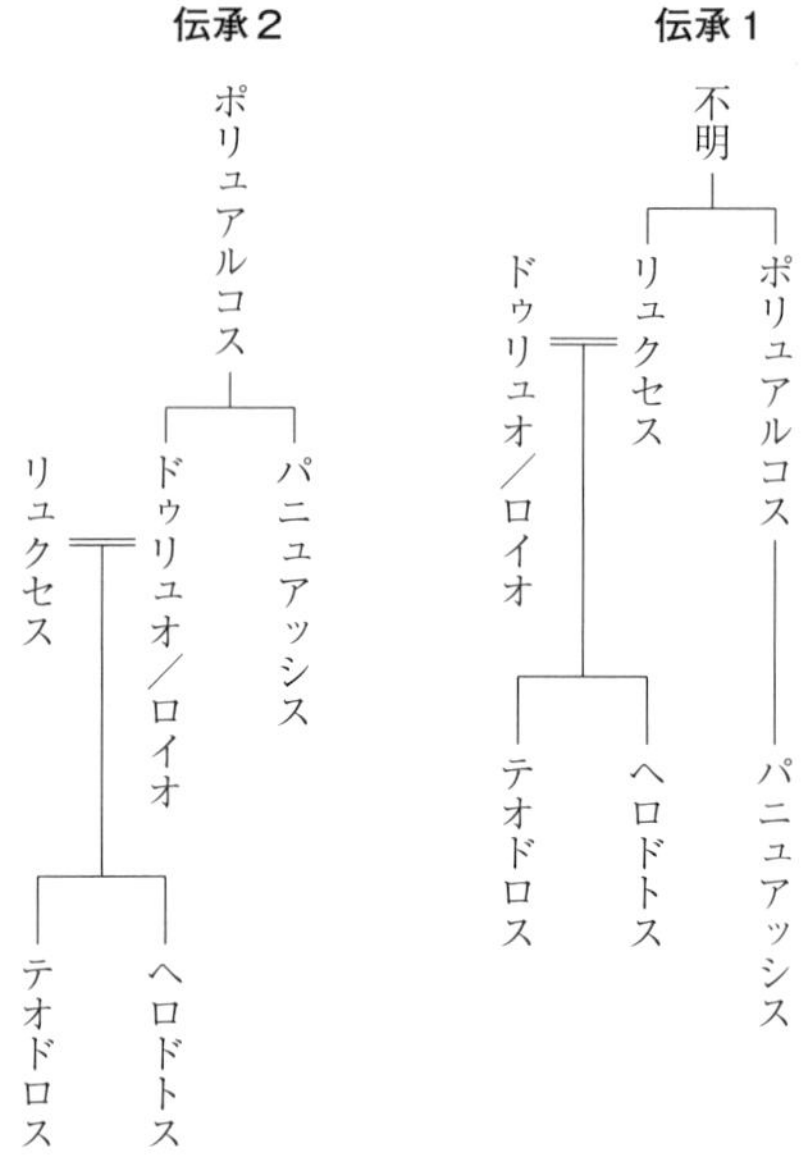

図13　ヘロドトスの家系図

セスではなく、ヘロドトスの母であるロイオがパニュアシスの姉妹だと伝える。またパニュアシスは第七八オリュンピア紀［前四六八年から前四六五年］を生きたが、別の人によれば、もっと以前の人でもあるという。彼はペルシア戦争期の人だからである。そして彼はハリカルナッソス第三代僭主リュグダミスによって殺された。（*Suda, s.v.* Panyasis）

これら二つの記事を比較すると「ヘロドトス」と「パニュア［ッ］シス」の項の間で、伝えられているヘロドトスの母親の名が異なっているが、これはドゥリュオとロイオの発音が似ていることから起こった混乱だと考えられる。[44] 母親の名がいずれであったにせよ、この時代においてはきわめて稀なことに、ヘロドトスとパニュアッシスの家系に属していた人物のうち六人の人名が判明している。そして、この家系ではヘロドトス、テオドロス、ドゥリュオあるいはロイオ、ポリュアルコスといったギリシア語名と、パニュアッシス、リュクセスといった非ギリシア語名（カリア語名）が混在して現れているのである（**図13**）。

このような現象は、当時のハリカルナッソスにおいては一般的であったと考えられる。例えば、一七九四年にハリカルナッソス（当時の名前はボドルムに変更されている）の家屋壁面より発見された、不動産の所有権争いにかんする決議が刻まれたギリシア語碑文（そこに登場する僭主の名を採用して「リュグダミス碑文」と呼ばれる）には、次のよ

うに記されている。(45)

下記のごとくハリカルナッソス人とサルマキス人の合同会議とリュグダミスは聖なるアゴラにて決議した。ヘルマイオン月の五日、オアッサッシスの子レオンと、神殿造営官テキュイロスの子サリュッソロスとがプリュタネイス［当番役］のとき。ムネモン［記録係］にかんして。（一―八行）

［現行］記録係たちは、リュグダミスの子アポロニデスとカスボリスの子パナミュエスの［後任］記録係たちと、アピュアシスの子メガバテスとパニュアッシスの子ポルミオンのサルマキス人［後任］記録係たちに、土地も家屋も譲渡せざること。（八―一六行）

もし何者かが土地や家屋にかんして裁判を起こしたいならば、この決議がなされてから一八か月以内に訴え出ること。裁判官たちは現行の法に従って、宣誓させること。記録係たちが記録していることは有効であること。（一六―二二行）

もし何者かが、この一八か月以降に訴えた場合、土地または家屋の占有者が宣誓すべきこと。裁判官たちは、半ヘクテウスを受け取って、宣誓させること。宣誓は原告の前でなされるべきこと。アポロニデスとパナミュエスが記録係であったときに所有者であった者が、もしその後に売却していないならば、土地と家屋の所有者であること。（二二―三二行）

もし何者かがこの法の廃止を望んだり、法を無効にするような投票を提案した場合、彼の財産は売却され、アポロンに納められること。本人は永久追放されること。もし彼が一〇スタテル相当の財産を所有していない場合には、放逐のために彼を売却し、ハリカルナッソスへの帰還はけっして許されないこと。（三二―四一行）

ハリカルナッソス人全体のうち、彼らが結んだ宣言とアポロン神殿に記録されていることに違反しない者は、告発する自由を有する。（四一―四五行）（*Halikarnassos* 1=ML 32）

碑文の製作は、文中のリュグダミスが『スーダ辞典』「ヘロドトス」の項に登場した僭主リュグダミスを指していると考えられることから、前四六〇年代なかばから前四五〇年頃と特定される。ポルミオンの父パニュアッシスをヘロドトスの親類である叙事詩人パニュアッシスと同定する説もあるが、次に取り上げる碑文の人名表（**表3**）から当時のハリカルナッソスにおいてパニュアッシスという名前はかなり一般的であったことが明らかなので、この同定は説得力に欠ける。銘文はイオニア方言で書かれており、したがって一見すると、先述の『スーダ辞典』における「ヘロドトスはサモスでイオニア方言を習得した」という一節とは相反《あいはん》するように思われる。この矛盾をどう理解するかは、次章にて詳しく論じたい。

碑文の文面は、不動産の登記簿や所有者不在の不動産を管理していた記録係の引き継ぎをいったん見送り（八―一六行）、一八か月間の移行期間を設けて、以前の不動産所有者と現行所有者間の争いに決着をつけるように命じている（一六―二二行）。ここから、当時のハリカルナッソスにおいて不動産所有をめぐる大規模な混乱が生じていたことが分かる。『スーダ辞典』の記事によれば、パニュアッシスとヘロドトスは僭主リュグダミスとの政治闘争に巻き込まれ、前者は殺され後者は亡命を余儀なくされたというから、碑文の法令はその闘争時の不動産の没収や売却によって生じた混乱を収拾するために出されたものと推測できよう。

さて、碑文には六人の役人と彼らの父親を合わせて計一二人の人名が登場しており、それらは以下の三グループに分類できる。

・父親がカリア語名で、本人がギリシア語名――オアッサッシスの子レオン、リュグダミスの子アポロニデス、パニュアッシスの子ポルミオン。
・父親がカリア語名で、本人もカリア語名――テキュイロスの子サリュッソロス、カスボリスの子パナミュエス。

・父親がカリア語名で、本人がペルシア語名――アピュアシスの子メガバテス。

また「リュグダミス碑文」と同時期に作成されたと考えられる、不動産売買にかんするギリシア語碑文（*Halikarnassos* 31）でも同様の現象を見て取れる。碑文は一八八〇年に発見され、ハリカルナッソスの聖ペトロ城の建築資材として再利用されていた。[46]「リュグダミス碑文」と比べると内容は味気なく、アポロン、アテナ、パルテノスと呼ばれる神々と神殿造営官の監督下、債務者の不動産が没収され、転売される旨が記された簡潔な序文に続き、購入者名、前所有者名と物件名や購入価格が羅列されている。しかし、碑文に大きな欠損が見られるにもかかわらず、そこには「リュグダミス碑文」に登場する一二人をはるかにしのぐ、二〇〇人以上の個人名が登場し、しかもその大半に父親名が併記されている。次頁掲載の**表3**は、筆者が父親名、本人名ともに判読可能な事例を拾い集め、先行研究ならびに近年のカリア語研究の成果を踏まえて、[47]それらをカリア語名（K）、ギリシア語名（G）、その他（O）に分類、整理したものである。表の右端に置かれた「類型」はその分類結果を示しており、例えば「K-K」は父親、本人ともにカリア語名を、「K-G」は父親はカリア語名、本人はギリシア語名を意味する。

この表において、平行事例、すなわち父親の名がカリア語で本人もカリア語名（例えば、「アルリオモスの子コンドマラス」（一番）など）、父親の名がギリシア語で本人の名がギリシア語（「ヘラクレイデスの子テイシマコス」（四番）など）というように、父子の名前の分類が一致する事例は、それぞれ三一例、二五例が確認される。これにたいし、交差事例、すなわち分類が一致しない事例（「アリュアッシスの子ゼノドロス」（三番）、「アポロニデスの子アルベッシス」（五番）など）は、四一例を確認できる。ペルシア語名は、レトドロスの父親メガバテス（二七番）にのみ確認できるが、やはり帝国の要衝であったサルデイスやダスキュレイオンと比べると、圧倒的に少ない。なかには、「アイギュプティオス」（二一番）や「ピロミス」（九番）――ヘロドトスによれば、エジプトでは「貴顕な人物（カロスカガ

表3　*Halikarnassos* 31に登場する人名と類型

	父親名	本人名	類型
1	アルリオモス	コンドマラス	K-K
2	アルカゴラス	アイギュプティオス	G-G
3	アリュアッシス	ゼノドロス	K-G
4	ヘラクレイデス	テイシマコス	G-G
5	アポロニデス	アルベッシス	G-K
6	ピュルゴン	アルリオモス	G-K
7	アルテモン	パンタレオン	G-G
8	ウリアデス	レオンティスコス	G?-G
9	ピロミス	ディオスクリデス	O?-G
10	ピュルゴン	アルゲイオス	G-G
11	パニュアッシス	パラウッソロス	K-K
12	ヘラクレイデス	プロタゴレス	G-G
13	パナブレミス	イアソン	K-G
14	キュトベレミス	アルリオモス	K-K
15	アルリオモス	モスコス	K-G
16	アミュンテス	グリソン	G-G
17	スエスキュレボス	テュムネス	K-K
18	テンデッシス	モスコス	K-G
19	ピグレス	リュクセス	K-K
20	デメトリオス	ポセイドニオス	G-G
21	デメトリオス	ピュトドロス	G-G
22	シレノス	メロン	G-G
23	テオドロス	カリストラトス	G-G
24	ヒスティアイオス	サテュロス	G-G
25	アルキッポス	アミュンテス	G-G
26	アルカゴレス	カイレデモス	G-G
27	メガバテス	レトドロス	O-G
28	テンデッシオス	モスコス	K-G
29	ミキンネス	バトン	K?-G?

30	セスコス	アルテモン	K-G
31	サッソモス	アクタウッソロス	K-K
32	イダギュゴス	パニュアッシス	K-K
33	アルベッシス	ヒュッソイエス	K-K
34	サリュッソロス	ディオティモス	K-G
35	トリュオレス	アテニオン	K-G
36	トボロロス	アルテュアッシス	K-K
37	デメトリオス	パニュアッシス	G-K
38	スキュテス	アンティパス	G-G
39	スキヌシオス	ミキンネス	K?-K?
40	アルガニス	アルテミドロス	K-G
41	ポニュッソロス	キュアトベス	K-K
42	テンデッシス	モスコス	K-G
43	インブラッシス	ミキュトス	K-G?
44	インバルシス	アテニオン	K-G
45	パニュアッシス	スパレウディゴス	K-K
46	アルカゴラス	アポロドロス	G-G
47	パンタレオン	ピュルゴン	G-G
48	ブリュアッシス	サモウオス	K-K
49	オレタス	アルベシス	K-K
50	ゾイロス	ミコス	G-G
51	ブリュアッシス	アクタウアッシス	K-K
52	アルデュベロス	レオンティスコン	K-G
53	サマッシス	ヒュッソロス	K-K
54	キュアトベス	コプロン(48)	K-G
55	アルデュベロス	デメトリオス	K-G
56	サマッシス	パラスコス	K-G
57	ヒュッソイエス	デメトリオス	K-G
58	ペルデコス	ヒュッシス	K-K
59	アルカゴラス	カイレデモス	G-G
60	キュアレモス	ヒュッソイエス	K-K

61	アポロニデス	スキュラクス	G-G
62	ポリテオス	アポロドロス	G-G
63	アテナゴラス	シレノス	G-G
64	コンロス	パンタレオン	K-G
65	ギュゴス	サリュッソロス	K-K
66	テンデッシス	モスコス	K-G
67	アクタウアッシス	パラウディゴス	K-K
68	アンダルソドス	ピグレス	K-K
69	マクロン	イダギュゴス	G-K
70	パラウディゴス	アミュンテス	K-G
71	ヘカタイオス	レトドロス	G-G
72	サスコス	トリュオレス	K-K
73	ケンプテュス	デクシノス	K-G
74	クボデス	マティス	K-K
75	クボンディアッシス	ヘラクレイデス	K-G
76	テンデッシス	モスコス	K-G
77	シュデュレミス	セソレス	K-K
78	パンタレオン	アポロニデス	G-G
79	ラタルセス	アクタデモス	K-G
80	ヒュッソイエス	エクセケストス	K-G
81	クトゥボルドス	ゴルゴン	K-G
82	インバレルドス	ギタコロス	K-K
83	イセメンダロス	アポロドロス	K-G
84	カリストラトス	アプトイエトス	G-K
85	アルテモン	パニュアッシス	G-K
86	アルテモン	キュアトベス	G-K
87	アリュアッシス	コロルドス	K-K
88	パラウディゴス	ヒュッソイエス	K-K
89	ヒュッセルドモス	アテノクリトス	K-G
90	ブロロス	サモウオス	K-K
91	イダギュゴス	ヒュッソイエス	K-K

92	テリトス	アルテモン	K-G
93	ヒュッシシス	テオドトス	K-G
94	オアロアロス？	パルギスタス	K?-K
95	ヒュッセルドモス	カクラス	K-K
96	パノクリトス	リュクセス	G-K
97	ストラトン	アポロニデス	G-G

トス)」は「ピロミス」と呼ばれていた(Hdt. 2. 143)——など、エジプトと関係が深い人名も登場しているが、これについては次章に述べる、カリア人のエジプト入植に代表される両国間の関係の現れであろう。第一章の「冒瀆碑文」と同様、このようにギリシア語名と非ギリシア語名が入り乱れて登場する様からは、先住のカリア人と後に移民してきたギリシア人の間でかなりの程度通婚がおこなわれていたものと窺われる。そして、このような状況がどのような結果をもたらしたのか、とりわけ前五世紀ハリカルナッソスの言語状況については次章にて詳論する。

ところで、「リュグダミス碑文」では、アピュアシス、メガバテス、パニュアッシス、ポルミオンの四人はサルマキス人と呼ばれている。サルマキスとは、ウィトルウィウスの伝承でカリア人が山から下ってきた場所で、ギリシア人が居住していた地域の西方に位置するカリア人居住地であった。碑文からは、ここに住むサルマキス人たちが独自に記録係を有していたことが読み取れる。また、きわめて短い記述であり依拠している史料も不明ながら、ステパノス『民族誌』の「サルマキス」の項には、「サルマキス、カリアの都市」(Stph. Byz. *s.v.* Salmakis)と解説され、サルマキスがハリカルナッソスから独立した都市として扱われている。サルマキスとは本来カリア人の都市であり、この時点でも一応は自立した政治共同体として存続していたのであろう。そして、ゼピュリオン(最初の「ハリカルナッソス」)とサルマキス両岬のほぼ中間、のちにマウソロスが自らの墓廟を建設する地点は(次節の**図14**を参照)、それ以前からネクロポリス(「死者の街」

＝墓地。市域外に置かれるのが一般的）として使用されていたことから、このあたりで両共同体の市域が分かたれていたと推測される。(49) このようにハリカルナッソスでは、互いに半独立したサルマキス人とギリシア人移住者を含むハリカルナッソス人、さらに僭主が加わりハリカルナッソス人全体を構成していたのである。

では、このような複雑な政体が生まれた背景とはいかなるものであろうか。ヘロドトスによれば、ハリカルナッソスに移住したギリシア人たちは当初ほかのドーリス系諸都市とともに、クニドス半島に位置したトリオピオンのアポロンの聖域を中心に、都市間同盟を結成していたという。彼らには、自分たち以外の者を聖域から排除して競技会を開催するなど、自らの社会を閉鎖的に維持しようとする傾向が見られた。ところが、のちにあるハリカルナッソス人が競技会の優勝賞品である青銅の鼎を聖域から持ち出してはならないとする掟に抵触したために、ハリカルナッソスは都市間同盟から追放されることになる（Hdt. 1. 144）。このことは、彼らの間での閉鎖性が早い段階で弱まったことを意味し、ドーリス系都市でありながらも「リュグダミス碑文」という公的な碑文にイオニア方言が用いられていたことなどは、その弱体化の証左として指摘できよう。そうした彼らがカリア人と通婚し、さらには政治的に協力したとしても肯ける。ただし、このように閉鎖性が弱まったといえども、それはサルマキスとハリカルナッソスという政治共同体の併存状態を完全に解消するまでには至らなかった点にも留意すべきであろう。

ヘカトムノス朝によるハリカルナッソスの都市計画

マウソロスと彼に続くヘカトムノス朝の支配者たちはハリカルナッソスに遷都したのち、大胆な都市整備計画を

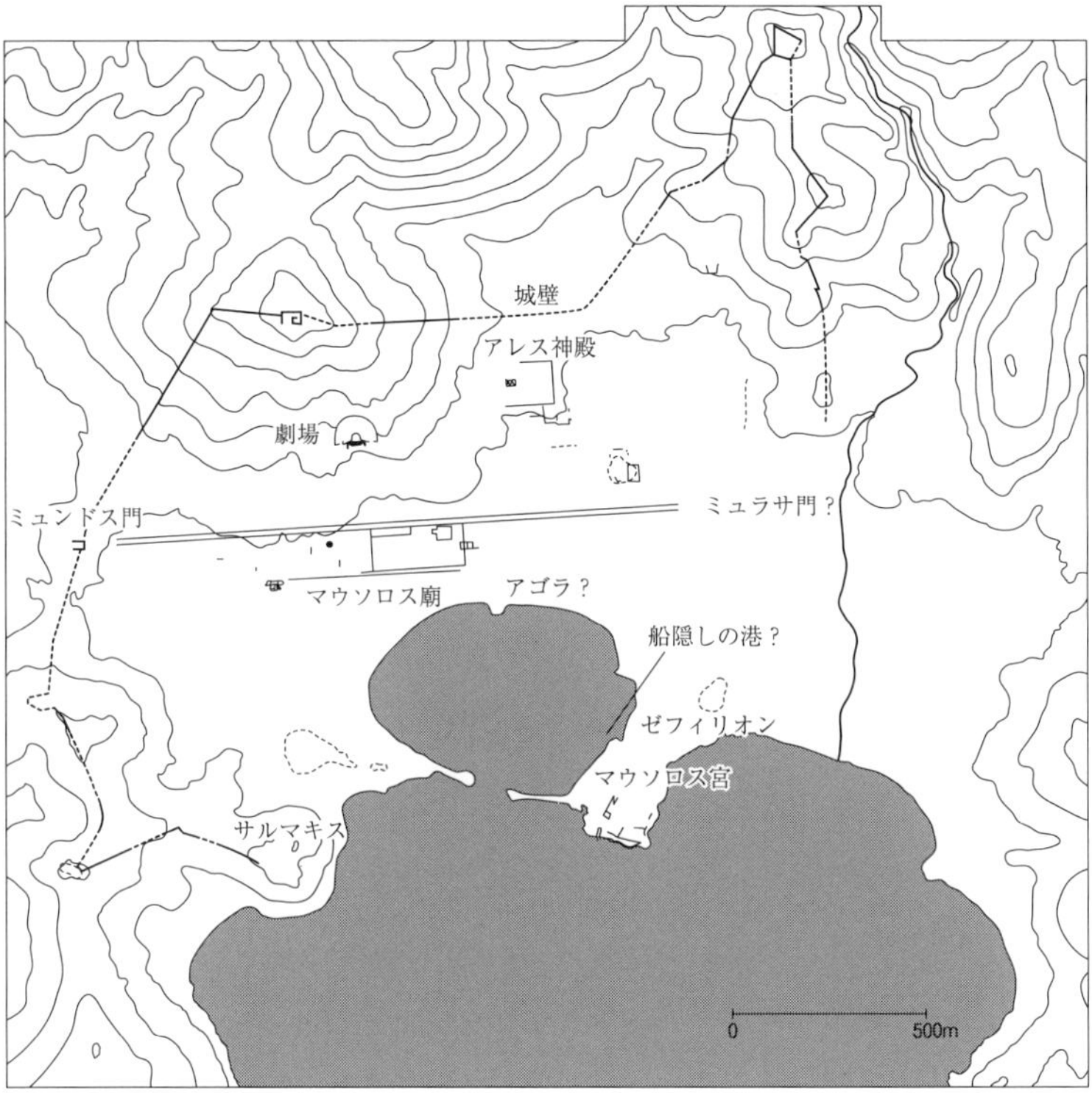

図14　ハリカルナッソス都市図

実行していく。それはまず、建造物の造営に見られる（**図14**）。

文献史料から確認できるヘカトムノス朝による建造物としては、マウソロス宮（Diod. 15. 90. 3; Plin. *HN*. 36. 6. 47; Vitrv. *De arch*. 2. 8. 13）、マウソロス廟（Plin. *HN*. 36. 4. 30-31; Vitrv. *De arch*. 2. 8. 11; Vitrv. *De arch*. 7. praef. 12-13; Strab. 14. 2. 16-17）[50]、アレス神殿（Vitrv. *De arch*. 2. 8. 11）、船隠しの港――外からは内部の様子が窺えないように設計された軍港（Vitrv. *De arch*. 2. 8. 13）――などが挙げられる。これらのうちマウソロス廟は一九世紀にニュートンが位置を同定したことにより、早くから考古学調査の対象とされてきた[51]。その復元図については長らくさまざまに提案されてき

マウソロス廟跡

たが、[52]近年のデンマーク隊による調査の結果、不明であった点が徐々に明らかとなり、現在ではデンマーク隊のK・イェッペセンによる説と英国の考古学者G・ウェイウェルによる二つの復元案にたどり着いている。[53]マウソロス廟建造の際には、スコパス、サテュロス、ティモテオス、レオカレス、ピュテオスといったエーゲ海を取り巻く地域で活躍したギリシア語名の芸術家が多数登用されたのだが、これがハリカルナッソスにおけるギリシア化の根拠の一つとされている。[54]また、アレス神殿はヘカトムノス朝による建造とは明言されていない。しかし、マウソロス廟建造に関わった芸術家の一人であるレオカレス、あるいはティモテオスが同じく関与しているため、ヘカトムノス朝によって建造されたものと考えて誤りはなかろう。

考古学的にヘカトムノス朝の手に帰されている建造物としては、城壁が挙げられる。これについては、マウソロスによるものとするP・ペデルセン説と、初期ヘレニズム時代のものであるとするL・カールソン説との間で対立が見られる。[55]文献史料からもその存在は確認でき、アリアノスやディオドロス、ストラボンらは、アレクサンドロス大王によってハリカルナッソスの城壁が攻囲されたと記しており（Arr. *An.* 1. 23; Diod. 17. 27. 6; Strab. 14. 2. 17）、これらの記述に従えば、城壁は少なくとも前三三四年までに築かれていたことになる。カールソンの説は現存する城壁にたいする考古学的な年代特定を重視しているのだが、文献史料との間に生じた齟齬を整合性をもって説明できていないため、のちに補強や建て直しがなされたとしても、城壁建設のグランド・デザイン自体はヘカトムノス朝時代に描かれたとするペデルセン説に従うのが妥当であろう（カールソンの論考では、マウソロスが城壁を築いていたか否かという問題と、現在ハリカルナッソスで確認される城壁はマウソロスの手によるものか否かという問題が、適切に処理されないままに論じられているのである）。

城壁は旧来のカリア人居住地サルマキスまでを包括するように建造され、東西にはおのおのミュラサ、ミュンドスへと通ずる城門が築かれた。この城門には、市域中央に配置されたマウソロス廟のテラスに北接して走る、目抜き通りがつながっていたと考えられる。ウィトルウィウスはハリカルナッソスの景観を劇場になぞらえて、この大通りを次のように紹介している。

> この［ハリカルナッソスの］地形は劇場の曲面に似ている。…中略…曲面の中ほどの高さ、劇場で言えば周回路《プラエキンクティオ》にあたるところに沿って、じゅうぶんな幅を持った通りが作られ、またその通りの中央には、七不思議に数えられるほどに立派なマウソロス廟が作られた。（Vitrv. *De arch.* 2. 8. 11）

マウソロス廟のテラスの発掘調査時、また道路沿いの建設現場や電話線工事の際にその遺構が発見されていることから、この大通りは現在もボドルム市のメイン・ストリートであるトゥルグート・レイス通り《ジャッデシ》とほぼ一致していたと見られる[56]。城門は、このトゥルグート・レイス通りの延長線上に置かれている（ただし、現在の通りは国道と合流するために途中でカーブしており、城門と交差することはない）。そして、このようにマウソロス廟、幹線道路、城壁、城門が相互に連関しながら位置していることから、ペデルセンはこれらの建造物が一定のプランのもとに同時期に配置されたと推測するのである[57]。

このほか、劇場が現存しており、ウィトルウィウスはヘルマプロディトス神殿[58]の存在にも言及している。マウソロスの妻アルテミシアは夫の死去に際し、彼の偉業を称えるために頌詞、悲劇の競演会を催したと伝えられるが（Theopomp. *FGrH* 115 F 345）、その会場が常設のものであったか、あるいは木組みによる仮設劇場であったのかは不明である。同様に、ヘルマプロディトス神殿もヘカトムノス朝による建造か否かは、明らかではない。

以上のようにヘカトムノス朝はハリカルナッソスに多くの建造物を造営した。しかし、ヘカトムノス朝による都市計画はそこにとどまらず、都市域の抜本的な改革、すなわち都市の統合にまでおよんだ。これについて伝える文献史料は、ストラボンに引用されているオリュントスのカリステネスとプリニウスの二つである。まずは、カリステネスの記述を訳出しよう。

カリステネスの伝えるところでは、マウソロスは［レレゲス人の］八都市のうち六都市をハリカルナッソス一市にまとめて、シュアンゲラとミュンドスを残した。（Callisth. *FGrH* 124 F 25 *ap.* Strab. 13. 1. 59）

続いて、プリニウスの記述を訳出する。

テアンゲラ[59]、シデ、マドナサ、ウラニウム、ペダスム、テルミスムの六都市がアレクサンドロス大王によってハリカルナッソスに合併された。（Plin. *HN*. 5. 29. 107）

ここで、カリステネスの記述に登場するレレゲス人ついて説明しておきたい。レレゲス人については多くの古典作家たちが言及しているが、その詳細は不明である。詳細が明らかとなっていない原因は、ギリシア語文献史料において混乱が見られることに求められる。例えばストラボンは、カリア人とレレゲス人とを一応は区別できる集団として認識している（Strab. 7. 7. 2）。その一方で、ペロポネソス半島に居住していた人々にたいして（Paus. 3. 1. 1）、あるいはさまざまに寄せ集められた人々にたいして（Hes. fr. 251, Most）、レレゲス人という呼称が用いられる場合も見出され、レレゲス人とは小アジアに居住する特定の集団を指すのではないようにも思われる。[60] かかる混乱が見られるなか、ヘロドトスは、レレゲス人とはカリア人の古称であると記している（Hdt. 1. 171）。また、近年の考古学調査によれば、モノ資料からはカリア人とレレゲス人の差異を認めることは不可能だという。[61] ハリカルナッソス出身であるヘロドトスの記述を重視するならば（これが本書の基本的な立場である）、レレゲス人とはカリア人の異称であり、古典作家たちはそれを誤解し、ハリカルナッソス周辺に居住するカリア人のことをとくにレレゲス人と呼んでいたと推論されよう。

再び都市統合の考察に戻り、カリステネス、プリニウスの記述を突きあわせると、両史料間で統合を実行した人物が異なっていることが分かる。カリステネスの記述ではマウソロスが都市を統合したのにたいし、プリニウスの記述ではアレクサンドロスが実行したことになっている。しかし、アレクサンドロスはハリカルナッソスを制圧したものの、その後長期に滞在することはなかったため（Arr. *An.* 1. 23; Diod. 17. 27. 7）、都市統合のような事業を遂行することは不可能であったはずである。主要なアレクサンドロスの伝記史料であり、ハリカルナッソス攻城戦にも言及しているアリアノス、ディオドロス、プルタルコスの三者がことごとくこの事業を無視しているのも不自然であろう（Arr. *An.* 1. 20–24; Diod. 17. 24–27; Plut. *Alex.* 17）。また、アレクサンドロスの随行史家であったカリステネスが都市統合をマウソロスに帰している点も、アレクサンドロス説を弱めている。そこでイェッペセンは、「アレクサンドロス大王によって（a Magno Alexandro）」という箇所を「ハリカルナッソスの地に（in agro Alicarnaseo）」とする校訂を発表し、この問題の解決を試みた。[62] ただし、この校訂は明確な文献学的根拠を欠いているため、憶測の域を出ない。あるいは、プリニウスの単純な誤解だったと見なすべきではなかろうか。

このように両史料を比較し、その記述の問題点を検証すると、マウソロスはハリカルナッソス周辺に散在していたカリア人諸都市のうち六都市をハリカルナッソス一都市に吸収合併したと結論づけられる。

以上で考察してきたように、ヘカトムノス朝は建造物造営、都市統合によってハリカルナッソスを大々的に改変させた。都市統合にともなっては、ハリカルナッソスに大量の人口が流入したであろう。デロス同盟への貢納額を参考基準としたビーンの試算によれば、ハリカルナッソスの人口は四倍から五倍に増加したという。(63) 前節で述べたように、マウソロス廟の置かれることとなる地点で、かつて二つの共同体が市域を分断していた。しかし、サルマキスまでを内包する城壁の建造は、この急激な人口増加を経験した都市の新しい領域を可視化することになったであろうし、市の中心を走る街道は東西の往来をより密に活発にしたであろう。では、これら一連の都市計画事業によって、ハリカルナッソス住民の生活はいかに変化したのであろうか。

ヘカトムノス朝期以前には、ハリカルナッソス人とサルマキス人との間にかなりの程度通婚がおこなわれ共生関係が築かれながらも、なお二つの政治共同体が併存していた。しかし、ヘカトムノス朝の都市計画を経たのち、前三世紀以降の碑文では「評議会と民衆による決議、プリュタネイスによる動議」という定型句が頻繁に用いられるようになり（*Halikarnassos* 6; 10; 16; 18; 20; 24; 25）、以前に存在していた二つの政治共同体は消滅したように見受けられる。ここでさらに、「ハリカルナッソスのプライド」と呼ばれる碑文に焦点を当て、この問題を考察したい。

「ハリカルナッソスのプライド」は一九九五年、当初カリア人の居住地であったサルマキスから出土した詩碑である。縦に三〇行、横に二欄、計六〇行にわたってエレゲイア詩が刻まれている。第二欄の上部、すなわち三一行目から四二行目にかけて甚だしい欠損が見られるものの、それ以外の保存状態は良好である。碑文は字体より前二世紀なかばから後半と年代特定されており、(64) 詩自体は前三世紀なかばから碑文の作成時までの範囲で成立した。(65) 詩の作者は不明である。[66]

本来ならば、誰がいかなる文脈で作成したのかという詩の背後関係にまで踏み込んだ考察をしなければならないであろうが、上述のようにこの碑文には不確定要素がきわめて多い。とくに作成年代はハリカルナッソスがプトレマイオス朝支配下にあった時期（前二八〇―一九五年頃）か、あるいは支配を脱した後となるのか特定しがたく、例えばS・イッセーヤは、詩がプトレマイオス朝支配者に献呈された可能性を示唆しながらも、碑文の作成年代を考慮するとその可能性は低いという。[67] しかし、この新出土の碑文には都市統合に関係すると思われるハリカルナッソスの人々自身による記述が見られるため、詩作成の背景については留保した上でも、ここで論ずるに値しよう。

詩は冒頭で次のように歌い出される。

教えたまえ、スコイニティスの、[68] 憂いをやさしく癒す[69]キュプリスよ、香芳しき欲望[70]をもたらすそなたよ、ハリカルナッソスにとって何が名誉なのかを。というのも私は耳にしたことがないのだ。彼女が誇らしげに胸を張り、何を叫ぶのかを。（*SGO* 1. 12. 2）

このように、詩は作者「私」から女神キュプリス、すなわちアプロディテへの問いかけによって始まる。その問いかけは、擬人化された女性ハリカルナッソスの名誉についてであり、それに続いてアプロディテが彼女の誇るべき事柄について返答していく。その内容はまず、ハリカルナッソスが神々に愛される理由に始まり（ハリカルナッソスはレアに幼子ゼウスの隠れ家を提供したことになっている。ゼウス生誕・出身地の主張は、前章で紹介した神話の「地理的移動」の典型的事例である）、神々からハリカルナッソスへの報酬、すなわち泉の精サルマキスとヘルマプロディトスの神話、ハリカルナッソスの建都神話（ただし後半部は欠損）、ヘロドトスやパニュアッシスといったハリカルナッソス出身の著作家、劇作家を列挙する「文人のカタログ」へと続く。

ここで、返答のなかで語られる建都神話に注目したい。なぜなら、建都神話からは、ハリカルナッソスの人々が自らの都市の歴史をいかに記憶していたかを窺い知ることができるからである。詩碑の二三行目から三〇行目では、次のように歌われている。

　パラスは、天駆けるペガソスの乗り手、勇敢なる植民者を連れて来て、ベレロポンテスの足跡を踏みペダサの地に境界を据えた。実際クラナオスの力強さによって、高貴なるケクロプスの息子たちは聖なるサルマキスの地に落ち着いた。雄々しき英雄エンデュミオンは王の槍持ちアピスの地より選ばれし男たちを導いた。(71)

まず、ここに登場するベレロポンテスとエンデュミオンについて説明しておきたい。ベレロポンテスは、エピュラ（コリントス）の王子である。兄弟を殺害してしまったため、罪を祓いにティリュンス王のもとへ赴く。そこで彼を目にしたティリュンス王妃はベレロポンテスに恋してしまうが、彼はそれを謝絶する。プライドを傷付けられた王妃の讒言により、ティリュンス王はベレロポンテスを小アジアのリュキアに派遣、つまりは体よく追放した（Hom. *Il.* 6. 144–211; Apollod. *Bibl.* 2. 3; Pind. *Ol.* 13. 60–91）。小アジアに渡ったのち、彼はさまざまな活躍を見せるのだが、ここでは省略する。一方でエンデュミオンはエリスの初代王、もしくは二代目の王である。オリュンピアで息子たちに競技会を催させたり、端正な顔立ちから月の女神セレネに愛された逸話で知られる。さらにゼウスは、エンデュミオンの誓願を受け入れて、不老不死の身になって永遠に眠ることを授けた。彼は今もカリアのラトモス山中に眠っているという（Appollod. *Bibl.* 1. 7. 5–6; Paus. 5. 1. 3–5; 5. 8. 1）。

ベレロポンテス、エンデュミオンのいずれもが何らかの理由でギリシア本土から小アジアに渡ってきた英雄であることは、ギリシア人の移住を物語っていると言える。一般にハリカルナッソスへの移住としてはトロイゼンからのものが知られているが（Hdt. 7. 99; Paus. 2. 30. 9; Strab. 8. 6. 14; 14. 2. 16; Vitrv. *De arch.* 2. 8. 12）、ここでは触れられていない。しかし、欠損の激しい三二行目に、都市建設者であるトロイゼン王「アンテスの息子たち」（Cf. Strab. 8. 6. 14）という語を確認できるので、これらの建都神話はそれより古い時代に起きたと記憶される事柄について語っているのであろうか。

ここで注目すべきは、ハリカルナッソスの建都神話であるにもかかわらず、ペダサやサルマキスといった地名が確認できるという点である。サルマキスについて改めて説明する必要はなかろうが、ペダサについては若干の補足をしたい。ペダサとは、先のプリニウスの記述ではラテン語風にペダスムと呼ばれていた都市で、マウソロスによってハリカルナッソスに統合されたカリア人都市群の一つであった。ヘロドトスによれば、ペダサではアテナが礼拝されており、危機が迫った際にはアテナの女性神官に顎ひげが生えたという（Hdt. 1. 175）。アテナの異称であるパラスやアッティカの初代王ケクロプス、二代目王クラナオスの名が出てくるのも、ペダサのアテナ信仰との関連によるものかもしれない。この関連については判断しがたいが、いずれにせよペダサ、サルマキスという本来カリア人の居住地を指していた地名が、ハリカルナッソス建都神話の、しかも最初期の段階に組み込まれていたのである(72)。これに続く建都神話は残念ながら碑文の欠損が激しいため判読できない。しかし、あるいはヘカトムノス朝による都市計画について直接言及されていた可能性は否定できないであろう(73)。

以上のように、ヘカトムノス朝はハリカルナッソスに遷都したのち、周辺のカリア人諸都市を吸収合併し人口を増加させ、区画を整理するなど、旧来の生活形態に大きな変化を加えた。そして、碑文からは「ハリカルナッソス人とサルマキス人の合同会議」という語は消滅し、従来の政治共同体が変化したことを確認できた。それから一世紀以上のち、当初カリア人の居住地であったサルマキスでは、ハリカルナッソスの建都神話が歌われた詩碑が建てられ、その建都神話では最初期の段階から、都市統合されたカリア人都市の歴史とギリシア人の移住の歴史は区別されることなく一つの記憶として語られることになったのであろう。

おわりに

本章はこれまでペルシア帝国期カリアの文化、社会状況を考察してきた。ペルシア帝国期カリアにおいては、前四世紀初頭にヘカトムノス朝の成立という政治的に大きな転換を見出せるので、本章ではそれを一つの画期に据えたクロノロジカルな分析を試みた。

前ヘカトムノス朝期、カリアにおいてはゼウス・カリオス信仰が盛んであり、ゼウス・ラブラウンドスは主としてラブラウンダとミュラサ近隣の住民によって信仰されていた。しかし、ゼウス・カリオス信仰はある一定の範囲外に位置する者を排斥し、カリア人とギリシア人を文化的に区別していた。ヘカトムノス朝はこのゼウス・カリオス信仰ではなく、ゼウス・ラブラウンドス信仰に積極的に関与し、ラブラウンダ聖域を整備していく。これらを経たのち、排他的性格を有していなかったゼウス・ラブラウンドス信仰は、ミュラサ近隣のみならずカリア内に広く浸透するようになった。

これと同時にヘカトムノス朝はカリアにおける中程度の都市であったハリカルナッソスに首都を移し、そこをカリア第一の都市とすべくさまざまに手を加えていった。ハリカルナッソスにおいては、名望家であるヘロドトスの出身家系や不動産売買にかんする二つのギリシア語碑文から明らかなように、すでに前五世紀までの段階で先住のカリア人と入植者ギリシア人の共同体間で、積極的に通婚がおこなわれていた。また、隣接するカリア人居住地であったサルマキスとも政治的に協力していたが、しかしその二つの政治共同体は依然併存状態にあった。

ヘカトムノス朝はハリカルナッソスに周辺のカリア人諸都市を吸収合併し、人口を増加させた。それに対応して併存していた二つの共同体を包み込むように城壁を建造し、街道で東西を結ぶなどの区画整理をおこなった。これらは従来の生活形態に大きな変化をもたらしたであろうし、実際に都市計画を経たのち、碑文からは従来の二分された共同体の消滅を読み取れる。さらに旧来カリア人の居住地であったサルマキスでは新たなハリカルナッソスの歴史が、カリア人都市とギリシア人の移住とが不可分に結びついた一つの記憶として語られていたのである。

以上の分析から、ペルシア帝国期カリアにおいては、ヘカトムノス朝が成立する以前から先住共同体と移住共同体間の文化的差異が薄弱になっていた。そして、このような傾向は、ヘカトムノス朝が総督位を世襲するようになってのち、彼らがなした種々の事業により、いっそう加速したと結論できよう。では、ここにどのようなヘカトムノス朝の意図が隠されていたかというと、それは史料から明確に汲み取ることはできない。ギリシア人とカリア人との文化的差異を解消させる「国民統合」のような政治的意図があったとも理解できないことはないが、これはあまりにも近代国民国家の枠組みにとらわれた解釈のように思われる(74)。むしろこのような現象は、ペルシア帝国のおかげで新たに総督という要職に就くことができたヘカトムノス家が、自身の出身地ゆえに縁が深かった在地信仰を活性化させ——ヘカトムノス家は、ゼウス・ラブラウンドスの終身祭司を務めるに値するようなミュラサの名望家系（Strab. 14. 2. 23）であった——、同時にウィトルウィウスの記述を素直に受け止めれば（Vitrv. *De arch.* 2. 8. 11）、ハリカルナッソスに潜在的発展性を見出し港湾都市として整備拡張していった過程における、意図せざる副産物であったと考えるべきではなかろうか。なお、カリア研究の第一人者であるホーンブロワーにたいしては、彼がすべての文化状況の変化をマウソロス時代に帰しているという批判も出されており、本章もヘカトムノス家の総督就任を一つの転換期に据えた分析をおこなってきたが、この点については次章で前五世紀（つまり前ヘカトムノス朝期）のハリカルナッソスの言語状況を論じることで相対化していきたい。

（1）Strab. 12. 8. 15; 14. 2. 29（北部）; 14. 3. 1（南東部）. カリア＝リュキア間の境界については、Keen（1998: 17-18）も参照。
（2）Cf. Sekunda（1991）.
（3）ヘロドトス『歴史』の有名な「ダレイオスの行政区表」では、カリア人とリュディア人は別個に扱われている（Hdt. 3. 90）。しかし、Lewis（1977: 118）は、この表は行政区ではなく徴税区を表していると考え、また Armayor（1978）も、このカタログは実際のペルシア帝国の統治システムに基づいているのではなく、ヘロドトスが育ったイオニアの地理学的伝統を反映していると指摘する。
（4）キュプロスのエウアゴラスの反乱（前三九一／〇年）に際して、アルタクセルクセス二世は小アジア沿岸の総督らに建艦を命じ、ヘカトムノスに艦隊を指揮させた（Diod. 14. 98. 3; Theopomp. *FGrH* 115 F 103. 4; cf. Isoc. *Paneg.* 162）。したがって、少なくともこの時点までには、ヘカトムノス家は総督に就任していたと考えられる。
（5）Petit（1988）は、その例外性ゆえ、ヘカトムノス朝は総督位を僭称したにすぎないと推測する。しかし、ヘカトムノス朝は総督と同等の権力（軍の指揮、徴税権）を有していたことを重視し、本書では総督であったとして考察を進める。
（6）ディオドロスの記述（Diod. 16. 36. 2; 16. 69. 2; 16. 74. 2）に従って、おのおのの在位期間を以下に記す。マウソロス、前三七七／六―三五三／二年。アルテミシア（単独統治）、前三五三／二―三五一／〇年。イドリエウス、前三五一／〇―三四四／三年。アダ（単独統治）、前三四四／三―三四一／〇年。ピクソダロス、前三四一／〇―三三六／五年。ピクソダロスの死後は、彼の女婿オロントバテスがカリアを支配する（Arr. *An.* 1. 23. 8）。小アジアにおける女性単独統治は、ヘカトムノス朝以前にもハリカルナッソスの僭主アルテミシアの名を確認でき（Hdt. 7. 99）、またダスキュレイオン総督パルナバゾスの代理として、ゼニスの妻マニアもアイオリス地方を預かっていた（Xen. *Hell.* 3. 1. 10–14）。ともに男子の後継者がいたにもかかわらず、夫の死後に夫の地位を継承しているので、ペルシア帝国はその地位にもよるが、女性が統治者になる可能性を完全に排除していたわけではないのであろう。なお、ヘカトムノス家女性の地位と政治的役割については、Carney（2005）.

（7）前三三四年、アレクサンドロス大王はハリカルナッソスを征服した際、ヘカトムノス朝を滅亡させることなく、カリアの支配権をオロントバテスからヘカトムノス朝のアダに移譲した（Arr. *An.* 1. 23. 7）。その後のヘカトムノス朝については明らかではない。

（8）ルバ（P. Le Bas）、スミス（R.M. Smith）、ローモニエ（A. Laumonier）による調査については、Cook（1965: 588–590）; Hellström（2007: 43–47）. ルバ以前にも同地をラブラウンダと推測した旅行者はいたが、彼の功績は同地の様子を正確なスケッチとともに広く知らしめたことにある。

（9）Hellström（2007: 49–55）; Hellström（2011a）.

（10）Cook（1997）; Challis（2008: 55–76）.

（11）Bean and Cook（1955）. Bean（1980）は専門家による考古学案内として有益。

（12）デンマーク隊によるマウソロス廟調査については、*The Maussolleion at Halikarnassos: Reports of the Danish Archaeological Expedition to Bodrum*, Aarhus, 1981-. デンマーク隊、スウェーデン隊、大英博物館、ボドルム海洋考古学博物館などの研究者らによるハリカルナッソス研究の報告書としては、*Halicarnassian Studies*, Odense, 1994- などのシリーズ本が刊行されている。

（13）Hornblower（1982）. カリアの政治・外交史研究としてはBockisch（1969）もあるが、Hornblower（1982: vii–viii）の辛辣な先行研究批判によれば、ボキッシュの論文は学問的に「価値がなく」、「引用するだけ時間の無駄」。

（14）Gunter（1985）; Gunter（1989）.

（15）Hornblower（1990b）.

（16）Hornblower（1982: 352）.

（17）ホーンブロワーの図式を援用した研究としては、Ruzicka（1992）; Hornblower（1994）では、この図式がよりクリアに提示されている。

(18) Franco (1997).

(19) 原文に従えば、ゼウス・ラブランデノスという表記になる。Cook (1965: 585-586) の整理によれば、ゼウス・ラブラウンドスには一二通りの表記法があるが、本書では混乱を避けるために、ゼウス・ラブラウンドスに統一した。

(20) Laumonier (1958: 63).

(21) Hellström (1991: 297).

(22) Cf. Hornblower (1982: 293); Umholtz (2002).

(23) これらの奉献碑文をはじめとして、現存するヘカトムノス朝による公的碑文のほとんどはギリシア語で記されている。しかし、ミュラサ近郊の聖域シヌリから出土した、イドリエウスとアダによる祭司の免税特権付与にかんする碑文 (CL C.Si 2) は、カリア語とギリシア語の二言語併記となっている。また、後述するローマ時代にリメイクされた決議碑文のオリジナルがカリア語併記碑文であった可能性も否定できない。出土碑文の絶対数の問題などもありヘカトムノス朝の言語政策を確定することは難しいが、二言語政策をとりつつも、次章で考察するようにカリア人のギリシア語能力は相当に高かったであろうことを踏まえると、基本的にはギリシア語をより重視していたと推測される。したがって、カリア語が解読される以前に発表された、Hornblower (1982: 352) のヘカトムノス朝はカリア語を重視していたという推測は誤りとなる。

(24) 例えば、小アジアで広く好まれた墓碑銘のモチーフに葬送の宴会の場面があるが、そこでは主人と見られる男性は寝椅子に横たわって酒杯を傾けており、その前後にはスツールに座った女性の姿を確認できる。

(25) スウェーデン隊による発掘までアンドロンは神殿と誤解されていたが、大枠の窓が備えられていたことから、生身の人間が集会するための場であることが分かった。Hellström (2007: 66).

(26) Hellström (1991: 300).

(27) Hellström (1991: 300).

(28) Hellström (1991: 301-302); Hellström (2007: 71-133); Baran (2011).

(29) Hellström (2007: 57).

（30）Cook（1965: 572–576）.

（31）Laumonier（1958: 103）.

（32）Cf. Drews（1973: 101–102）.

（33）Bengisu（1994）; Bengisu（1996）.

（34）ヘロドトスはアテナイ政治史について述べるくだりで、イサゴラスの先祖がゼウス・カリオスを信仰していたと述べる（Hdt. 5. 66）。この箇所と第一巻一七一章との矛盾は古代より指摘されており、プルタルコスは、ヘロドトスは「ワタリガラスに乗せたかのごとく、イサゴラスをカリアの地に追い払う」と揶揄している（Plut. *Mal. Her.* 23）。Macan（1973: 206）は、このゼウス・カリオスとは、メガラのアクロポリスである「カリア」に祀られているゼウス（Paus. 1. 40. 6）を指すと推測する。このマカンの推測が正しいか否かは判断しがたいが、少なくともヘロドトスが自らの出身地であるカリアについて不正確な情報を伝えているとは思われないことから、筆者は第一巻一七一章と第五巻六六章に述べられているゼウス・カリオスは別物であると認識している。

（35）例えば、Hornblower（1982: 26）.

（36）Crampa（1972: 83）.

（37）Robert（1975: 326–330）; Crampa（1972: 83–84）.

（38）Hellström（1996）. イドリエウスによる奉献碑文には、例えば「ミュラサの人、ヘカトムノスの子イドリエウスはゼウス・ラブラウンドスにアンドロンを奉献する」（*ILabr* 15）と記されている。Crampa（1972: 6）は、「ミュラサの人」という肩書きの使用がイドリエウスによるマウソロスからの政策転換を示すとするが、Hellström（2011b）は、「ミュラサの人」はイドリエウスがハリカルナッソスに移る以前、すなわち総督位就任前のマウソロス監督下の活動を意味すると解釈し、イドリエウスによる奉献は、兄による聖域整備計画の線上に置かれていたと主張する。

（39）クニドスの貢納額は三タラントン、ハリカルナッソスの貢納額は二タラントンの年もある。Cf. Meiggs（1972: 552–555）.

（40）アマシス王の治下（前五七〇—五二六年）、ロドスの諸都市はナウクラティスの聖域ヘレニオンの建設に参加した。ヘロドトスはこのとき、諸都市の名を個別に挙げることなく「ロドス」と代表させている（Hdt. 2. 178）。この句はアナクロニスティックながらも、すでに前五世紀においてロドス三都市がある程度の一体性を持った連合体として認識されていたことを示唆する。

(41) テオポンポスが、マウソロスは「金のためなら何事も厭わなかった」(Theopomp. *FGrH* 115 F 299) と悪意ある人物評を下すように、マウソロスは経済的に積極策を打ち出す統治者であった。実際、前三五〇年代なかばにマウソロスはロドスを支配下に収めることにも成功している (Dem. 15. 3)。
(42) Bean and Cook (1955: 95).
(43) Bean and Cook (1955: 93).
(44) 藤縄 (一九八九：三四七)。
(45) 碑文の分析については、Meiggs and Lewis (1989: 69-72); Virgilio (1988).
(46) 碑文の基礎情報については、Haussaoullier (1880); Newton (1880: 427-451).
(47) Haussaoullier (1880); Newton (1880: 427-451); Masson (1959); Adiego (2007a: 459-462).
(48) 「コプロン (κόπρων)」を文字通り解せば「糞の、便所」となる。なぜこのように一見すると悪意の込められた名が付けられたのかは定かではないが、名詞本来の意味が変化した、邪視封じのためにあえて不浄な名が付けられた、あるいは (現在のイタリア語やフランス語にもしばしば確認されるように) 下品な単語こそが翻って親愛表現となっていたなどの説が出されている。Cf. Cubera (2013: 113-115).
(49) Hoepfner (2013: 32).
(50) このほか、マウソロス廟については多くの古典作家たちが言及しているが、マウソロス廟復元にとって重要な史料となるのはプリニウスとウィトルウィウスである。
(51) マウソロス宮は建造されていたと考えられる場所に、一五世紀にロドスのヨハネ騎士団が聖ペトロ城を建造したため、また船隠しの港と考えられる突堤 (入り江内東岸) は現在海中に沈んでおり、しかも一部が港湾開発の際に削られたため、調査が困難となっている。アレス神殿については、ウィトルウィウスはハリカルナッソスを取り囲む山の稜線上にあったと記しているが、現在ではそれよりもふもと近くに位置していたと考えられている。Cf. Bean (1980: 86-88). Pedersen (2010: 303-305) は、ウィトルウィウスの記述 (Vitrv. *De arch.* 2. 8. 13：「城壁の陰に隠れた」) との整合性から、船隠しの港は入り江の外に置かれていたと推測する。
(52) Jeppesen (2002: 210). さまざまな復元案が提案されてきた原因の一つは、マウソロス廟にかんしてもっとも詳細な情報を伝えるプリニウスの記述に、写本間で多くの異読が認められることにある。Cf. Jeppesen（1986）. また、中世に石材が再利用されたことも、復元を困難にしてきた理由の一つであろう。現在は、かかる石材の再発見によって復元作業が進んでいる。長田（一九七七：二三）を参照。

（53）イェッペセン、ウェイウェルによる復元図は、Jeppesen（1989: 21）; Waywell（1989: 27）などに掲載されている。両案の比較については、長田（一九七七）; Jeppesen（1997）. この問題は完全に決着を見たわけではなく、近年も Hoepfner（2013）が新しい復元案を提示した。

（54）Hornblower（1982: 337–338）. このほか、ブリュアクシスという非ギリシア語名の芸術家も登用されている。

（55）Pedersen（1994b）; Pedersen（2010）; Karlsson（1994）.

（56）Pedersen（1991: 41）. マウソロス廟のテラスに南接し、目抜き通りと平行して東西に走る通りの存在も明らかになっている。Cf. Poulsen（1994）.

（57）Pedersen（1988）; Pedersen（1994a: 22–23）; Pedersen（1994b: 223）; Pedersen（2010）. 東のミュラサ門は未発掘だが、文献上その存在が確認される（Arr. *An.* 1. 20. 4）。

（58）ウィトルウィウスによれば、サルマキスにはウェヌス（アプロディテ）とメルクリウス（ヘルメス）の神殿があったという（Vitrv. *De arch.* 2. 8. 11）。しかし、ヘルメスとアプロディテの子ヘルマプロディトスと泉の精サルマキスの恋の神話（Ov. *Met.* 4. 285–388）を考慮すれば、ヘルマプロディトス神殿であったと考えるのが自然であろう。

（59）テアンゲラは、カリステネスの記述で都市統合に含まれなかったシュアンゲラのことを指すとし、テルメラと読む解釈もある。Bean and Cook（1955: 144）; Hornblower（1982: 82）.

（60）このほかのレレゲス人にかんするギリシア語文献史料については、Flensted-Jensen and Carstens（2004）による整理を参照せよ。

（61）Flensted-Jensen and Carstens（2004: 120）.

（62）Jeppesen（1986: 79）.

（63）Bean（1980: 81）.

（64）Isager（1998: 6）. 最初の校訂（editio princeps）は Isager（1998）によって、その直後にそれを補足するかたちで Lloyd-Jones

(1999a) によって訳注が発表された。

(65) 詩の成立年代を特定するための鍵は、詩の後半で歌われている、いわゆる「文人のカタログ」にある。この箇所ではハリカルナッソスから輩出した文人と彼らの活動について歌われており、したがって、詩はここで登場する文人たちよりも後代に成立したと想定しなければならない。カタログで列挙されている文人のうち、確実な同定が可能なもっとも後代の人物はテアイテトスである。テアイテトスは、前三世紀の詩人カリマコスの同時代人で、彼によって挽詩を詠まれており (Callim. *Epigr.* 9)、したがって前三世紀なかばの人物と特定できる。テアイテトスよりも後代で不確実ながら同定ができる人物としては、ディオニュシオス、ゼノドトス、パノストラトス、ノッソスなどがいるが、彼らはいずれも前三世紀末から前二世紀なかばの人物と考えられる。Cf. Isager (1998: 18).

(66) R・メルケルバッハ (Merkelbach and Stauber (1998: 45)) は、詩の作者としてカリマコスの友人にして詩人のヘラクレイトスの名を挙げる。その根拠は、ストラボンがハリカルナッソスの著名人としてヘラクレイトスの名を挙げていながらも (Strab. 14. 2. 16)、「文人のカタログ」には登場していないことにある。しかし、カリマコスがヘラクレイトスの挽詩を詠んでいることから (Callim. *Epigr.* 2)、ヘラクレイトスは前二四〇年頃までに世を去っていることになり、「文人のカタログ」の何人かの人物同定に問題が生じる。それゆえ、メルケルバッハはのちにヘラクレイトスが作者であるとする説を撤回したらしい (ただし、彼はこの撤回を論文として発表したわけではなく、Lloyd-Jones (1999b) に私的に伝えたのみである)。これにたいし、Isager (1998: 22); Isager (2004a: 13) は、「ハリカルナッソスのプライド」の作者は、ロドスの家屋敷居に再利用されていた石材から発見された、いわゆる「文人詩碑」(*SGO* 1. 12. 1) の作者と同一人物であると主張している。

(67) Isager (1998: 20); Isager (2004b: 133).

(68) 「スコイニティスの (Σχοινῖτι)」は、キュプリスのエピセットと思われる。意味は不明。Isager (1998: 9).

(69) 欠損が見られる。Isager (1998: 6) は φίλον τιθάσ[ευμα φέρουσα] と復元するが、Lloyd-Jones (1999a: 3) は φίλον τιθάσ[ευμα μερ]ιμνῶν] と復元する。本書ではこの箇所の復元を議論の対象としないため、さしあたってロイド＝ジョーンズの復元案に従った。

(70) 欠損が見られる。Isager (1998: 10) は πο[τῶν] と復元するが、Lloyd-Jones (1999a: 1) は πό[θον] と復元する。本書ではこの箇所の復元を議論の対象としないため、さしあたってロイド＝ジョーンズの復元案に従った。

(71) アピスの地とはペロポネソスを指すと考えられる。Cf. Aesch. *Supp.* 262; Theoc. *Id.* 25. 183; Appollod. *Bibl.* 2. 1. 1. Isager (1998: 10) は、あるいはエジプトを指しているのかもしれないとするが、ハリカルナッソスの建都神話であることを考慮すればペロポネソスと解釈するのが妥当であろう。

(72) Cf. Gagné (2005). さらに、エンデュミオンが登場することにも違和感を覚えるかもしれない。エンデュミオンはカリアに渡ってきてはいるものの、ハリカルナッソスとは直接関係を持たない英雄である。ポリュアイノスによれば、マウソロスは奸計によってラトモスを勢力下に組み込んだという (Polyaen. *Strat.* 7. 23. 2)。あるいは、マウソロスを通じて、エンデュミオンがハリカルナッソスの建都神話に組み込まれたのかもしれない。

(73) Isager (1998: 15) によれば、三五行目に確認できる「ポイボスの子」という語がマウソロスを指すのだという。この説にたいしては、Jeppesen (2004) によって綿密な批判がなされている。以下に、その論点を整理する。まず、イッセーヤは直接言及していないものの、ポイボス、すなわちアポロンの子をマウソロスと同定する解釈は、おそらくHornblower (1982: 261) の解釈に依拠しており、伝プルタルコス『河川論』「インドス河」の項にある、「インドス河はインドにあり、大きく蛇行し食魚人の地を流れる。以前はヘリオスの息子マウソロスにちなみマウソロス河と呼ばれていた」([Plut.] *Fluv.* 25. 1) という記述に依拠すると考えられる。このマウソロスをヘカトムノス朝のマウソロスと結びつけるためには、インドのインドス (インダス) 河は、実はカリアのインドス河 (現ダラマン河) を指すのだとする強引な史料解釈をしなければならない。また、マウソロスはカリアにおいて稀な名ではないため (Cf. Hdt. 5. 118)、特定のマウソロスと結びつけることはできない。しかも、アポロンとヘリオスの同定は、その最初期の事例をエウリピデスに確認できるものの (Eur. fr. 781. 11. Nauck^{2})、一般的にはヘカトムノス朝期よりも後代になってからのことであるため、少なくともマウソロスの時代にマウソロスがアポロンと同定されることはなかったであろう。したがって、イェッペセンは「ポイボスの子」がマウソロスを指しているとは考えられないし、そもそも「ハリカルナッソスのプライド」では、文人を除いて歴史上の人物に言及されることはなかったであろうと結論づける。

確かに、イェッペセンが主張するように「ポイボスの子」をマウソロスと結びつける根拠は薄弱なように思われる。しかし、建都神話のまさに歴史上の人物が登場すべき箇所に欠損が見られる以上、マウソロスやヘカトムノス朝に言及されることはなかったと断定するのは早計にすぎるであろう。

(74)　例えばRuzicka (1992) はヘカトムノス朝の文化政策を、a Carian stateやa 'national' Carian cultといった用語で説明する。

第五章　ヘロドトス時代のハリカルナッソスの言語状況

はじめに

古典期のギリシア語作家は概して自分たち以外の言葉にあまり興味を示さなかった。[1] そのなかでもヘロドトスは、例外的に外国語にたいして強い好奇心を持ちあわせた作家であった。[2] ペルシア人の名前にはドーリス方言の「サン」、あるいはイオニア方言の「シグマ」の子音で終わる法則が潜むというヘロドトスの「発見」は (Hdt. 1. 139)、それ自体は誤りであるが、彼の異言語にたいする関心の一端を垣間見せる好事例である。ペルシア人の人名に関連しては、ヘロドトスはダレイオス、クセルクセス、アルタクセルクセスという典型的なペルシア大王の名を、それぞれギリシア語に訳すならば、「行動する者」（もしくは「抑制する者」）、「戦士」、「大いなる戦士」という意味になると、もっともらしく解説してくれる（Hdt. 6. 98）。これもまったくのでたらめで、R・G・ケントの『古代ペルシア語』によれば、正しくは順に「善を固持する者」、「王のなかの英雄」、「正義の王国を持つ者」という意味になるのだが、(3)ここからも語学にたいするヘロドトスの飽くなき求知心を読み取ることは許されるであろう。

またヘロドトスは、ペルシア宮廷内で活躍する通訳の存在にもたびたび読者の注意を喚起する。いわく、キュロスは処刑台に上がったリュディア王クロイソスに、ペルシア語・リュディア語の通訳を介して彼の発言の真意を問いただし（Hdt. 1. 86）、サモス人シュロソンがダレイオスに拝謁した場面では、ペルシア語・ギリシア語の通訳が間に立った（Hdt. 3. 140）。ダレイオスの面前でギリシア人とインドのカラティアイ人が討論した折にも、ギリシア語・インド語の通訳がそれを手助けしたという（Hdt. 3. 38）。軍事遠征においても通訳は登用され、カンビュセスのエチオピア遠征に先立っては現地語を解するイクテュオパゴイ人がスパイとして雇われたとのことである（Hdt. 3. 19）。(4)さらにヘロドトスは以下に示すごとく、異国語の地名をなかば強引にギリシア語に訳そうと努力奮闘する。例えば、

［エチオピアにある］脱走兵たちの土地はアスマクと呼ばれているが、この語はギリシア語では「王の左手に立つ者」という意味になる。（Hdt. 2. 30）

あるいは、

この泉および泉が流れ出す土地の名はスキュタイ語でエクサンパイオスと呼ばれるが、それはギリシア語では

「ヒエライ・ホドイ（聖なる道）」という意味になる。（Hdt. 4. 52）

以上のように、ヘロドトスの言語にたいする洞察力は鋭いとは言いがたいとしても、[5] しかしながら彼が異国語に強い好奇心を抱いていたことは確かなようである。さらには、このような興味関心はヘロドトスがギリシア語圏と非ギリシア語圏の境界域で生まれ育ったという事実と無関係ではなかったのではないかとの思いにも至る。ヘロドトス自身も言語感覚が発育環境によって左右されると認識していたことを窺わせる記述を残している。エジプト王プサンメティコスが実施した言語にかんする実験を紹介する箇所で、ヘロドトスは被験者たる新生児の言語習得に余計な影響を与えないように、新生児の世話にあたっていた牧人が被験者の前で声を発することは許されなかったと但し書きしているのである（Hdt. 2. 2）[6]。しかし、現存するテクストから判断するかぎり、ヘロドトスの紡ぐ言葉が、彼の出自から推測されるような非ギリシア語の混入による「崩れた《ブロークンな》」ギリシア語であったとは言えない。むしろ、ビザンツ時代最高の学者であったポティオスが、トゥキュディデスをアッティカ方言のモデルとするのにたいし、ヘロドトスの文体を「イオニア方言の模範（*Ἰωνικῆς δὲ διαλέκτου κανών*）」と評すほどに（Phot. *Bibl.* 60 p.19b）、彼のギリシア語文は高く評価されている[7]。このことはわざわざポティオスを引くまでもなく、今日の大学教育においてもなお、イオニア方言の学習にはヘロドトスのテクストが用いられているという事実によっても明らかであろう。

それでは、かくも「模範的な」イオニア方言を、ヘロドトスはいつ、どこで習得したのであろうか。『スーダ辞典』「ヘロドトス」の項には、ヘロドトスはドーリス系の植民都市ハリカルナッソスの出身であったが（その生年は現在、前四八〇年頃に推定されている[8]）、僭主リュグダミスによって故国を追われたのち、サモス島にてイオニア方言を習得したと記されている（*Suda s.v.* Herodotus）。当時のギリシア語作家は作品を書くにあたって必ずしも出身地

サモス島のヘラ神殿（『歴史』第3巻で「われわれが知るかぎり最大の神殿」と紹介される）

域の方言を用いたわけではなく、例えば抒情詩にはドーリス方言、叙事詩はイオニア方言といったように、より作風にあった方言を選択していた[9]。さらに医者の場合、コス島のヒッポクラテス（と彼の門弟）やクニドスのクテシアスのごとく、たとえドーリス系都市の出身者であっても、イオニア方言で論考を発表したのであった[10]。とりわけ自然哲学や医学のような学術的、科学的な分野にとって、イオニア方言は適した言語だと見なされていたのである。いみじくもR・トーマスが指摘するように[11]、ヘロドトスの『歴史』もまたイオニアの科学・自然哲学の知的風土から生まれ出た作品である以上、イオニア方言で書かれるのはある種当然とも言え、その事実をもってヘロドトスの第一言語がイオニア方言であったと結論づけることは意味をなさない。付けくわえて、ヘロドトスがサモス島に長期滞在していたことは疑うべくもない。ヘロドトスは『歴史』第三巻でサモスの島内事情を詳細に論じており（Hdt. 3. 39-49; 54-60; 120-125; 139-149）、そのほかの巻でもサモス、とりわけ彼を賓客として迎え入れたと考えられる、島の貴族層にたいする好意的な叙述が散見する[12]。すなわち、ヘロドトスには青年時代に亡命者としてサモスに滞在した間に、言語も含めてさまざまな知識を吸収する時間が与えられていた可能性は否定されないのである。

しかしながら、前五世紀に特定されるボドルム（ハリカルナッソスの現代の都市名）から発見された不動産の係争を記した碑文はイオニア系のギリシア文字のみならず、すでにイオニア方言で書かれていた（ML 32. 碑文中に登場する僭主の名から「リュグダミス碑文」と呼び習わされる）[13]。この矛盾を解消すべく、ほとんどの研究者は、同時代の碑文史料を重視して一〇世紀の事典の記述を排除することにより、ヘロドトスは生まれながらの環境でイオニア方言を身に付けたと想定している。例えば、J・マリンコーラは『歴史』の英訳本に付された序文において、「ヘロドトスがそこ［サモス島］でイオニア方言を習得したなどと論ずることはまったくばかげたことである。というのも、彼の出身地であるハリカルナッソスのドーリス系コミュニティは、公的な碑文ですでにイオニア方言を用いていたのだから」とまで言い切るのである[14]。

本章は、かかる主張が真に妥当であるか否かを検証し、この論争にたいし新たな解釈の提示を試みるものである。考証においては、文字によるコミュニケーションと同時に文字に頼らないコミュニケーション、すなわちオーラルなコミュニケーションの双方をも視野に入れなければならないであろう。ヘロドトスの時代にはむろん録音機器など存在しなかったわけであるから、このような考察目標を掲げること自体無謀極まりないのかもしれない。しかし、状況証拠に基づきながら残された情報を合理的に置きなおすことによって、蓋然性のより高い結論に近づくことは許されよう。したがって、本章の考察はその対象をひとえにヘロドトスのみにむけているのではなく、もっとも著名なギリシア語作家の一人に焦点を当てることによって、彼が生きたペルシア帝国期小アジアの言語状況の解明をも見据えているのである。

ハリカルナッソスにおけるイオニア方言

まずは、ドーリス系都市の住人がいかにしてイオニア方言のネイティヴ・スピーカーとなりうるかを問うことから議論を始めたい。ヘロドトスは自身の史書で三度、ハリカルナッソスがドーリス系の都市であると述べており（Hdt. 1. 144; 2. 178; 7. 99）、そのうち一度はなかでもトロイゼンの植民市であったと限定している（Hdt. 7. 99）。かかる植民の記憶はただヘロドトス一人が抱いていたわけではなく、ヘレニズム時代までハリカルナッソス市民に共有されていた。[15] またヘロドトスは、ギリシア系植民都市の有する排他性についても言及する。当初小アジアに一二を数えていたイオニア系都市とドーリス系の六都市は、それぞれが彼ら自身の聖域を建設し、そこに自分たち以外の何者も与らせなかった（Hdt. 1. 143-144）。ドーリス系同盟の六都市はクニドス半島に位置したトリオピオンのアポロンの聖域で（Hdt. 1. 174; Thuc. 8. 35. 3）、競技大会と宗教祭儀を共同で開催していた。競技会の勝者には青銅製の鼎が授与されたが、この鼎は聖域外へと運び出すことは禁じられていた。しかしながら、ある時アガシクレスという名のハリカルナッソス市民がこの禁則を犯し、優勝賞品の鼎を家へと持ち帰って自宅の外壁に掲げてしまった。ハリカルナッソス以外の五都市はこの冒瀆行為に憤り、以降ハリカルナッソスを同盟から追放したというのである。ヘロドトスはこの事件がいつ発生したのかを特定していないが、状況証拠よりおそらくは前六世紀の第二・四半世紀以降に起きたと推測される。[16]

前述のごとく、ハリカルナッソスから出土した碑文はイオニア系の字体とイオニア方言で書かれていた。イオニア系の字体の使用については、ハリカルナッソス以外の近隣ドーリス系都市にもその習慣が見られたが、ハリカルナッソスの特異性は文字のみならずイオニア方言をも使用していた点にある。上述の逸話からは、ドーリス系同盟から追放されたのち、閉鎖性を失ったハリカルナッソスがドーリス系都市としての特性を保持できず、イオニア方言の流入を許したというストーリーが思い浮かぶ。しかし、L・ジェフリーはこのような想定に異を唱え、同盟からの追放はハリカルナッソスがイオニア系都市に近づく原因ではなく、むしろその結果であったと主張した。彼女はさらに、大規模な人口流入がこのような使用言語の決定的な変化を引き起こしたのだとまで推測する。(17) 彼女の所説にたいしては、J・M・ホールが必ずしもイオニア方言への変化を人口の変動と結びつけるべきではないと反論している。方言は一般に、ドーリス系、イオニア系、アイオリス系等に分類されるギリシアのエスニシティを決定する最大の要因と見なされる。しかし、ホールはこの関係を分析した上で、ギリシアのエスニシティの可変性と選択的特性を強調して、言語はエスニシティ決定にとって種々関わる要因の一つにすぎないと批判する。彼の主張によれば、「ハリカルナッソスの住民がドーリス系としての自意識にまったく影響をおよぼすことなしに、徐々に近隣の北部イオニア系都市からイオニア方言を受け入れていったと想定するのが妥当」なのである。(18) さしあたり現段階でイオニア系都市からの人口流入を想定するのは賢明な判断とは言えず、ハリカルナッソス

ハリカルナッソス（現ボドルム）に建てられたヘロドトス像

人がドーリス系都市に共通する言語（ドーリス方言）を用いていなかったにもかかわらず、自らをドーリス系であると認識していたことのみを確実とするのがよかろう。

　ここで、地域言語であるギリシア語の「方言」と、それらさまざまな方言を包括するギリシア「標準語」との関係について、改めて確認しておきたい[19]。ギリシア人は曖昧ながらも一応は、「方言」や「ギリシア語」という概念を持っていたと思われる。プラタイアの戦いを前にして、スパルタ人使節団にたいし、なぜアテナイ人がギリシアを裏切らないかを説明するヘロドトスの有名な一節では、ギリシア人によって話される共通言語の存在が示唆されている（Hdt. 8. 144.「ギリシア人は血を分けた同胞であり、同じ言葉を話し（*τὸ Ἑλληνικὸν ἐὸν ... ὁμόγλωσσον*）、神々の社も供犠も共通であるし、生活様式も同様である」）。またトゥキュディデスは、メッセニア人が「ドーリス方言を話す（*Δωρίδα τε γλῶσσαν ἱέντας*）」とも記述しているのである（Thuc. 3. 112. 4）[20]。しかしその一方で、A・モーパーゴ＝デーヴィスが指摘するように、「イオニア方言、アッティカ方言、ドーリス方言、アイオリス方言というギリシア語方言の分類方法は…中略…前三世紀になって初めて登場した」ものであり[21]、古典期の段階で各方言が一定の均質性を保った言語圏を築いていたと想定するのは危険である[22]。実際ヘロドトスも以下のように、東エーゲ海のイオニア系植民都市間でも複数の方言が話されていたと証言するのである。

　彼ら［イオニア人］は同一の言語（*γλῶσσα*）を用いることはなく、それは四種類に分かれている。彼らのうち最南端に位置する都市はミレトスで、続いてミュウス、プリエネが来る。これらの都市はカリア地方に位置し、互いに同一の方言で話す。リュディアに建てられた都市は、エペソス、コロポン、レベドス、テオス、クラゾメナイ、ポカイアで、これらの都市は彼らの間では同一の方言を話すが、それは上述の都市のものとは異なる。残るイオニア系三都市のうち、二都市は島嶼部にあたるサモスとキオスで、もう一つは大陸側のエリュトライである。キオスとエリュトライの言葉は同じだが、サモスだけが独自の方言を話す。以上のように、「イオニア」方言には四種類がある。(Hdt. 1. 142)

残念ながら、これら四種類の方言を碑文史料から証拠づけることはできない。[23] しかし、それと同時に文字資料はアクセントや発音、気息音を正確には表現できておらず、また公的文書が必ずしも人々が日常どのように話していたかを直接的に反映しているわけではないことにも留意しなければならない。この点に関連して、言語学者のK・フェアステイジは「文字資料は言語に起きた実際上の変化よりもむしろ、メタ・リングイスティックな歴史(言語にかんする規範の発展史)を表している」として、文字資料に過度の信頼を寄せることの危険性を指摘する。[24] 事実、ヘロドトスの所見と碑文史料間の矛盾を解消するためには、日常の/口頭の言葉(言語学の用語で言う「低位変種」)と公的な/書記の言葉(同じく「高位変種」)間の差異を認めなければならないのである。したがって、イオニア方言で書かれた「リュグダミス碑文」はハリカルナッソスの公的言語、あるいはフェアステイジの表現を借りるならば「社会的・文化的上位に位置する言語」[25] にたいする態度を明らかにするものの、必ずしもヘロドトスがイオニア方言を用いていたことを証すことにはならないのである。むろん「リュグダミス碑文」が、サモスに亡命する以前にヘロドトスが何らかのイオニア方言を身に付けていたことを示す重要な史料であることに変わりがないとしても、である。

イオニア方言には四種類の型があるとするヘロドトスの記述に立ち返ると、ここからさらに以下の事実を引き出せるであろう。すなわち、ヘロドトスは第一グループ(ミレトス、ミュウス、プリエネ)と第二グループ(エペソス、コロポン、レベドス、テオス、クラゾメナイ、ポカイア）の言語的境界線が、カリアとリュディアの地理的境界線に一致すると明確に述べているのである。リュディア人とカリア人はヘレニズム期に入るまで、それぞれ独自の地域言語であるリュディア語とカリア語を用いていた。後述するように、リュディア語とカリア語はともに印欧アナトリア諸語に分類されるが、リュディア語はヒッタイト語の系統に連なる一方で、カリア語はルウィ語群に属している。(26)したがって、前述のイオニア方言第一群と第二群のグループ化が、カリア語圏かリュディア語圏のいずれの言語圏に位置するかの差によって引き起こされた可能性が浮かび上がるのである。これを裏づけるべく、カリア語碑文はミレトス領内の聖域ディデュマからも出土しており、一方リュディア語碑文の多くはサルデイスとヘルモス河流域から見つかっているが、数点はエペソスやスミュルナ南方のカユストロ河流域、ペルガモンからも出土しているのである。(27)

ハリカルナッソスにおけるカリア語

それでは、ヘロドトスおよび同時代の彼の同郷人は、どれほどの頻度でカリア語と接していたのであろうか。ヘロドトスは自らの史書のなかで三度カリア語に言及するものの、そこから彼自身がカリア語の知識を有していたか否かは判断がつきかねる。しかし、さしあたりはそれらの記述を分析していきたい。まず、ヘロドトスはカリア人の祖先がどこから来たのかについて論じた箇所で、ゼウス・カリオス信仰の排他性と絡めて次のように説明する。すなわち、カリア人たちは、たとえ自らと同じ言語を話したとしても、ミュシア人とリュディア人以外の非カリア人をゼウス・カリオス信仰に与らせることを許さなかった（Hdt. 1. 171）。この箇所は、カリア語に直接言及しているわけではない。しかしながら、カリア人とは見なされなかった人々の間においてもカリア語話者が存在していたことを示す、貴重な情報となっている。

カリア語にかんする次なる言及は、まさにこの章の直後に登場する（Hdt. 1. 172）。キュロスによる小アジア征服に続くペルシア帝国将軍ハルパゴスによる一連の征服事業について縷述する箇所で、ヘロドトスはカリアとリュキアの境界上に位置する、カウノス市の住人の文化習俗について紹介する。一般にカウノス人はカリア人と混同されており、例えばプルタルコス『アルタクセルクセス伝』では、小キュロスに止めの一撃を食らわした人物（無名氏）は、当初カウノス人であると紹介されていたが（Plut. *Artax.* 11. 5）、途中からはカリア人として記述されていくのである（Plut. *Artax.* 14. 3）(28)。しかし、ヘロドトスによればこの両者の区別はより繊細であり、カウノス人の生活様式はほかのいかなる民族、とりわけカリア人のそれとは大きく隔たっているにもかかわらず、言語にかんしてのみ、彼らはカリア語と非常によく似た言葉を用いるのだという。第三章でも述べたように、カウノス一帯とリュキアのカウノス寄りの地域からは同じ形態の神殿型岩窟墓が集中的に発見されており、カウノスの地域的な特徴を際立たせている。しかし、葬送文化とは異なり言語に目をむけると、カウノスからは九点ものカリア語碑文が見つかっており、カウノスはカリア語圏に属していたと言える(29)。カリア人の言語とカウノス人のそれとは「同一」ではなくて「類似」とするヘロドトスの表現は、発音やアクセントのような文字資料からは容易に判別されえない言語上の特徴を意識してのことだったのかもしれない。先述の、カリア語話者でありながらもゼウス・カリオス信仰への参与を許されなかった人々とは、例えばカウノス人のことを指しているとも考えられる。いずれにせよ、この段階でヘロドトスがカリア語にかんしてまったくの無知であったと断定することは早計にすぎるであろう。

ヘロドトスによるカリア語への最後の言及は、以下の文脈でなされる。エウロポス（おそらくエウロモスという名で知られるカリアの都市を指すと推測される）[30]出身のミュスなる人物が、テッサリアに宿営中（前四八〇／七九年冬）のペルシア帝国将軍マルドニオスによってギリシア各地の神託所に神託伺いに派遣された。ミュスがテバイにあるアポロン・プトオスの聖地に到着すると、託宣者は突如ギリシア語以外の何らかの言葉で話し始めた。神託記録係として三人のテバイ人が付き随っていたが、彼らがこの状況に唖然としていると、ミュスは彼らの手から記録板を奪い取り、託宣者の言葉はカリア語だと言って、神託を書き写したという（Hdt. 8. 133-135）。しかし、ヘロドトスはマルドニオスが何についての神託を請うよう命じたか、また下された神託の内容については調査できていないと白状する。したがって、この逸話からヘロドトスのカリア語能力の程度自体を推し量ることは不可能である。L・ロベールは、実際に神託がカリア語で下されたわけではなく、ミュスは彼にとっても意味不明だった祭司の言葉を、カリア語であると強弁することによって神託の内容を自身の有利になるように捏造したのではないかと解釈する。[31]このことはむろん、明確な答えを出せる問題ではないが、それよりも注目すべきはロベールのもう一つの指摘、すなわちミュスは少なくともカリア語・ギリシア語のバイリンガル話者であり、さらにペルシア軍に仕えていたという立場を考慮すると、カリア語・ギリシア語・ペルシア語のマルチリンガリストであった可能性が高いという指摘である。小アジア出身のペルシア軍協力者についてはトゥキュディデスも、ペルシア総督ティッサペルネスがガウリタスという名のバイリンガルなカリア人を特使としてスパルタに派遣したと記述している（Thuc. 8. 85. 2）。また、前三六〇年代には、ピグレスというカリア語名の人物が、エジプト王タコスの使節団に加わってアテナイを訪問したことが碑文史料から知られているが（*IG* 2^2 119）、彼もこのような任務を言いつかる以上はギリシア語を解せたのであろう。ミュスやガウリタス、ピグレスらのギリシア語能力がカリア人一般に比して群を抜いて高かったために、彼らはペルシア軍やエジプト王に重用されたのであろうか（ただし、ピグレスについては、ここで問題となるカリア本土の出身者であったのか、あるいは後述するようなエジプト系カリア人であったかは碑文からは特定されない）。ロベールはしかし、ペルシア帝国の特使として働くにあたっては、ギリシア語の能力よりもむしろ、ペルシア語の能力こそが重視されていたのではないかと推測する。[32] 事実ディオドロス（あるいはより正確には、彼の依拠史料であるエポロス『世界史』）は、アテナイ将軍キモンがカリアに遠征した時点（前四六〇年代前半で、ヘロドトスの少年時代にあたる）では、カリアの内陸部は二言語が使用される（δίγλωττοι. 明記はされていないが、カリア語・ギリシア語の二言語であろう）社会であったと記しており（Diod. 11. 60. 4: cf. Ephor. *FGrH* 70 F191）、この地域においてギリシア語話者そのものは希少な人材ではなかったと思われるのである。

カリア語は近年まで未解読の謎の言語であり、今日でもなお言語学者らの学術的関心を引く言語である。そのようななか、二〇〇七年のスペイン人言語学者I・アディエーゴによる『カリア語（*The Carian Language, CL*）』の出版はカリア語研究にとっての画期となった。それでは、カリア語とはどのような言語なのであろうか。アディエーゴによると、カリア語は印欧アナトリア諸語に属しており、広くはヒッタイト語、楔形文字・象形文字ルウィ語、パラー語、リュキア語、リュディア語などと同族であった。より詳しく分類すると、カリア語はアナトリア諸語のうち、とくにルウィ語群に含まれ、このことはカリア語が音韻論・形態論の点でリュディア語よりもリュキア語に近しいことを意味する。[33] 現在までに公刊されているカリア語資料はおおよそ二〇〇点を数えるが、驚くべきことにそのうちカリア本土から出土した碑文の割合はわずか一五パーセントにすぎない。残りの一七〇点はエジプトから発見されており、将来的にはさらに五〇点の未公刊資料がそこに含まれることになる（以下、碑文番号の先頭に付されたCまたはEの文字は、カリアまたはエジプトのいずれから出土したかを識別する記号である）。また割合としてはごくわずかになるのだが、ギリシア本土のアテナイとテッサロニケからも一点ずつ確認されている。[34]これほど多くのカリア語碑文がエジプトに偏って出土する理由は、エジプトに栄えたカリア人コミュニティに求められる。ヘロドトスによると（Hdt. 2. 152-154）、プサンメティコス一世（治世前六六四—六一〇年）は一一人の共同統治王を倒して独裁体制を築く際に、エジプトの海岸に漂着したイオニア人とカリア人の海賊を傭兵として雇ったという。権力の確立に成功したのち、彼は傭兵たちを解散させることなく、ナイル河下流域に土地を与えて住まわせた。時代が下って、アマシス王（治世前五七〇—五二六年）は彼ら傭兵を重く見て、身辺の警護に当たらせるために、すでにナイル河を挟んでカリア人とギリシア人の二つの軍居留地が発展していたデルタ地帯（Steph. Byz. *s.v. Hellenikon kai Karikon*）から、彼らをメンピスへと移した（Hdt. 2. 154）。これらカリア人の移民者は、おそらく同僚のイオニア人傭兵から影響を受けて、[35]大量の碑文を残すようになった。このような歴史的背景から、カリア語碑文自体、とりわけ落書き（graffiti）はおそらく軍事遠征の結果としてエジプト各所から発見される一方で、誓願碑文や墓碑銘はサイスとメンピスに集中するのである。[36]これにたいし、小アジア出土のカリア語碑文はこのような偏在性を見せることはない。[37]カリア語解読の糸口も、エジプト由来のカリア語・ヒエログリフ二言語碑文の解析から得られたのである。[38]

ハリカルナッソスから発見されたカリア語碑文はわずか一点、前五〇〇年頃に年代特定される、青銅製フィアレ（杯の一種）の縁に刻まれた文字群のみである。[39]その文面はおそらく、「Smδÿbrs が Psnλo にこの杯を与える」（*CL* C.Ha 1）と訳解される。[40]この文の意味するところはきわめて単純かつ面白味がないが、その反面で前六—五世紀のハリカルナッソスにおいてカリア語がいまだ死語とはなっていなかったことを示す貴重な証拠ともなっている。杯の可搬性を考慮すれば、このフィアレがどこか別の場所からハリカルナッソスに持ち込まれたという可能性は排除できないであろう。付けくわえて、実はこのフィアレはボドルムからもたらされたという古物商の証言を除いては、いっさいの考古学的文脈を欠いている。もっとも魅力的な解釈はむろん、ハリカルナッソスではこの時点でまだカリア語が日常的に使用されていたとの想定であるが、この論をより強固に補うためには、さらなる証拠の提示が求められるであろう。

　ハリカルナッソス人がカリア語を使用していたことを示唆する銘辞は、ほかにも二点ある。一つはメンピスから発見された「偽扉」に刻まれた墓碑である。この碑文はアマシス王がカリア人居住地をナイル・デルタからメンピスに移したのち、おそらくはペルシア帝国のエジプト侵攻の脅威が増してきた、アマシス治世後期に属すると推測される[41]。その碑銘には次のように書かれている。

　　vac.-iams の息子、Qlaλis、alos ƙarnos。（*CL* E.Me 45）[42]

最後の二単語、alos ƙarnos は、被葬者の出身都市や部族など、彼の出自を表していると考えられよう。そこでアディエーゴは、alos ƙarnos を音声上の類似からハリカルナッソスと同定した[43]。

　それでは、これを裏づけるべく、エジプトで活躍した異国人のなかにハリカルナッソス出身者も含まれていたのであろうか。ヘロドトスによると、ペルシア王カンビュセスがエジプトに侵攻する機会を窺っていた頃、パネスという名のある男が小アジアを経由してペルシア帝国に亡命してきた。パネスはエジプトの傭兵部隊において重要な地位に就いていたのであるが、何らかの理由からか、アマシスにたいし不満を抱いていた。そこでパネスは、カンビュセスに有利に働くようにエジプトの国防機密を漏洩《ろうえい》しようと画策し、エジプトからリュキアへと渡った。実際カンビュセスはこの情報のおかげで、エジプト征服に成功したという（Hdt. 3. 4）。ここで銘記されるべきは、パネスの「生まれはハリカルナッソスである（*γένος μὲν Ἁλικαρνησσεύς*）」というヘロドトスの注記である。この文言からは、エジプトのカリア系傭兵軍団が前七世紀中頃にいったん成立した後も新たな人的資源を小アジアからリクルートしていた、あるいは第二・第三世代の移民であっても（パネスには複数人の子供がいたという情報（Hdt. 3. 11）からすると、傭兵たちは家族をともなった生活を送っていたようである）移民初代の出身地を自らのアイデンティティの拠り所としていたという、二つの解釈が成り立つであろう。そして、いずれの場合であれ、その傭兵は「客死」ののちに建立する墓碑銘において「ハリカルナッソス出身者」を自認することになるのであろう。

かかる軍人のみならず、アマシスの時代には商人たちもエジプトに移住し、そこでコミュニティを形成していた。一般に「親ギリシア的」として知られるアマシスは、ギリシア人商人たちをナウクラティスに集住させ、神々のための聖域と祭壇建設を彼らに許可したのである。[44] ヘロドトスによると、ハリカルナッソス人もこの事業に参加し、最重要の聖域である「ヘレニオン」の建設に関わったという（Hdt. 2. 178）。[45] メンピスに築かれた軍営地とナウクラティスの商業居留地との間に、同郷者の連帯感を背景とした何らかの直接的な取引があったか否かは、現在のところ不明である。しかし、以上の事例が示唆するように、エジプトに成立した外国人コミュニティが外の世界から完全に閉ざされていたわけではなく、とりわけ彼らの故郷小アジアとの連絡を保ちやすかったことは認めてもよいであろう。この推測を跡づけるように、ヘロドトスもギリシア人たちはこの傭兵軍団からエジプトにかんする最新情報を入手するのだと明かしており（Hdt. 2. 154）、また例えば、エジプト人の哀悼儀礼について在エジプト系カリア人の様子と比較しながら紹介するヘロドトスの記述（Hdt. 2. 61）は、彼のインフォーマントがカリア人傭兵であったことを窺わせるのである。[46] そして、このような接触が刺激となり、エジプトに移り住んだハリカルナッソス人も故郷にたいする（言語を含めての）愛着を捨て去ることにはならなかったのであろう。

もう一つ考察すべき遺物は、縁にカリア文字が刻まれた青銅製のディノス（円形の杯）である。小アジア由来の出土品と考えられているが、その正確な出土地は不明となっている。[47] 正確な制作年代も明らかとなっていないが、ヘロドトスの一世代前頃に編年されると推測される。というのも、M・マイヤー＝ブリュガーはこの青銅製ディノスと、前述のハリカルナッソスから出土した *CL* C.Ha 1の銘が刻まれた青銅製フィアレ（前五〇〇年頃に年代特定）、また別の青銅製フィアレ（出土地不明、前六世紀頃に年代特定：*CL* C.xx 1）、さらには動物型の青銅製祭具（出土地不明、前六世紀頃に年代特定：*CL* C.xx 3）は本来一括遺物であり、同時期にカリアのある地点（この場合、ハリカルナッソスが有力）から盗掘され、近年ヨーロッパの古物市場に流れてきたと推測するからである。[48]

問題の銘文は、以下のように訳されうる。

Ýśbiks はこれを Jzpe のところに持ってきた。alosδ ƙarnosδ。（*CL* C.xx 2）

ここに登場する alosδ ƙarnosδ という難義語は、明らかに *CL* E.Me 45に登場する alos ƙarnos と関連を持つ語であろう。アディエーゴはこれを不確かながらも alos ƙarnos の単数奪格形、すなわち「ハリカルナッソスから」と解釈する。[49] もしこの説を正しいとするならば、この銘が言わんとするところは、あるハリカルナッソス人（Ýśbiks）が友人（Jzpe）に「これ（ディノス）」を贈呈したという、ごくありふれた日常のワン・シーンということになる。

ギリシア語とカリア語の相互作用

さて、ここまでの議論で、おそらくハリカルナッソスにおける多くのギリシア語話者が日常的にカリア語話者と接触していたとの想定が成り立ちうるであろう。もし前述したマイヤー＝ブリュガーの仮説が正しいとするならば、現在のところヘロドトス時代のハリカルナッソスから出土したカリア語碑文は四点にのぼり、これらの銘文が一括遺物に刻まれていたという点をさし引いたとしても、当時カリア語はじゅうぶんに「生きた」言語であったと推定されよう。そこで次に、ともに現役の言語であったギリシア語とカリア語との間に何らかの相互作用が働いていたのか否か、その可能性を検討していきたい。

　ストラボンは、ホメロス『イリアス』に登場する、「バルバロイ語を話すカリア人（*Καρῶν ... βαρβαροφώνων*）」（Hom. *Il.* 2. 867）[50]という難解表現の意味するところを論じる際に、ヘレニズム期カリアの都市テアンゲラ出身の作家[51]であるピリッポス著『カリア誌』を引用しながら、カリア語にはギリシア語からの借用語が多く含まれていると指摘する。さらにギリシア語と非ギリシア語間に働く相互作用を、ストラボンは「ギリシア語を話そうとしながら正しい発音ができず、ギリシア語を習い始めて日の浅い異国人のように正しい発音ができないと、訛りのある異国人のようなアクセント（*κακοστομία καὶ οἷον βαρβαροστομία*）になってしまう。それはまた、われわれ［ギリシア人］が彼らの言語を話そうとしたときも同様である」と、一般化させる（Philipp. *FGrH* 741 F1 *ap*. Strab. 14. 2. 28）。

　ストラボンは主としてギリシア語の発音（*στόμιον*. 原義は「口」）の可変性を論じるのであるが、これに似たような現象として、文章構造の可変性を碑文史料から読み取れる事例がある。カリアの南東に位置するリュキアでは、アレクサンドロスの東征以前はリュキア語が地域の主要な言語の地位を占めており、現在一七五点ほどのリュキア語碑文が知られている。そのうち、約一〇点はリュキア語・ギリシア語二言語碑文である。これらの二言語碑文は、リュキア語文中に登場する語句のいくつかがギリシア語文に欠けていることから、おそらくリュキア語原文にたいし、ギリシア語訳文が付されたものと推測される[52]。そのため、これらのギリシア語文には本来見られないいくつかの奇妙な特性を確認できる。例えば、定冠詞を持たないリュキア語文に引きずられるかのように、しばしば定冠詞が省略され[53]、また、ほとんどのギリシア語の決議文においてタイム・マーカーは絶対属格が使われるところ、リュキアのギリシア語文では「～のとき」で始まる節によって表されている[54]。I・ラザフォードは、これらの現象はリュキア語話者とギリシア語話者の日常的な接触というよりはむしろ機械的な翻訳の結果であると推測するが、ここで注目すべきは、非ギリシア語で思考しながらギリシア語を用いる人々の存在である。前述のように公的文書(碑文)が常に日常の／話し言葉を正確に反映しているわけではないとしても、ここに単数形のギリシア語(Greek)ではなくて、複数形のギリシア語(Greeks)の存在を想定する必要が見出される。すなわち、リュキア人がギリシア語に接するようなかたちで、ハリカルナッソスでもギリシア語使用の独自な状況が展開していた可能性を意識しなければならないであろう。これとは逆に、ギリシア語話者もまた、非ギリシア語からの影響を受けていた事例を見出せる。まず何より、前述したイオニア地方ではその方言が四種類に分派していたというヘロドトスの記述は、(彼は当然イオニア地方を旅行していたのであるから)実体験に基づいた信頼度の高い証言であろう。また、ギリシアの貿易拠点を起源に持つスキュティアのゲロノス市では、ギリシア様式の聖域が作られていたが、その言語はヘロドトスの時代までにスキュタイ語とギリシア語が半々に(*γλώσσῃ τὰ μὲν Σκυθικῇ τὰ δὲ Ἑλληνικῇ χρέωνται*)混淆していたという(Hdt. 4. 108)。パンピュリアの沿岸部に建てられたアイオリス系の母市キュメの植民都市であるシデでは、シデ人自身の証言を引用したアリアノスの記述によると、植民者たちは入植後すぐに父祖の言葉を忘れて、非ギリシア語の言語を話すようになった。しかも注目すべきことには、その新しい言語が父祖の言葉とも近隣の外国語とも異なっている(*οὐδὲ τῶν προσχώρων βαρβάρων, ἀλλὰ ἰδίαν σφῶν οὔπω πρόσθεν οὖσαν τὴν φωνήν*)という(Arr. *An.* 1. 26. 4)。この言語がどのようなものかは詳らかではないが、父祖のギリシア語と周辺のアナトリア語が混淆した結果生成した新言語であった可能性がある。[55] 哲学者のピュタゴラスは、僭主ポリュクラテスの治世初期にサモス島を離れ（前五三〇年頃）、南イタリアのクロトンに移り住み、そこでピュタゴラス教団を創設した。ローマ時代後期の哲学者イアンブリコスによると（Iambl. *VP*. 34. 241）、ピュタゴラスは南イタリアでの新たな入信者にたいし、父祖伝統の言葉を用いるように（*φωνῇ χρῆσθαι τῇ πατρῴᾳ*）命じた。というのもピュタゴラスは異国風の言葉を好まなかったから（*τὸ γὰρ ξενίζειν οὐκ ἐδοκίμαζον*）だという。この逸話は、南イタリアの植民者たち本来の言語（ドーリス方言）は、地域住民との長期にわたる接触の結果すでに土地の表現法や発音を取り込んでしまっていたことを示唆するであろう。[56] そしてこれは翻って、ピュタゴラスは自身の言語が非ギリシア語の影響を受けていないという自負を持っていたことをも示しているであろう。ここで、ピュタゴラスは、ヘロドトスが青年期を過ごした地の出身者であったことも注記しておきたい。

緊密な接触、とりわけ結婚がかかる言語上の変化、すなわち二つ以上の言語の混淆による新言語の生成を引き起こすことは、想像に難くないであろう。例えば、ヘロドトスの同時代人であったリュディアのクサントスは（Xanth. *FGrH* 765 F15）、ミュシア人は本来リュキア人であったが、プリュギア人が小アジアに侵入し彼らの近隣に定住した結果、リュディア語とプリュギア語が半々に混じった言語（*μιξολύδιον γάρ πως εἶναι καὶ μιξοφρύγιον*）を話すようになったと伝える。トゥキュディデスによると（Thuc. 6. 5）、シチリア島の都市ヒメラは、カルキス系のザンクレ（メッシーナ）人とシュラクサからの亡命者によって建設された都市であり、彼らの言語はカルキス方言とドーリス方言の混合（*φωνὴ μὲν μεταξὺ τῆς τε Χαλκιδέων καὶ Δωρίδος ἐκράθη*）であったという。これは、ともにギリシア語の方言同士が作用した事例であるが、異言語間のケースとして、アンモンはエジプトとエチオピアからの入植者による建設を起源に持ち、その住民が使用する言語はエジプト語とエチオピア語の間を取ったもの（*φωνὴν μεταξὺ ἀμφοτέρων*

であったという（Hdt. 2. 42）。ヒメラやアンモンはともに共同植民の事例であり、かかる状況においては、植民者間相互のコミュニケーションを円滑にするために新たな言語が求められたのであろう。

ヘロドトスの史書のなかには、彼が通婚と新言語の関係を認識していたことを示唆する、次のような逸話を見出せる（Hdt. 4. 110-117）。ある時スキュティアに難破したアマゾン族女性の一団に、土地のスキュタイ人男性が徐々に接近し互いの距離を縮めていき、やがて彼らはともに暮らすことを誓い合った。しかし、アマゾン族の女性たちは、彼女たちとスキュタイ人女性の習慣があまりにも異なっていたことから、既存のスキュタイ部族のなかに溶け込んでいくことをためらった。そこで彼女らは夫となるスキュタイ人男性を説得し、ドン河を渡って新たな部族を創設することに決めた。これが現在のサウロマタイ人の起源となったという。この部族起源譚自体はむろん史実とは思われないが、これに続くヘロドトスの分析が興味深い。すなわち、サウロマタイ人はスキュタイ語を用いてはいるものの、それはスキュタイ語の「変質した（*σολοικίζοντες*）」ものである。というのも、サウロマタイ人の始祖であるアマゾン族の女性らが正確なスキュタイ語を習得できなかったために、当初の語法上の誤りがそのまま彼らの言語に取り込まれてしまったからであるという。ここで用いられる *soloikizein* という語はあまり一般的な動詞ではなく、知られているかぎりヘロドトスが初出例となる。言い伝えによると、この *soloikizein* という動詞は、アテナイ人ソロンがキリキアに築いた植民都市ソロイに由来する[57]。すなわち、当初入植した少数のアテナイ人らは、時間の経過とともに祖国の言葉（アッティカ方言）を忘れていき「ソロイ風にした（*soloikizein*）」という逸話が、その語源なのだという（Diog. Laert. 1. 2. 52）。またストラボンは、*soloikizein* という語が「カリア風にする（*karizein*）」と同様、「バルバロイ風にする（*barbarizein*）」の同義語として稚拙なギリシア語にたいし用いられると指摘する（Strab. 14. 2. 28）。しかし、ヘロドトスの事例に限れば、この語にさほど差別的な（「バルバロイ」として見下すような）

意図があるとは読み取れない。この立場に立って、J・グールドはこの単語を「スキュタイ語のピジン語」という、現代言語学のタームを用いて説明している。では、ヘロドトスのこのような言語にたいする鋭い観察眼はヘロドトスの故国の状況を反映してのことなのだろうか。

ハリカルナッソスでは、共住や通婚を示す証拠がいくつか挙げられる。前章の議論と重なるところも多いが、ここで改めて要点を述べよう。ウィトルウィウスは、ハリカルナッソスにおける最初のギリシア系移民者が、移住先の土地から先住のカリア人たちを山へと追い出したという伝説を紹介する。その後カリア人たちはときどきギリシア人の町へと下りて略奪を働いたが、あるギリシア人が飲食店（タベルナ）を開店すると、カリア人たちはそれに引きつけられて、徐々に低地へと戻ってきた。やがて彼らはバルバロイの風習を捨て去り、ギリシア人風の習慣や様式を身に付けたという（Vitrv. *De arch.* 2. 8. 12）。ハリカルナッソスにかんするものではないが、これよりも史実に近いと思われる早期の交渉・接触についての事例がミレトスから確認できる。ミレトスに入植したギリシア人たちは、その土地の男性を殺した後、彼らの妻や娘を娶ったというのである（Hdt. 1. 146. ディオゲネス・ラエルティオス（Diog. Laert. 1. 22）によれば、ミレトス人タレスの父はエクサミュアスという非ギリシア語の名を持つ）。これよりさらに時代が下り、スパルタ将軍リュサンドロスがハリカルナッソス半島とクニドス半島の間に位置する、ケラメイコス湾の小島に築かれた都市ケドレイアイを攻略した際（前四〇五年）、土地の住民は「混血バルバロイ（μιξοβάρβαροι）」であったという（Xen. *Hell.* 2. 1. 15）。この語はギリシア人入植者と土地の先住者間の通婚を意味しているのであろう。[58]

さらに通婚の実態は、人名の分析からも確認される。この章の冒頭に論じた「リュグダミス碑文」は、父親名をともなった土地の役人六人の名前に言及している。そのうちオアッサッシスの子レオン、リュグダミスの子フォルミオン、パニュアッシスの子アポロニデスら三人の名前は、カリア語名の父親を持ったギリシア語名の人物である。

「リュグダミス碑文」と同時代に特定される、土地の売買にかんするリストである碑文では（*Halikarnassos* 31）、父親名をともなった一〇〇名近くのハリカルナッソス住民の名前が記載されている。彼らの間には、交差事例（カリア語父親名-ギリシア語本人名／ギリシア語父親名-カリア語本人名）が、平行事例（ギリシア語父親名-ギリシア語本人名、カリア語父親名-カリア語本人名）よりも若干数上回っている。[59] 実際ヘロドトス自身も、そのようなギリシア語名とカリア語名の入り混じった家系の出身であった。『スーダ辞典』の「ヘロドトス」「パニュア［ッ］シス」の二項目（*Suda s.v.* Herodotus; Panyasis）によると、ヘロドトス、兄弟テオドロス、叔父ポリュアルコスはギリシア語名を持っている一方で、父リュクセスと従兄弟（別伝では叔父）パニュアッシスはカリア語名を持っていた。[60] これらさまざまな証拠は、頻繁な通婚、そうでなくともギリシア人入植者と土地の先住者間の緊密な共生関係を示していよう。[61] 実際「リュグダミス碑文」では、ハリカルナッソス人と、ハリカルナッソスの西部地域でカリア人コミュニティとして伝えられる（Stph. Byz. *s.v.* Salmakis）、サルマキス人の合同議会（*σύλλογος*）なる組織の存在が明記されているのである。[62]

カリア語碑文のなかからも、かかる名前の混淆を示す事例を見出せる。問題の碑文は、ハリカルナッソスからではなく、ハリカルナッソスとミレトス間の内陸部に位置するエウロモスから出土した墓碑である。その文面には、「これはKtais の墓、Idyrikś の息子」（*CL* C.Eu 1）とある。Ktais とIdyrikśという二つの名前は一見するとカリア語名のように思われるが、ミュラサ近郊の聖域シヌリから出土した、ギリシア語・カリア語二言語碑文と関連づけると、新たな視角が得られる。この碑文のカリア語文は保存状態が良好だが、未解読語が多数含まれており、一方でギリシア語文は欠損が著しくその意味するところが不明であり、カリア語文読解に益をなさない。わずかに読み取れるギリシア語の単語と、それに対応するカリア語文からは、冒頭の一文は次のように訳される。

Ktmnos［ギリシア語文では *Ἑκατόμνως*］の息子イドリエウスと Ktmnos の娘アダは、祭司 Pñmnsñ［ギリシア語文では *Πονμοοννος*］に免税特権を与える。(63)（*CL* C.Si 2）

ここに登場するヘカトムノスとは、前章で詳述したように在地王朝の一員で、前四世紀初頭にペルシア帝国の総督に就いた人物である。彼の息子イドリエウスと娘アダは、彼らの兄姉であるマウソロスとアルテミシアが亡くなった後に、総督の地位を継承した。したがって、この碑文はカリア語碑文中で例外的に、歴史的文脈から前三五一／〇—三四四／三年間とかなり狭い間隔で正確な年代特定が可能となる。(64) この二言語併記の決議文からは、*Ἑκατόμνως* が Ktmnos に対応するという、ギリシア語・カリア語間の翻字ルールを読み取れる。このルールを応用すると、*CL* C.Eu 1 の Ktais はギリシア語の *Ἑκαταῖος* の翻字であることが判明するのである。(65) 一方、Idyrikś の語幹である yrik- は、ギリシア語の -*υριγος* に対応することが知られており、したがってカリア語名 Idyrikś はギリシア語で *Ἰδυριγος* と表記されるべき名前となる。(66) ここで、これまでに明らかとなったカリア語の知識を総動員すると、Idyrikś の息子 Ktais の墓碑銘は、ギリシア語風に表記すると、イドュリゴスの息子ヘカタイオスの墓碑銘だと推定でき、したがって、ここでもギリシア語話者とカリア語話者間の相互作用が働いていたであろうことを示唆する、ギリシア語名（ヘカタイオス）とカリア語名（イドュリゴス）の混淆を見出せるのである。そしてすでに検証したごとく、当該碑文が発見された都市エウロモスの出身者であった、ペルシア帝国将軍マルドニオスの特使ミュスがギリシア語とカリア語のバイリンガル話者であったという事実が、この推論の何よりもの裏づけとなる。

おわりに

本章はこれまで、ヘロドトスはサモス島にてイオニア方言を習得したという『スーダ辞典』の記述と、実際にイオニア方言で書かれていたハリカルナッソス出土の「リュグダミス碑文」間の矛盾をいかに解消するかという課題から論を起こしてきた。しかし、公的な／書かれた文書は常に人々の日常の／話し言葉を正確に反映している、そしてイオニア方言が単一性／均質性を保っていた、という二つの前提を取り払ったとき、きわめて単純明快な結論にたどり着いた。すなわち、ヘロドトスは若かりし頃ハリカルナッソスのイオニア方言を用いており、しかし長じてサモス島にて（ポティオスの基準に照らしあわせると）「模範的な」イオニア方言を習得したのである、と。かくして、われわれはもはや相対立した史料間での二者択一を迫られることはなく、若干の補足を加えることによってその双方を矛盾なく受け入れることができるのである。

それでは、ハリカルナッソスにおける言語状況は、時系列に沿って、どのように発展してきたのであろうか。ヘロドトスよりも数世代前、ギリシア系の植民者たちは、周辺のドーリス系都市と同様にドーリス方言を話していたであろう。しかし、ハリカルナッソスがドーリス系の都市間同盟から追放されるのに前後して、近隣のイオニア系都市から徐々にイオニア方言が流入した。それと同時に彼らの言語は、土地のカリア語によって影響を受けていたであろう。植民の伝説や人名が入り乱れて登場することは、早期から、おそらくは都市建設以来ギリシア系住民とカリア系住民間での通婚、もしくは密接な日常的接触・交渉があったことを示している。また、「リュグダミス碑文」に見られる合同議会の存在も、前五世紀における共存が実現していたことを裏づける。その一方で、ハリカルナッソスではカリア語が廃れることはなく、ヘロドトスの時代まで生きのびていた。むろんハリカルナッソスに流入してきたイオニア方言がすでにカリア語の影響によって、さらに北部のリュディア語圏に位置していたイオニア系都市の方言や、ピュタゴラスが純粋な形態だと信じていた島嶼部のイオニア方言とも分派していた可能性は否定できない。かかる状況においては、前節で事例を列挙したごとく、日々のコミュニケーションのために新言語が必要とされ、創出されていったのであろう。もしこの言語に何らかの定義づけをしなければならないなら、それはイオニア方言の「ピジン語」や「クレオール語」と呼べるかもしれない。しかし、このような現代社会における用語を古典古代に適用することを望ましいとしないならば、より簡潔に、今日ヘロドトスのテクストから想像するのとはかなり異なったイオニア方言だったと結論づけられよう。

ここでは筆者は、ヘロドトスが書記言語としてのイオニア方言をハリカルナッソスにおいて習得する機会を持たなかったと主張するわけではない。というのも「リュグダミス碑文」の作者はそれを使用していたわけであるし、とりわけ、『スーダ辞典』によればハリカルナッソスの「名望家層の出身」であったヘロドトスは、一般人よりもそのような機会に恵まれていたであろう。しかしながら、いったん『スーダ辞典』の記事を排除すべきではないとした以上は、かかる「正統な《オーセンティック》」イオニア方言を習得する余裕は、ハリカルナッソスのエリート層にも限られていたと想定すべきであろう。

最後に、ヘロドトスはどの程度カリア語の知識を有していたのかについても、申し添えておきたい。ヘロドトスはカリア語についてまったくの無知であったのか、それとも母語に近いレヴェルで使いこなしていたのか、あるいはその中間に位置していたのであろうか。残念ながら、この質問に決定的な回答を導き出すような証拠は残されていない。しかし、カリア語研究が飛躍的に進歩した今日言えるのは、ヘロドトスにとってカリア語は従前の研究者たちが想定した以上に身近な存在であったということである。この想定は逆説的ながら、なにゆえヘロドトスがさほどカリア語に関心を示さなかったかを説明してくれるであろう。本章前半で述べたごとく、ヘロドトスは自身の史書で、三度しかカリア語に言及していない（Hdt. 1. 171; 1. 172; 8. 135）。ヘロドトスには一般に、自身の目に珍奇に映ったものを記述し、それに反して、自身がすでに知悉しているような（ときとして自己形成の根幹にかかわるような）事柄を黙して語らない傾向があった。例えば、自身も巻き込まれ、やがてそれが原因で故国を追われることになるハリカルナッソスの政治闘争をはじめとするハリカルナッソスの同時代史について、彼は何も記録していないのである。この執筆方針に従えば、カリア語はヘロドトスにとってあまりにも馴染み深いトピックであったゆえに、わざわざ取り上げるに値するほどの対象とは思われなかったのではなかろうか。

注

（1）ギリシア語作家一般の異国語にたいする関心については、例えば Rotolo（1972）.

（2）ヘロドトスの言語にたいする態度については、Harrison（1998）; Munson（2005）. ヘロドトスの語学能力にかんしては多くの研究者が否定的であるなかで、Mandell（1990）は彼がアラム語を理解したと主張するが、この説は論拠薄弱であまり説得力がない。

（3）Kent（1953）.

（4）ヘロドトス『歴史』における通訳については、Mosley（1971: 5）; Harrison（1998: 11-12）による整理が詳しい。

（5）Harrison（1998）は、ヘロドトスの異国語にたいする関心を高く評価しておらず、その他多くのギリシア語作家と同様、彼も言語にかんする体系的な知識はほとんど持ちあわせていなかったと主張する。

（6）この実験の詳細はかなり複雑で、言語習得における今日の常識に照らしあわせると、やや奇異に見える。世界中で最古の民族を特定したいと考えたプサンメティコスは、周囲の環境から完全に切り離された空間で育てられた新生児が最初に発する言葉が何語であるかを探る実験を企画した。この記述からは、最古の言語は最古の人類によって話されたに違いない（すなわち、言語を持たない人類は存在しない）、そして言語習得は人類にとっての自発的現象であるという二つの前提をヘロドトスが受け入れていることが明らかとなる。この実験にかんするより詳細な考察は、Vannicelli（1997）; Harrison（1998: 33–34）; Gera（2003）; Munson（2005: 19–23）.

（7）また別の箇所でも、ポティオスはクテシアスのイオニア方言と比較して、ヘロドトスの文体は「イオニア方言の模範」であるとの評価を改めて述べる（Phot. *Bibl.* 72 p.45a）。

（8）ヘロドトスの前半生の経歴については、例えば、Brown（1998）.

（9）Mickey（1981: 36）によれば、「あらゆる特定の文学ジャンルにおいて「適当」と見なされる方言は、その文学形態が最初に発明された地域の方言である」。Cf. Hainsworth（1967: 73–74）; Hall（1995: 88）; Morpurgo Davies（2002: 157–158）.

（10）ただし、そのイオニア方言はヘロドトスのそれと比べると厳格ではなかった。Cf. Bigwood（1986: 400–406）; Tuplin（2004: 311）.

（11）Thomas（2000: 13–14）.

（12）Mitchell（1975）. Cf. Brown（1998: 12–14）; Irwin（2009）. アーウィンは、ヘロドトスがサモス島について詳細に記すのは、単にサモス島に滞在したという経験よりもむしろ、ポリュクラテス時代のサモスとペリクレス時代のアテナイを比較するという隠れた意図によるものだと主張する。

（13）「リュグダミス碑文」以外にもハリカルナッソスから出土した当時の碑文が数点残っているが、それらもすべてイオニア方言で書かれている。Cf. Jeffery（1990: 353）.「リュグダミス碑文」作成の歴史的背景については、Virgilio（1988）.

（14）Marincola（2003: ix–x）. Cf. Legrand（1932: 11）. 多くの研究者は『スーダ辞典』の記述を直接的に批判はしなくとも、ハリカルナッソスが「純粋な」イオニア方言地域に取り込まれていたと想定している。Mitchell（1975: 89 no. 65）; Meiggs and Lewis（1989: 72）; Gould（1989: 8）. 藤縄（一九八九：三五二）によれば、「ハリカルナッソスは…中略…出土碑文が示すように、遅くとも前五世紀中頃には純粋なイオニア方言を用いるようになっていた」。

（15）このことは前章で論じた「ハリカルナッソスのプライド」（*SGO* 1. 12. 2）と呼ばれる碑文から確認できる。この碑文では、アンテスもしくは彼の後裔による植民活動について言及されている。アンテスは本来トロイゼン王であったが、のちに小アジアに渡りハリカルナッソスを建設したと伝えられる。Cf. Isager（1998: 14–15）.

（16）ハリカルナッソスはエジプト王アマシスの治下（前五七〇—五二六年）にロドスの都市およびクニドスとともに、ナウクラティスのヘレニオン建設に参加している（Hdt. 2. 178）。Cf. Bürchner（1912: 2256）; Hiller von Gaertringen（1931: 757）; Bresson（2000: 43）. ハリカルナッソスが近隣北部のイオニア系都市とではなく、ドーリス系の都市とともに聖域建設に参加しているという事実は、ハリカルナッソスがこの時点まではドーリス系都市間同盟のメンバーであったことを示す証拠となるであろう。ただし、ブレッソンのようにこの年代決定には懐疑的な論者もいる。

（17）Jeffery（1990: 353）. How and Wells（1912: 121）もまた、ハリカルナッソスの脱退原因をカリア系とイオニア系の混在にあると考えている。

（18）Hall（1995: 88）. Cf. Hall（1997: 170）.

（19）ギリシア語「方言」と「ギリシア語」間の区別の曖昧さについては、Morpurgo Davies（2002: 154–155）. モーパーゴ＝デーヴィスによれば、「「言語」と「方言」のラベリングは必ずしも、言語学的な基準を主として決められているわけではない」。

（20）例えばトゥキュディデスは、ドーリス方言をイオニア方言ではなく、カルキス方言と同等に扱っている（Thuc. 6. 5. 1）。これは、彼の方言分類基準の曖昧さを示しているであろう。

（21）Morpurgo Davies（2002: 162）. 四方言分類に言及する最古の史料は、クレタのヘラクレイデス（前二五〇年頃）に帰される、伝ディカイアルコス断片である（Dichaearch. *FHG* 2. 263. 61=*GGM* 1. 109）。Cf. Hainsworth（1967: 65）.

（22）ギリシア語方言の分類基準は研究者間で統一を見ておらず、最多の場合で一九の方言に分類される場合もある。Cf. Hainsworth（1967: 62）.

（23）Stüber（1996）.

（24）Versteegh（2002: 72）.

（25）Versteegh（2002: 74）.

（26）Bryce（1986: 2–3）; Keen（1998: 7–8）; Dusinberre（2003: 113–114）; Adiego（2007a: 345–347）.

(27) ディデュマ出土のカリア語碑文については、Adiego (2007a: 145). リュディア語碑文の出土状況については、Dusinberre (2003: 114); Melchert (2010: 267).
(28) このプルタルコスの記述は、ともにヘロドトスと同様カリア出身の歴史家であったクテシアスの史書に依拠した箇所であるが (Ctes. *FGrH* 688 F 20; F 26)、この混同がクテシアスに由来するものか、プルタルコスによる改変であったかは判断できない。ただし、カリア人とカウノス人の区別がヘロドトスの記述が示唆するように繊細なものであったとするならば、カリア出身のクテシアスは両者の差異を意識しながら記述していたものの、後代のギリシア本土出身であるプルタルコスが混同してしまったと想定するのが合理的なように思われる。
(29) カウノスから発見されたカリア語碑文については、Adiego (2007a: 151–158).
(30) Robert (1950: 31–37).
(31) Robert (1950: 29–30). Daux (1957) は、ロベールの推測に反論し、ヘロドトスの記述には何ら矛盾や不明な点はないとして、ヘロドトスの記述を文面通りに受け入れる。
(32) Robert (1950: 38).
(33) Adiego (2007a: 345).
(34) Adiego (2007a: 17, 30). テミストクレスの母エウテルペはカリア（とくにハリカルナッソス）の出身であったとの伝えがあるように (Plut. *Them.* 1)、少数ながらアテナイに移住したカリア人もいたようである。
(35) Cf. Boardman (1990: 134–137).
(36) Adiego (2007a: 30).
(37) Adiego (2007a: 2).
(38) カリア語解読史についての詳細は、Adiego (2007a: 166–204).
(39) フィアレの年代特定と発見時の状況については、Jucker and Meier (1978).
(40) psnλo の解釈には複数の可能性がある。詳しくは、Adiego (2007a: 283–284).
(41) Cook (1937: 236) によると、アマシスは当初反ギリシア的政策をとっていたが、ペルシアによるエジプト侵攻の現実味が増すにつれてギリシア人傭兵の力を頼むために、親ギリシア的政策に寄っていったと考えられる。したがって、ギリシア人を身辺警護に当たらせたのは政策転換後の時期にあたると推測される。

（42）墓碑銘の左端は欠損しており、二人の人名の頭文字は消失している。Qlaλis の最初のQ音は、*CL* E.Me 37の碑文に登場する人名からの類推によって補われた文字である。Cf. Adiego（2007a: 68）.

（43）Adiego（2007a: 351）.

（44）ヘロドトスはアマシスを親ギリシア的な王として描写しているが、実際には彼は反ギリシア的政策と親ギリシア的政策の間を揺れ動いていたと考えられる。Cf. Cook（1937）.

（45）ヘロドトスの記述は、ナウクラティスの建設がアマシスの手に帰されているように読めるが、考古資料はこの記述とは矛盾しており、ナウクラティスの建設はアマシスよりもはるか以前の前七世紀末から前六世紀初頭までの間に特定されるべきである。Cf. Boardman（1990: 121）. アマシスは、例えば永住者と一時居留者の居住区域を分離するなど、何らかの再整備をおこない、ヘロドトスはそれを誇張して記述してしまったものだと推測される。Cf. Cook（1937: 233）; Bresson（2000: 15-23）.

（46）カリア本国とエジプトとの交流については、Hornblower（1982: 354-357）もあわせて参照せよ。

（47）Adiego（2007a: 159）.

（48）C.xx 1とC.xx 2の年代特定については、Gusmani（1978）、C.xx 3の年代特定については、Meier-Brügger（1994: 113）.

（49）Adiego（2007a: 351）.

（50）この単語をめぐる議論については、例えばHall（2002: 111-112）.

（51）本章の議論にとって、テアンゲラがハリカルナッソス近郊の都市であったという事実は考慮に値する。プリニウスの『博物誌』によれば、テアンゲラは前四世紀にハリカルナッソスに吸収合併させられたと伝えられるが（Plin. *HN*. 5. 29. 107）、この記述は正しくない。カッリステネスによれば、テアンゲラ（シュアンゲラ）はハリカルナッソスに吸収されることなく「保存された」（Callisthenes, *FGrH* 124 F 25）。Cf. Hornblower（1982: 81-83）.

（52）Bryce（1986: 52-53 no. 21）; Rutherford（2002: 198-201）; Brixhe（2007: 925-926）. 本書第三章一一七—一一八頁を参照。

（53）Rutherford（2002: 208-209）; Brixhe（2007: 930）.

(54) Rutherford (2002: 217).

(55) アリアノスの記述からは、シデ人がまったく新しい独自の言語を創出したかのような印象を受けるが、これはシデ語の独自性をいささか強調しすぎているであろう。実際のところシデ語は、ほかのアナトリア諸語や、パンピュリアのギリシア語方言と特性を共有していたようである。Cf. Bosworth (1980: 167); Adiego (2007a: 200).

(56) Cf. Werner (1983: 584-585); Hall (2002: 115).

(57) 実際にはソロイはアカイア人とロドス島のリンドス人が建設した都市であり (Strab. 14. 5. 8)、したがってこの語源譚も歴史的事実に基づいているわけではない。

(58) Asheri (1983: 23) は *μιξοβάρβαροι* を「バイリンガル（*δίγλωττοι*）」の差別的同義語だと解釈する。しかし、筆者はこれが彼らの言語に限定された表現ではなく、やはり字義通り「バルバロイとの混血」を指していると解釈すべきと考える。

(59) 本書第四章一六一―一六五頁を参照。

(60) ヘロドトスの母親の名前は『スーダ辞典』「ヘロドトス」の項によると「ドゥリュオ」だが、「パニュア［ッ］シス」の項では「ロイオ」になっている。これについては、本書第四章一五八頁を参照。

(61) Habicht (2000) は、アテナイに見られる外国人名を以下の四類型で説明する。すなわち、賓客（クセニア）関係、婚姻、王・その他有名人からの命名、外国人にたいする市民権付与。ハリカルナッソスの場合、カリア語名の頻出度合いはギリシア人入植者とカリア人との通婚、およびそれにともなう市民団の拡大を強く想起させる。

(62) Hornblower (1982: 85-86) は、*σύλλογος* を「二つのコミュニティ間のある種の「権力分有的行政組織」」と説明する。この議会の存在は、サルマキスがハリカルナッソスに完全に取り込まれないままに、ある種の自治を保持していたと推測させる。詳しくは、Virgilio (1988: 67-68) を見よ。

(63) ギリシア語文の「イドリエウス」のカリア語碑文該当箇所は欠損している。アダはカリア語・ギリシア語双方の碑文で「アダ」と表記されている。

(64) イドリエウスとアダの共同統治期間については、本書第四章注（6）を参照。

(65) Adiego (2007a: 288-289).

（66） Adiego（2007a: 262-263）.

第六章　キュプロス島とサラミス王エウアゴラス

はじめに

前五四〇年代に小アジアの全域がペルシア帝国の版図に入るなか、東地中海最大の島キュプロス（地中海全体ではシチリア島、サルディニア島に次ぎ、三番目に大きい）も、少なくとも二代目ペルシア大王カンビュセスによるエジプト遠征（前五二五年）の段階までにはペルシア領となっていた。キュプロス島はエーゲ海から地中海東部（レヴァント）・南部（エジプト）に抜ける航路上に位置し（**図15**）、海上交通の要衝であったのみならず、銅および木材といった海軍力整備に必要な天然資源に富んでいた（Strab. 14. 6. 5）[1]。島の周囲には港が点在し（Strab. 14. 6. 3）、戦時には海軍力の供給地、海軍基地としても機能できた（Hdt. 6. 6; 7. 90; Diod. 14. 39. 2; cf. Diod. 14. 98）。キュプロス島には早くから全島にギリシア人が、南東部にはフェニキア人が入植地を築いていたが、この島の豊かな自然条件はペルシア帝国やアテナイ、スパルタなどのギリシア諸都市を引きつけた。本章は、これら多様な外部からの影響を受けて、キュプロス島の社会・文化がどのような反応を見せたのかを考察する。時間軸はこれまでの章と同様に、キュプロスがペルシア帝国に入ってから、アレクサンドロスの東征により新たな国際秩序が誕生するまでの間、すなわち前六世紀後半から前四世紀後半までの二世紀間に設定する。

キュプロスがペルシア帝国の版図に入るまでの歴史は大陸小アジアのそれとかなり異なっており、したがって以下での議論の理解を助けるために、まずは前ペルシア時代のキュプロス史を概観しておきたい。ヘロドトスはクセルクセスのギリシア遠征軍の構成を詳述する文脈で、キュプロス島民の出身地について次のように述べる。

キュプロスの民族（エトノス）は以下のようである。［アテナイ沖の］サラミス島とアテナイから来た者、アルカディアからの者、［キュクラデス諸島の］キュトノスからの者、フェニキアから来た者、エチオピアから移って来た者などと、キュプロス人自身は主張している。(Hdt. 7. 90)(2)

ギリシア人がキュプロスに移住してきたのは前一二世紀頃だと考えられるが、文献史料から知られる都市建設の伝承も彼らの雑多な出自を示している。キュプロス島で最大の勢力を誇っていたサラミスは、アッティカ南部に浮かぶアイギナ、サラミス両島の王族テウクロスによって建設された（Isoc. *Ev.* 18）。またパポスは、テゲア（アルカディアの都市）王アガペノルによって（Paus. 8. 5. 2; Strab. 14. 6. 3）、ラペトスはプラクサンドロス率いるスパルタ人によって、ソロイはアテナイ出身のパレロスとアカマスによって建設された都市であったという（Strab. 14. 6. 3）。ク

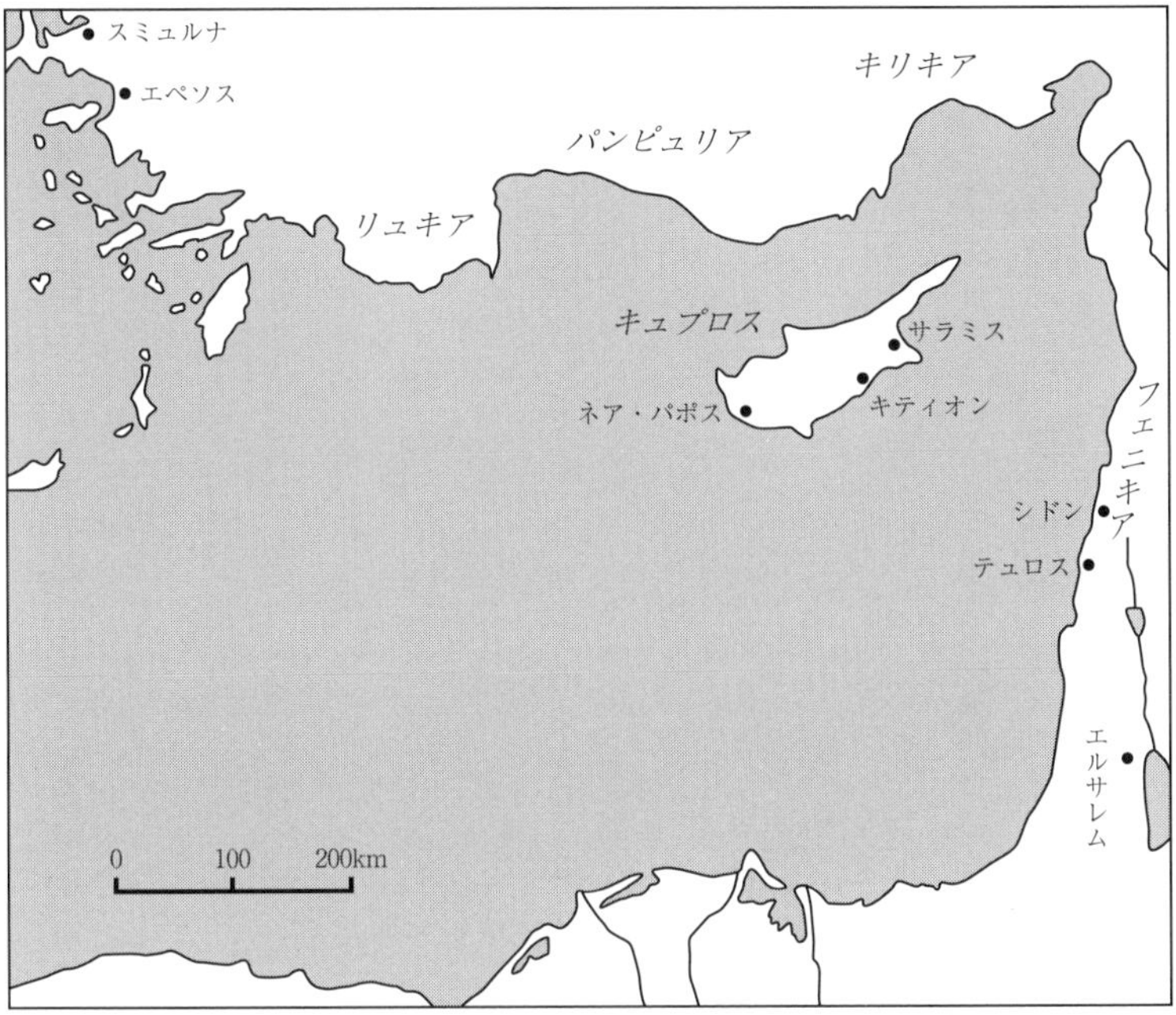

図15　キュプロス島と東地中海

リオンについては都市建設者の名前は明らかでないが、アルゴスの植民都市であった(Hdt. 5. 113; Strab. 14. 6. 3)。ケリュニアは、同名の都市がギリシア本土のアカイア地方に存在することから、アカイア系の植民都市だと考えられる。ヘレニズム期の悲劇作家リュコプロンの作品について書かれた、イサキオスとヨハンネスのツェツェス兄弟による注釈書によれば、前三世紀の地誌学者ピロステパノスは、ケペウスなる人物がアカイア人を引き連れてキュプロスに入植したと伝えており(Tzetz. *ad Lyc.* 586)、この人物によってケリュニアが建設されたと考えられていた可能性がある[3]。イダリオンはカルケノルという人物が神託に基づいて建設したと伝えられるが(Steph. Byz. *s.v.* Idalion)、これはかの地の「銅(カルコス)」鉱業と関連して創造された、伝説上の人物だったのであろう[4]。これら都市建設の伝承にはギリシア人たちのキュプロス進入経路にかんするある程度の記憶が反映しているとも考えられようが、[5]しかし彼らの移住はギリシア本土において都市国家が成立する以前の現象であり、実際にはここに記すような母市・植民市の密接な関係を認めることはできない。そして彼らの活動は都市建設と言うよりも、既存の都市共同体への浸透と表現したほうがよさそうである。[6]

ギリシア系都市の成立よりも遅れて前九世紀頃、フェニキア人も島南東に移り住み、キティオン（現ラルナカ）を拠点とした。キティオンはフェニキア語で「カルタゴ（カルト・ハダシュト）」と呼ばれていたが（*I.Kition* 34）、「カルト・ハダシュト」とは「新しい都市」の意味で、母市と対比して植民市を指す名称であった。[7]また、前四世紀の歴史家テオポンポスが残す伝承によれば、ギリシア人たちのキュプロス島「征服」によって土地を追われた先住民たちがアマトゥスに移り住んだという（Theopomp. *FGrH* 115 F 103. 3: cf. [Scyl.] 103）。

キュプロスは前八世紀後半に、新アッシリア王国のサルゴン二世の支配下に入るが、前六七三／二年に書かれたアッシリア王エサルハドンの六角柱碑文《プリズム》（*I.Kition* 39）からは、上記のさまざまな民族がキュプロス島内に一〇の都市王朝を築いていたことが分かる。[8]アッシリア時代からは多少変動するが、ペルシア時代にも、サラミス、パポス、ソロイ、クリオン、キティオン、ラペトス、ケリュニア、マリオン、アマトゥス、タマッソス、イダリオンなどの都市が、ペルシア帝国領内で互いに独立した都市王朝として機能していたことを確認できる[9]（**図16**）。そして、これら十余りの都市を核として王朝に従属的な小規模集落が点在しており（Diod. 16. 42. 4）、この都市王朝を基盤とした領域圏の分立という構図は、アッシリア時代からペルシア時代を通して変化していなかったものと思われる。

アッシリアによるキュプロス統治が前七世紀なかばに終わると、その後一世紀間キュプロスは外国勢力からの独立を保つ。[10]アッシリアに次いでキュプロス島の支配に成功したのは、エジプト王アマシスであった（前六世紀なか

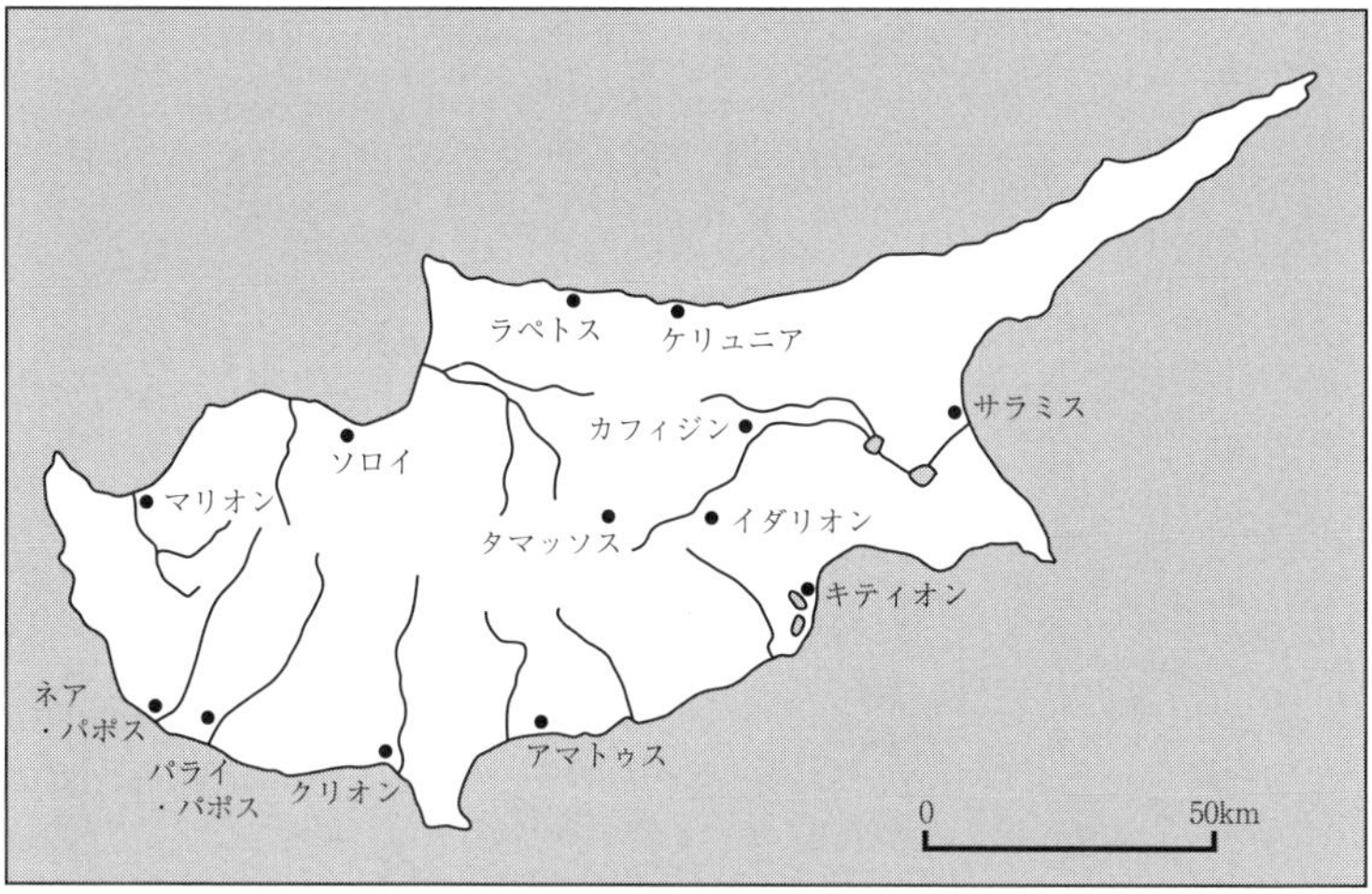

図16　ペルシア帝国期キュプロス

ばのこと）。ヘロドトスは「アマシスはキュプロスを占領し、これに朝貢せしめた史上最初の人物である」と述べているので（Hdt. 2. 182; cf. Diod. 1. 68. 6）、ギリシア語史家の間には先のサルゴンによる支配が忘却されているのであろう。あるいはヘロドトスは、アッシリアによる支配をキュプロス諸王の自主的な従属と見なし、アマシスによる軍事力を用いた征服とは厳密に区別していたのかもしれない(11)。しかし、このエジプト支配も長くは続かず、やがてエジプトに代わりペルシア帝国がキュプロス島の宗主国となる。

では、キュプロス島がいつ、どのような状況でペルシア帝国の版図に入ったかというと、これについてははっきりとしない。クセノポン『キュロスの教育』によると、キュプロスは初代大王キュロスの時代にペルシア帝国の統治下に自主的に降り、前五三九年のバビロン遠征には軍隊を派遣したという（Xen. *Cyrop.* 7. 4. 1; 8. 6. 8）。しかし、『キュロスの教育』は、キュプロスの旧宗主国であったエジプトのペルシア帝国帰属時期も、二代目カンビュセスではなくキュロス時代の出来事として語っていることから、キュプロスの帰属を実際よりも早い時期に挿げ替えていると考えられる。より確かな情報としては、カンビュセスによるエジプト遠征（前五二五年）の際「キュプロス人もペルシアに忠誠を誓って、エジプト遠征に加わった」とヘロドトスが証言している（Hdt. 3. 19）。ペルシア帝国によるエジプト征服の結果、リビア、キュレネ、バルカといったエジプトの隣国は自主的にペルシア帝国に帰属したと伝えられており（Hdt. 3. 13; 4. 165）、キュプロス島もリュディア王国が崩壊し、エジプトもまさに攻められんとする国際情勢のなかで、ペルシアの拡大に飲み込まれていったと想像するならば、キュプロスの帰属時期はエジプト遠征の直前に想定するのが自然であろう。[12] そもそも陸軍国家であったペルシア帝国は、キュロス時代にはまだ海洋国家の集団であったキュプロス島を動揺させるだけの海軍力を確保できなかったと推察されるのである（Cf. Hdt. 1. 143）。

本節最後に、発掘調査によるキュプロス島出土遺物の状況を概観しておきたい。近現代史におけるキュプロス島は、オスマン帝国の一部でありながら、一八七八年以降実質的にイギリス政府の統治下に置かれていたという点で、大陸小アジアとは大きく異なる（一九二五年から一九六〇年の独立までは、イギリスの直轄植民地となる）。このことは必然、キュプロス島における考古学調査のあり方にも影響をおよぼした。シュリーマンによるトロイア発掘（および、それにともなう文化財の私的な持ち出し）とドイツ隊によるペルガモンのゼウス大祭壇の国外移設に危機感を抱いたオスマン帝国は、一八八四年に制定された法律によって、文化財の国外流出を固く禁じるようになった。[13] キュプロスではこの法整備以前にも、すでにR・H・ラングやL・P・ディ・チェズノーラといった山師的な考古学者によって無許可の発掘および、相当量の文化財の持ち出しがおこなわれており、現在ニューヨーク市のメトロポリタン美術館にはその時の流出遺物がチェズノーラ・コレクションとして展示されている。しかし、オスマン帝国の統治がおよばなくなったキュプロス島では、一八八四年以降も「合法的」に文化財が島外に持ち出され続け、[14] そのうちの少なからぬ部分がプライベート・コレクションとして一般の目には触れられなくなった。

キュプロスにおいて最初の組織的かつ学術的な発掘調査は、一九二七年から一九三一年にかけて、Ｅ・イェールスタッドを隊長としたスウェーデン隊によるものであったが、当時の法律によりスウェーデン隊は出土遺物の重要な部分の持ち出しを認められている。(15) イギリス政府は、キュプロスを直轄植民地としたのちの一九三五年、ようやく無許可発掘と文化財の流出を厳しく規制するよう法律を改定し、同年に出土物とそれを保管する博物館を統括する考古庁を設置した。一九六〇年のキュプロス独立後は、Ｖ・カラヨルギスの指揮下、新生キュプロス共和国の考古局も精力的に発掘をおこなっている。しかし、一九七四年の北キュプロス分離・事実上の「独立」に帰着するトルコ軍によるキュプロス侵攻の際には、発掘調査は中断を余儀なくされ、また多くの歴史的な文化財が傷つけられ不法に島外に持ち出されてしまった。(16) このようにキュプロスは、オスマン帝国とイギリスの二重統治、さらには南北分断という特殊事情のなかで、アクセス可能な考古資料にかなりの制限がかけられ、また島全体で発掘の足並みがなかなか揃わないのである。

イソクラテス作、頌詞『エウアゴラス』の分析

ペルシア帝国時代のキュプロスにおける社会・文化のあり方について考察する際、前四世紀の弁論教師イソクラテスが書き残したサラミス王エウアゴラスの頌詞は、われわれにとって格好の文献史料となる。それでは、エウアゴラスとはいったいいかなる人物であったのか。ここではイソクラテスの頌詞を軸に、そのほかの文献史料でそれ

を補っていきたい。

キュプロス島の東部に位置する都市サラミスでは代々、植民地建設者テラモンの子テウクロスを祖とする一族が王として統治してきた。しかし、前五世紀なかば、フェニキアのテュロスから「ある男」——この人物は史料上に名前が確認されない——がサラミスに亡命してくる。「ある男」はそこで王の信頼を勝ち得、徐々に権力を獲得していくと、やがて自らを保護してくれた恩人であるはずのギリシア系の王から王権を簒奪した（Isoc. *Ev.* 19-20）。しかし、このフェニキア人の簒奪王朝も、前四一五年頃に二代目の王がアブデモンという名の別のフェニキア人に暗殺され、サラミスは新たなフェニキア系の王朝の支配下に移行した（Isoc. *Ev.* 26）。アブデモンについては、フェニキア本土のテュロスの人であったとする説と（Diod. 14. 98. 1）、キュプロス南東のフェニキア系植民都市キティオンの人であったとする説と（Theopomp. *FGrH* 115 F 103. 2）、文献史料間で意見が一致しない。

一方、サラミスの正統であったギリシア系王朝の王位継承者であったエウアゴラスは、革命のさなかフェニキア系王朝による暗殺の標的とされるが、からくも対岸の大陸小アジア（キリキアの都市ソロイ）に亡命した。亡命先で機を見ながら準備を整えていたエウアゴラスは、前四一一年、ついにサラミスに帰還し、アブデモンの追放に成功した（Isoc. *Ev.* 26-32; Isoc. *Nic.* 28; Diod. 14. 98. 1）。政権奪還を果たしたエウアゴラスは、一方では亡命者として受け入れていたアテナイ将軍コノンをペルシア艦隊の提督に就任させ（Ctes. *FGrH* 688 F 30. 73-74; Diod. 14. 39. 1-4）、クニドスの海戦でペルシア帝国からスパルタ海軍の脅威を取り除いた（Diod. 14. 83. 4-7; Xen. *Hell.* 4. 3. 10-12）。他方ではペルシア大王への納税停止[17]、その覇権をキュプロス全島へと拡大させていくことにより（Ctes. *FGrH* 688 F 30. 72）[18]、島内の他都市および宗主国ペルシア帝国と対立していく（Ephor. *FGrH* 70 F 76; Diod. 14. 98. 1-3）。アテナイからの軍事援助もあって（Xen. *Hell.* 5. 1. 10）[19]、「キュプロス島のほぼ全島」（Diod. 14. 110. 5; Isoc. *Ev.* 62）とフェニキア本土の

「テュロスといくつかの都市」までも支配下に収めたが（Diod. 15. 2. 4; Isoc. *Ev.* 62; Isoc. *Paneg.* 161）、前三八七／六年の「大王の和約」によってアテナイからの援軍が断たれると、徐々に追い詰められたエウアゴラスは前三八〇／七九年にアルタクセルクセスと「王が王に接するように」という対等関係を条件に、反乱を終結させた（Diod. 15. 9. 2）。その後のエウアゴラスの動向については、あまり詳しく伝えられていないが、最終的に彼は前三七四／三年に息子のプニュタゴラスともども近習の宦官によって謀殺され（Diod. 15. 47. 8; Theopomp. *FGrH* 115 F 103. 12）、残されたもう一人の息子ニコクレスが父の跡を襲うこととなった（Isoc. *Nic.* 31）[20]。

アテナイの弁論作家イソクラテスは、エウアゴラスの死後、彼を称える頌詞を著した。イソクラテスの高弟であったティモテオス（第二次海上同盟期のアテナイにおいて指導的な立場にあった将軍）は、ペロポネソス戦争終結後にエウアゴラスのもとで亡命生活を送っていたアテナイの軍人コノン（Xen. *Hell.* 2. 1. 29）の息子であった。この関係から、イソクラテスもエウアゴラスおよび彼の息子ニコクレスとも親交があり、イソクラテスはニコクレスが一時期、彼の弟子であったかのような記述も残している[21]。このような交友関係から、エウアゴラスが暗殺された後、イソクラテスは故人を称える作品の制作をニコクレスに依頼されたのである[22]。したがって、この頌詞は、エウアゴラスの政策について知ることができる貴重な同時代史料であると同時に、彼にとって都合が悪い事実は意図的に伏せられている（例えば、彼のスキャンダラスな死に様については、作品中では明かされていない）、厄介な性格もあわせ持つ。

イソクラテスは『エウアゴラス』において、エウアゴラスがいかに親ギリシア的であったかを繰り返し強調する。まず出自については次のように述べている。エウアゴラスの血筋は、ゼウスから生まれたアイアコスを始祖とするテウクロス一族にさかのぼる。アイアコスはギリシア本土のアッティカ南部に浮かぶアイギナ島を本拠とし、二人の息子を持っていた。そのうちの一人、ペレウスはやがて女神テティスと結婚してアキレウスの父となり、もう一人の子、テラモンはアイアス（いわゆる大アイアス）とテウクロスの父親となった。テウクロスはアイアスとともにトロイア戦争に出征し武勇を示すが、戦争終結後は故国アイギナに戻ることなくキュプロス島に渡り、母国の領土であったサラミス島の名にちなみ、その地に都市サラミスを建国した（Isoc. *Ev.* 14-18）。ここでは、エウアゴラスの祖先がギリシアの英雄にさかのぼること、とくにアキレウスと大アイアスというトロイア戦争の英傑を傍系に持つという血統の良さが強調されている（**図17**）。

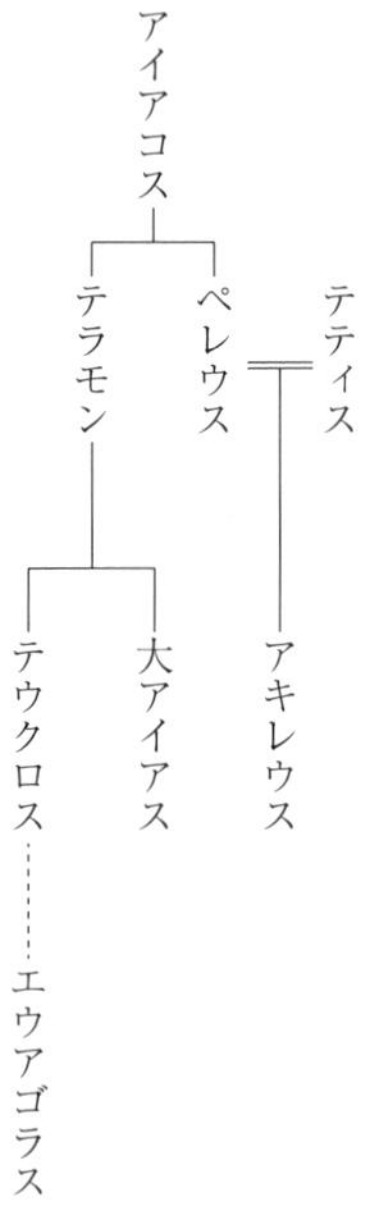

図17　『エウアゴラス』におけるサラミス王家の家系図

このようなギリシアの英雄によって築かれ、ギリシア系植民者が統治してきた都市であったが、フェニキア系の簒奪王朝による支配期に様相が一変してしまう。というのも、「この男は自らのなしたこと［政権簒奪］に自信がなく、自らの地位を盤石にせんと欲し、サラミスをバルバロイ風にして、キュプロス島全体をペルシア大王に献上してしまった」からである（Isoc. *Ev.* 19-21）。「バルバロイ風」にされたフェニキア政権下の都市は「ギリシア人には排他的で、技術は廃れ、交易は衰退し、港も機能していない」という有様であった（Isoc. *Ev.* 47-49）。

しかし、エウアゴラスは政権を奪回すると、今度は積極的な親ギリシア政策へと転換したという。市民たちも以前のギリシア排斥運動を止め、「いまや以前の状況は一変し、誰もがいちばんのギリシアびいきと評判されるかを競い、…中略…ギリシアの産物や制度を自分たちのものよりも愛好し、多くの芸術家や文化人が彼らの以前住んでいた地［ギリシア各地］よりも、この地［サラミス］に住むようになった」（Isoc. *Ev.* 50）のである。

確かに、この時代に島外からアテナイの文化人を迎えるようになったのは事実のようである。アテナイの弁論家アンドキデスはサラミスを訪れ、彼の働きによりエウアゴラスはペロポネソス戦争末期の困窮したアテナイに穀物を援助した（Andoc. 2. 20）[23]。イソクラテスが演示的弁論『ブシリス』を書き宛てたソフィストのポリュクラテスは、アテナイの生まれながらも、その当時（前三九〇年頃）はキュプロス島に活動拠点を移していたという[24]。また、エウアゴラスの死後には、次代のニコクレスによって先王を弔う競技会、競演会が催された。イソクラテスはそれに臨席したかのように述べているが（Isoc. *Ev.* 1）、彼の書き振りははっきりとはしない（「ニコクレスよ、貴君が父上の墓廟を祀り、数多くの美しいお供え物を捧げるのみならず、舞踊、音楽、体育競技、さらには馬や三段櫂船の競走を催し、この点で余人の追随を許さないのを見るに、……」）。ここでの「見る ὁρῶν」が「目視する」という意味か、「知覚する」という意味かは、文脈から特定されない）。しかし、この会を模倣したと考えられるカリア総督マウソロスの追悼式典では（マウソロスの妻アルテミシアによって主催され、エウアゴラスの式典から二〇年ほど後に開催された）、テオポンポス、テオデクテス、ナウクラテス、（アポロニアの）イソクラテスといった弁論教師イソクラテスの弟子たちが多数参加しており（Gell. *NA.* 10. 18. 5; Theopomp. *FGrH* 115 F 25; *Suda, s.v.* Isocrates; Theodectes）、ここから推測するにエウアゴラスの追悼式典にも、たとえイソクラテス本人は出席していなかったとしても、彼の弟子たちが関わっていたとしても不思議ではない。これとは別の機会であるが、イソクラテスはニコクレスと食事を共にしたと伝えられているし（[Plut.] *Mor.* 838F）、アテナイの竪琴奏者ストラトニコスも彼の宮廷に滞在していたという（Ath. 8. 352d）[25]。

以上のようにイソクラテスは、「バルバロイ生まれの市民をギリシア人に変える」（Isoc. *Ev.* 66）ことにより、「ギリシアのどの都市にも劣らないほどに都市を成長させ、以前には侮っていた多くの国々が恐れを抱くまでに国力を高らしめた」(Isoc. *Ev.* 47-50) として、エウアゴラスの功績を称えるのである。

このような、イソクラテスが『エウアゴラス』で描出したキュプロス島の変容は、少なからず現代の研究者の解釈にも影響を与えてきた。すなわち、一九三〇年代初頭のキュプロス発掘隊隊長E・イェールスタッドや、デロス同盟について浩瀚な研究書を著したR・メッグスといった研究者らは、キュプロス島にはギリシア系住民とフェニキア系住民の政治的・文化的な対立構図が存在した、そしてギリシア系住民は本土ギリシアの有力都市と関係を結ぶことにより、またキュプロス島を効果的にコントロールしたかったペルシア帝国は、フェニキア系住民を援助、利用することにより、文化的な対立は先鋭化していったのだと論じるのである。[26] かかる解釈の妥当性については以下に同時代の史料に即して検証していくが、その前にここで、このような図式理解には近現代のキュプロス島を取り巻く国際情勢が少なからず影響している危険性がある点に注意しておきたい。よく知られるように、二〇世紀のキュプロス島ではイギリスの統治政策によって、ギリシア系住民とトルコ系住民が政治的、文化的に激しく対立していく。そして、ギリシア系住民の背後にはギリシア極右政権が、トルコ系住民にはトルコ共和国がついていた。これが古代において、島内のギリシア系住民、フェニキア系住民のそれぞれと結びつく、本土のギリシア諸都市、ペルシア帝国という構図と類似しているのである。[27] これにたいし、J・ザイベルトやF・G・マイヤーはこのような歴史像は虚像にすぎず、実際にはギリシア系都市、フェニキア系都市といった区分に関係なく、各都市がおのおのの利益を追求して離合集散を繰り返していただけであり、そこにギリシア系やフェニキア系といった文化的な区分は意味をなしてはいなかったと反論する。[28] したがって、次節以下ではこの二つの研究の潮流を念頭に置いた上で、キュプロス出土の同時代碑文を用いて当時のキュプロス島の文化のあり方について考察していきたい。

イダリオン青銅板碑文とペルシア帝国＝フェニキア人同盟

まず考察すべきは、キュプロス島中央に位置する都市イダリオンのアクロポリスから出土した青銅板に書かれたキュプロス音節文字碑文である。

ヘレニズム期以前のキュプロス島では、アルカド・キュプロス方言と呼ばれるギリシア語の一方言が話されていたが、その言葉は基本的にはギリシア文字で表されることはなく、キュプロス音節文字と呼ばれる独自の文字によって書き記されていた。このキュプロス音節文字の存在が世に知られるようになったのは、一九世紀なかばのことである。一八五〇年、フランスのアルベール・ド・リュイーヌ公が、イダリオンやキュプロス島のそのほかの地点から出土した遺物群を購入した。そのなかには、音節文字で書かれた長文の青銅板碑文（*ICS* 217）ほか、いくつかの音節文字碑文が含まれていたのである。

リュイーヌ公が一八五二年、自らのコレクションにかんする書物を公刊すると同時に、音節文字解読の歴史が始まった[29]。しかしながら、解読にはさほどの時間を要しなかった。一八六九年、イダリオンのアポロン神殿から、彫像の台座にフェニキア語とキュプロス音節文字で書かれたギリシア語の二言語碑文が発見されたのである（*ICS* 220）。このバイリンガル碑文が糸口となり、さらにはその分析結果と、すでにリュイーヌ公によって知られていたイダリオン青銅板碑文（保存状態がきわめてよく、一〇〇〇文字以上におよぶ長文碑文）を比較照合させた結果、一八七〇年代には音節文字は解読されてしまったのである。これにより、音節文字は主としてアルカド・キュプロス方言

イダリオンのアクロポリス

のギリシア語を表していたことが判明した。アルカディアとキュプロスに言語上の類似性が認められるのは、両地域の関係が密であったというよりも、ともにミュケナイ時代の古いギリシア語を保存していたからだと考えられる。[30] また、古典期のアマトゥスを中心にしては、同じ音節文字を使ったエテオキュプロス語（「原キュプロス語」）が碑文に残されていたが、この言語はいまだ解読されていない。[31] 偽スキュラクスが『周航記』で、アマトゥス人は「土地生え抜きの者たち」であったと述べているように（[Scyl.] 103; cf. Theopomp. *FGrH* 115 F 103. 3）、アマトゥスはギリシア人、フェニキア人の入植以前にさかのぼる都市であったのだ。これらキュプロス本島およびエジプトから出土した（エジプトからは約八〇点の音節文字碑文が出土しており、これは前章で述べたように、同地から大量のカリア語碑文が出土しているのと同様の事情から、すなわちキュプロス人傭兵がエジプト王に仕えていたことに由来すると推測される）、計三八〇点のキュプロス音節文字碑文は、一九六一年、O・マッソンによって『キュプロス音節文字碑文集（*Les inscriptions chypriotes syllabiques, ICS*）』としてまとめられ、公刊された。また、一九八三年にはその補遺集が追刊されている。

キュプロス音節文字によって書かれた碑文は前七世紀以降から右肩上がりに量を増し、古典期後半（前四世紀）にはピークを迎えるが、ヘレニズム期に入ると徐々にギリシア文字に取って代わられる。例証可能なもっとも新しい音節文字碑文使用例は、ネア・パポス市（現在のパポス市。パポスは前四世紀末に王ニコクレスによって、西へおよそ二〇キロメートル離れた、より港湾開発に適した場所に遷都された）[32]から出土した前二―一世紀の封泥群の銘である。しかし、この時代に至るまでの継続的な利用を確認できるわけではなく、これに次ぐ新しい使用例は前三世紀、イダリオン北部のカフィジンの聖域から出土した奉献碑文群となり、したがってこの頃までに音節文字からギリシア文字への移行はほぼ完了したと考えられる。[33]そもそも音節文字はギリシア語を表現するのに不適切だったため、これは自然な現象とも言えよう。キュプロス音節文字は、日本語の仮名文字のように、一文字で子音と母音の組み合わせを表現でき、また古典期のギリシア語では消滅したディガンマ（Ϝ．音価は/w/。ガンマの大文字（Γ）を重ねたようなかたちからその名が付けられた）が残っているなど、古いギリシア語のかたちを保存していることも特徴である。その一方で、子音の無声音、有声音、帯気音の区別（例えば/p/、/b/、/ph/の音の区別）ができず、鼻音（/n/）も存在しない、また子音のみを表現できない（この点は日本語の表記システムと同様である）など、ギリシア語を表現するには機能的ではなかった。したがって、多少強引な譬えにはなるが、古典期のキュプロスではちょうど日本語の仮名で英語やギリシア語などの印欧語を表現するような不自然さがあったのである。なお、例証できる最古のキュプロス音節文字使用例は、ククリア＝パライ・パポス市（旧パポス市）近郊から出土した、前一一世紀末に年代特定される青銅製の串（オベロス）に「オペルタス（のもの）」と刻まれた五文字から成る人名の搔き字（*ICS* 18g）とされてきたが、その起源は青銅器時代後期（前一二世紀）まで使用されていたキュプロ・ミノア文字にまでさかのぼる。[34]

さて、イダリオンの青銅板碑文に議論を戻すと、この碑文は次のように書き出されていた。

　オナサゴラスの子、ピロキュプロスが役にあった年、メディア人［ペルシア人のこと］とキティオン人が都市イダリオンを包囲したとき、王スタシキュプロスと都市イダリオンは、オナシキュプロスの子で医師オナシロスと彼の兄弟に、戦いで負傷した［?.］兵士を無償で治療するよう命じた。そこで、王と都市はオナシロスと彼の兄弟に給料と報酬［?.］の代わりに、王と都市の資産より一タラントンを与えるよう取り決め［?.］た。しかし今、銀一タラントンに代わって、王と都市はオナシロスと彼の兄弟に、王の［財産より?.］アランプリアタス地区にある土地を与え、…以下略…。（*ICS* 217）

すなわち、碑文はまずペルシア軍とフェニキア系であるキティオン人の連合軍によるイダリオン侵攻に言及している。碑文が言及するペルシア人の侵攻をイオニア反乱時のキュプロス島攻防戦（Hdt. 5. 104-115）に関連したものだと解釈した場合、碑文は前五世紀初頭に年代特定されるが、一般的には出土貨幣の銘より、碑文の決議者であるイダリオン王スタシキュプロスの治世はイオニア反乱より後の時代に置かれ、したがって碑文の年代は前五世紀前半と大まかにしか特定されない。[35] 続いて碑文は、都市イダリオンと王スタシキュプロスとが敵襲時の医師オナシロスと彼の兄弟の活躍にたいし土地の賜与を決定したと語っており、このことから今次の征服事業が未遂に終わったことが推測される。しかし、イダリオンから出土したフェニキア語の奉献碑文の文言、「キティオン王バールメレクの孫にして、キティオンとイダリオンの王アズバールの息子、キティオンとイダリオンの王バールメレクの治世三年」（*RES* 453）から判断されるように、最終的にイダリオンはキティオン王アズバールによって征服、併合されてしまう。この事件の正確な年代を特定することは不可能であるが、イダリオンで独自の貨幣の発行が確認されなくなった時期から、前五世紀なかば前後の事件だと推定される。[36] 征服されたのち、イダリオンからは数点のフェニキア語碑文（*NSI* 23-27ほか）が出土しており、近年も二〇〇枚にのぼるインクで書かれたフェニキア語タブレット群が発見された。このタブレット群は現在イダリオンのローカル・ミュージアムに収蔵されているが、おそらくフェニキア系政府によるイダリオンでの徴税活動について記されているものと考えられる。[37] 将来このタブレット群の読解と分析が進めば、フェニキア人によるギリシア系都市支配の実態がよりいっそう明らかにされると期待される。

このイダリオンの征服では、ペルシア軍はフェニキア人と歩調を合わせてギリシア系の都市を攻撃しており、ここではペルシア帝国とキュプロスのフェニキア人が利害を一致させているように見える。しかし、これに反する事例を挙げることは、困難なことではない。前四九九年にイオニア反乱が勃発すると、それと連動してキュプロス島でもペルシアにたいする反乱が勃発する。ヘロドトスの記述によると、この反乱に参加したのはアマトゥス一都市を除くキュプロス島の全都市であったということなので、当然フェニキア系都市であったキティオンも反乱に参加していたことになる。さらに、この反乱が終結するに至ったきっかけは、ギリシア系都市クリオンのペルシア軍への寝返りによるとのことであるから、この段階においてペルシア帝国とキュプロス島のフェニキア人がウィン・ウィンの関係を築けていたわけではない（Hdt. 5. 104–116）。また、このときの反乱から一世紀後、フェニキア系簒奪王朝からサラミスの王権を奪還したエウアゴラスは、国力を高めて全島へその覇権を拡大させていった。このとき、エウアゴラスを封じ込めるようペルシア大王アルタクセルクセス二世に訴え出たのは（そして、その後同盟を結んだのは）、フェニキア系都市キティオンとともに、先のイオニア反乱時にも反ペルシアの反乱に参加しなかったアマトゥス、そしてギリシア系都市のソロイであった（Ephor. *FGrH* 70 F 76; Diod. 14. 98. 2–3）。とくにソロイは、イオニア反乱の際には五か月間にわたる攻城戦の末に陥落したと伝えられているにもかかわらず（Hdt. 5. 115）[38]、今次はペルシア帝国に援助を求めることをためらわなかったのである。そうであるならば、ペルシア帝国が必ずしもキュプロス島内のギリシア系都市と構造的対立関係にあったとは言えないであろう。すなわち、ペルシア帝国がキュプロス島内で手を結ぶ相手は場当たり的で一貫しておらず、一部の研究者が思い描くような、フェニキア人とペルシ

パライ・パポスの城壁（ペルシア軍により攻城用トンネルが掘削されたため、補修工事ののち二重構造に造りかえられている）

ア人が利害を共にし、ギリシア系都市と対立するという図式によってこの時代を理解することは難しいであろう。

ここで少し、ペルシア帝国がこのような場当たり的な政策をとらざるをえなかった理由について考えてみたい。ペルシア帝国は確かに強大な国家であったが、その拠って立つ軍事力の基本は陸軍にあった。そのため、海洋国家であったキュプロス島の諸都市にたいしては、なかなか強い態度に出られなかったのではないかと推測される。例えば、リュディア王国征服後、迫りくるペルシア帝国を前に大陸のイオニア諸都市が恐怖を抱くなか、島嶼部の住人は楽観的に構えていた。というのも、ヘロドトスの説明によれば「フェニキア人はまだペルシア帝国に従属しておらず、ペルシア人自体は海洋民族ではなかった」(Hdt. 1. 143) からだという。小アジア（カリア）から突き出た半島の先端に位置するクニドスは、ペルシア帝国の進軍を防ぐために半島の地峡部を開削し、自国領を島嶼化しようと試みたという（Hdt. 1. 174）。この計画はけっきょく失敗に終わるが、島国であれば、海軍を持たないペルシア帝国に攻略されることはないと高を括っていたからこそ、このような無謀な行動がとられたのであろう。[39] カンビュセスによるエジプト遠征の段階（前五二五年頃）でも、ペルシアの全海軍力はフェニキア人に依存していた。それゆえ、カンビュセスはカルタゴを攻略しようとした際、カルタゴ人が同胞にあたるという理由から、これを拒んだフェニキア人たちに譲歩せざるをえず、カルタゴ攻略を諦めたという（Hdt. 3. 19）。また、イオニア反乱に連動してキュプロスが反乱した際にも、反乱鎮圧軍の海軍力はやはりフェニキア人に「外注」していた（Hdt. 5. 108–109）[40]。クセルクセスのギリシア遠征にはキュプロス人も参戦していたが（Hdt. 7. 90）、サラミスの海戦でのペルシア海軍の敗戦理由としてヘロドトスは、キュプロス人ら海洋民族が期待通りの働きをしなかったからであるとの説を、ペルシア人将軍マルドニオスの口を借りて披露している（Hdt. 8. 100; cf. Hdt. 8. 68）。これは裏を返せば、ペルシア帝国の海軍力とはすなわち、キュプロス人らペルシア帝国の支配下にあった海洋民族の海軍力を意味していたことになろう。エウアゴラスの反乱に直面しても（前三九一／〇年）、反乱鎮圧軍のペルシア艦隊を指揮したのは、新たに総督として登用されたばかりのカリア人ヘカトムノスであった（Diod. 14. 98. 3; Theopomp. *FGrH* 115 F 103）。長年続いたエウアゴラスの反乱を終結させる際に、ペルシア大王は敗者の側から提示された「王が王に接するように」（Diod. 15. 9. 2）という不遜な対等関係を受け入れざるをえなかった点にも、ペルシア帝国のキュプロス島にたいする弱腰の姿勢が垣間見られる。この状況はペルシア帝国時代末期になっても変わらず、キュプロス人とフェニキア人の熟練度の高さゆえに、かのアレクサンドロスですらペルシア艦隊を警戒しミレトス沖での海戦を回避したほどである（Arr. *An.* 1. 18. 7）。

歴史史料としてはいささか癖があるが、クセノポン『キュロスの教育』によると、キュプロスには総督が派遣されることはなく、納税と従軍の義務と引き換えに自治が許されていたという（Xen. *Cyrop.* 7. 4. 2; 8. 6. 8）[41]。この「自治」は音節文字碑文からも示唆され、碑文に現れるペルシア語名と思しき人物はわずか三例（そのうち一例は欠損を補うことにより暫定的にペルシア語名に分類されている）にとどまり、ここに組織的なペルシア人の島内入植を想定することは不可能である[42]。島内では各都市国家が自らの利益を追求しせめぎあうなかで、上で逐一事例を挙げたごとく軍事力の面でディスアドバンテージを抱えていたペルシア帝国はキュプロス島にたいして抑圧的な態度で交渉することができなかった。それゆえ、島内でひとたび問題が発生すると、彼らはギリシア系都市であろうとフェニキア系都市であろうと自らの利害と合致するグループを探し出して、その都度結びついていかなければならなかったのであろう。

ギリシア人とフェニキア人の文化的対立論再考

キュプロス島におけるフェニキア人入植の中心地は、島南東部に位置するキティオンだった。したがって、当地から出土する碑文もほとんどがフェニキア語碑文であるが、若干の音節文字碑文も出土している（*ICS* 256–259）。そのなかには墓地から発見された、「タレス」（*ICS* 257）と「テロパネス」（*ICS* 258）というギリシア語名の銘を持つ陶器が含まれている。これは、フェニキア系都市にもギリシア系住民のコミュニティが成立しており、彼らの一部はそこで一生を終えていたことの証左となるであろう。また、サラミスでフェニキア系の簒奪王朝が成立したそもそものきっかけは、都市がフェニキア人の亡命者を受け入れたことにあった。これは、亡命者を政治的に利用できるかもしれないという計算が働いていたのだとしても、先の事例と合わせて考えるならば、サラミスにも（亡命者のシンパも含めて）すでにある程度のフェニキア人が住んでいたからではなかろうか。というのも、サラミス王の系譜にはシロモスというフェニキア系の名前を持つ人物が確認されていることから（Hdt. 5. 104）[43]、サラミス王家とキティオンや本土のフェニキア系都市の支配者の間には血縁関係が存在したとも推測されるのである。実際P・M・スティールの統計によれば、サラミスはキュプロス島内の都市で、キティオンとキティオンに征服されたイダ

リオンを除いて、もっとも多くのフェニキア語碑文をもたらしているのだ。(44)

島中央の山間部に位置するギリシア系都市タマッソスについても、以下のような史料が残されている。

［サモスの歴史家］ドゥリスは『マケドニア史』第七巻で、キュプロス島の王パシキュプロスについて、彼は放蕩家であったとし、次のように書いている。「アレクサンドロスはテュロスを包囲したのち、［サラミス王］プニュタゴラスにさまざまな贈り物を与えたが、そのなかにプニュタゴラスが望んでいた土地もあった。以前この地は、［タマッソスの］パシキュプロス王が自らの浪費癖ゆえに、土地とその支配権をもキティオン［王］ピュグマリオンに五〇タラントンで売り渡し、自らはその金を持ってアマトゥスで隠居生活を送っていたのである」。（Duris, *FGrH* 76 F 4）

すなわち、王パシキュプロスの浪費癖から、タマッソスは国家ごと身売りに出されることになったのだが、その相手として選ばれたのはキティオン王ピュミアトン（ギリシア語表記ではピュグマリオン）であったというのである。この事実は、キティオン出土のフェニキア語碑文（前三四一年頃）に「キティオンとイダリオンの王ミルキュアトンの子、キティオンとイダリオンとタマッソスの王ピュミアトン」（*NSI* 12）という表記が見られることからも裏づけられる。(45)タマッソスからもっとも近くに位置するギリシア系都市イダリオンがすでにキティオンに征服されていたとはいえ、もしキュプロス島内においてギリシア系都市とフェニキア系都市が対立関係にあったとするならば、次善の策として、タマッソスの南部に位置するアマトゥスやギリシア系都市クリオンを譲渡の相手として選択することもできたはずであろう。とくにアマトゥスはパシキュプロスが王位を捨てたのちに、隠居生活の場として移り住んだ都市であったのだから。

キティオンに併合されたイダリオンとタマッソスの二都市では、碑文からギリシア系住民とフェニキア系住民の共生の様子が窺い知れる。まず、イダリオンから出土したキティオン・イダリオン両王ミルキュアトン治世四年目、すなわち前三八八年頃に特定される、[46]フェニキア語と音節文字ギリシア語の二言語碑文（*ICS* 220）は、王族の一人であったアブドメレクの子バールロムがフェニキア語でレシェフ・ミカル（レシェフはフェニキア人地域で人気があった神格の名）、ギリシア語でアポロン・アミュクロスと呼ばれる神に神像を奉献した趣旨を語っている。アポロン・アミュクロスについては、その添え名がスパルタ近郊の村落アミュクライを指し、キュプロス島外から輸入された神格との解釈も提示されている。[47]しかし、キティオン出土のフェニキア語碑文（*NSI* 20）では、レシェフの添え名としてではなく、ミカル神単体で言及されており、ミカルはレシェフの異名であった可能性もある。この場合、キティオンから導入されたミカル＝レシェフ神をギリシア語で表記するにあたり、アミュクロスと音を転訛させたことになる。[48]筆者としてはやはり、イダリオンにスパルタ近郊からアポロン信仰が持ち込まれたと想定することは困難であり、また後述するように、ほかにもギリシア語では説明のつかないアポロン＝レシェフ信仰の存在を確認できることを踏まえると、後者の説のほうが説得力があるように思われる。

また、タマッソス近郊（現在のフランギッサ）のアポロン聖域からは、フェニキア語と音節文字ギリシア語の二言語が併記された、二枚の奉献碑文が出土している。一枚目の碑文は、フェニキア語版の文言よりキティオンとイダリオン両王ミルキュアトン治世一七年目、すなわち前三七五年に年代特定され、サマスの息子アプサモス（ともにフェニキア語名）なる人物が、レシェフ神（ギリシア語版ではアポロン・アラシオテス）に像を捧げたという内容が記されている（*ICS* 216）。続く二枚目の碑文（*ICS* 215）も同様に、フェニキア語版の文言よりミルキュアトン治世三〇年、すなわち前三六二年頃と特定される。文面には、ノメニオスの息子メナヘム（ギリシア語表記ではムナセス）がレシェフ神、ギリシア語で表記されるところのアポロン・ヘレイタスに神像を捧げたとある。アポロンの添え名であるアラシオテス、ヘレイタスが何を意味するかは明らかではないが、[49] 出土地の状況や文面の類似から、アポロン・アラシオテスとアポロン・ヘレイタスが同一の神格を指していることは疑いないであろう。レシェフは疫病の神であると同時に、治癒神でもあった。治癒神という点ではむろん、アポロンと性格を一にしている。またキティオン出土のフェニキア語碑文では（*NSI* 12）、レシェフに「矢」と思われる添え名が付されており、矢を用いてアカイア軍（ギリシア軍）に疫病を蔓延させるアポロン（Hom. *Il.* 1. 45-52）のイメージと近かったことが、両者の同一視に関係しているのであろう。[50]

以上のレシェフ＝アポロンにかんする三点の碑文からは、フェニキア系植民都市によるギリシア系植民都市への勢力伸張をきっかけとして、フェニキア系住民がギリシア系都市に移住したこと、彼らはそこで自らが崇拝していた神（レシェフ）とギリシア人たちの神（アポロン）を同一視するようになったこと、また新たに音節文字によるギリシア語も碑文に用い彼らの信仰心を表現するようになったことなどを読み取れるであろう。

エウアゴラスとギリシア文字の浸透

最後に、エウアゴラスが政権を奪還したのちに、「バルバロイ化した市民をギリシア人に変えた」という、イソクラテスの言説の妥当性について検証したい。

先述したように、ヘレニズム期以前のキュプロス島において、碑文には圧倒的にキュプロス音節文字が使用されていた。しかし、ギリシア文字がまったく使われていなかったというわけではない。キティオン北部に位置するゴルゴイ出土の、カリュクスなる人物の墓碑銘（前六世紀なかば）が、キュプロス島で確認できる最古のギリシア文字資料例である（*ICS* 260）。この碑文では、ギリシア文字と音節文字が水平方向の同一線上に配列されており、そのいずれがより重要性を持っていたかは判断できない。また、おそらく最初期の事例に分類されるであろうマリオン出土の墓碑銘には、二種類の文字で「姉妹」と書かれている（*ICS* 164）。碑の前面には水平方向に右から左にむけてギリシア文字が刻まれ、狭い側面には音節文字が縦書きされており、碑文の製作者は正面に位置させるという点で、わずかにギリシア文字のほうを重視していたのかもしれない。銘に「姉妹」とだけ書かれ、固有の人名が書かれていないのは、被葬者が非常に幼くして世を去ったからであろう（したがって、おそらくは「姉」ではなく「妹」が正しいであろう）。

私的な要素が比較的に強い墓碑銘以外にも、ギリシア文字が使用された事例がある。クリオンから出土した碑文（*ICS* 182）は、彫像の台座に二種類の文字が彫られており、前述二つの墓碑銘よりもかなり時代が下った前四世紀に年代特定されている。ギリシア文字、次いで音節文字の順で「ポテイシスの息子ヘロオイコスが、デメテルとコレーに祈りを捧げる」と書かれ、それらは内容のみならず、文字の順列までほとんど正確に一致する。しかしながら、ギリシア文字が二行にわたって余裕を持って書かれているのにたいし、音節文字は一行に収められ、やや窮屈な印象を受けることから、碑文の製作者がギリシア文字をメインに置きたかったのではないかと推察される。なお、碑文に登場する父親名（ポテイシス）はイシスのセオフォリック・ネーム（神名を戴いた名前）であり、ここにエジプト支配時代の名残が感じられる[51]。

ギリシア文字の単独使用となると、掻き字を別にすると、事例数が極端に少なくなる。前四世紀に年代特定されるクリオン出土のオナサンドロスの墓碑銘（*SEG* 28. 1302）では、ギリシア文字のみが使用されているが、彼はクレタ人であったと付記されていることから、島外からの移住者によるギリシア文字使用例であったことが分かる。同様にキティオンからも前四世紀初頭のギリシア文字墓碑銘が発見されているが（*I.Kition* 2077）、被葬者「ゼノンの息子テオドロス」はフェニキアの都市アラドス（現アルワド島）出身であったと記されているので、彼の事例も客死であった。一方で、マリオン出土の墓碑銘（*SEG* 18. 591）は前四世紀に年代特定されており、被葬者はパオキュプロスとなっている。この島内出身者であることを自己顕示するかのような「キュプロス」という語が入ったギリシア語名は、スタシキュプロス（イダリオン出土の青銅板碑文*ICS* 217に登場する、イダリオン王の名）、オナシキュプロス（同碑文に登場する医師オナシロスの父親名）、ソロイ王ピロキュプロスとアリストキュプロス（Hdt. 5. 113）など島内で多く確認でき、マリオンの被葬者もほぼ間違いなく島内出身者であろう。(52) 奉献碑文におけるギリシア語単独使用の事例としては、ピュラのアポロン・マギリオス（料理人のアポロン）の聖域から出土した碑文（*SEG* 23. 622）が挙げられる。(53) この碑文は彫像の台座に刻まれた銘であり、前四世紀（ヘレニズム期初頭）に年代特定される。文言は「プニュティロスの息子ムナシアスが、アポロン・マギリオスに捧げる」とある。ムナシアスとその変化名は、キュプロス島のフェニキア系家系でよく確認できる名前であり、(54) タマッソス出土のフェニキア語・音節文字ギリシア語の二言語碑文（*ICS* 215）では、ムナセス（メナヘム）なる人物がレシェフ神（アポロン）に神像を奉献していたことは、先述した通りである。すなわち同碑文は、フェニキア語名の人物がアポロン神に奉献し、しかもギリシア文字を使用しているという二重の点で、先のギリシア人とフェニキア人の文化的対立論の再考にも資するのである。

　そして、政治的な場で最初にギリシア文字を使用したのが、サラミス王エウアゴラスであった。エウアゴラスが政権を奪還する以前、サラミスのフェニキア系王朝は銭銘にフェニキア文字を使用していたようだが（Babelon 2. 2.

1142; 1140)[55]、エウアゴラスはそれをギリシア語に戻した。確認できるものとして、エウアゴラスは四種類の銭銘を使用しており、そのうち二種類には音節文字のみで「エウアゴラス」と記されている（*ICS* 325a; d）。残りの銭銘には、二種類の文字が併用されているが、音節文字では「エウアゴラス王」と書かれる一方で、ギリシア文字ではエウアゴラスのイニシャルである「ＥＹ」の二文字が記されている（*ICS* 325b; c）。エウアゴラスはさらに、長らくサラミスの貨幣に採用されてきたアンク（生命を象徴するヒエログリフ）のデザインを用いないようにするという改革も実行している[56]。彼はギリシア文字の使用に積極的であったようで、おそらく何らかの法令について述べていると推測されるある碑文においても（*Salamine* 17）、ギリシア文字と音節文字を併用している。この碑文は破損が激しく内容がまったく分からないが、幸いにして、碑文冒頭の「エウアゴラス」と「サラミス」の二単語は判読が可能である（音節文字の部分はさらに破損が激しく、単語すら読み取ることができない）。エウアゴラスの後継者ニコクレスも銭銘にかんして父親の政策を踏襲しており、音節文字とギリシア文字の二種類を用いていた。ギリシア文字では「王」と「ニコクレス」のそれぞれの頭文字を並べて「ＢＮ」と、同様に音節文字でも「pa-ni」の二文字が並べられただけで、かなり簡略化された銭銘となっている（*ICS* 326b）。前三五〇年代のエウアゴラス二世（ニコクレスの後継者）の治世には、ギリシア文字のみの銭銘（Babelon 2. 2. 1164ff.）も登場するが、アレクサンドロスの東征後であっても、伝統的な王朝に代わってサラミスの支配者となったメネラオス（プトレマイオスの兄弟で、サラミス全島の将軍を名乗る）は王（*basileus*）の頭文字である音節文字「pa」の字を、貨幣のデザインとして象徴的に用いていた（Babelon 2. 2. 1191）。

銭銘におけるギリシア文字の使用にかんしては、各都市がサラミスを後追いしたような現象を確認できる。島北西部の都市マリオンでは、ペルシア時代に鋳造された貨幣には音節文字のみの銘が刻まれていたが（*ICS* 168-170）、ヘレニズム期初頭のスタシオコス二世の治世に入って、ようやく二種類の文字による銭銘が登場した（*ICS* 171）。しかし、これらの文字は内容が互いに対応しているわけではなく、音節文字で王名が記された後、ギリシア文字で書かれた都市名が続いており、ギリシア文字が音節文字と同等の地位を獲得していなかったことが分かる。島西部の都市パポスでも、前五世紀初頭以来、銭銘は音節文字のみで表されてきたが（*ICS* 19–28）、前四世紀後半の王ティマルコスの時代になると、ギリシア文字と音節文字の両方が使用されるようになる（*ICS* 29）。しかし、ここでも王名が音節文字、都市名がギリシア文字という形態をとっていた。ギリシア文字のみの銭銘が登場するのは、ティマルコスの息子で後継者のニコクレスの治世（ヘレニズム初頭）に入ってからのことであるが（Babelon 2. 2. 1326）[57]、ニコクレスも銭銘以外の碑文では、音節文字を引き続き利用していた。例えば、ネア・パポス市の北東二五キロメートル離れた古代の修道院アヤ・モニ跡壁面に再利用されていた二枚の碑文は、パポス王にしてアナッサ（アプロディテ）の祭司であったニコクレスが女神テラに奉献をおこなった事実が、音節文字で記述されているのである（*ICS* 90–91）[58]。

非ギリシア系の都市であったアマトゥスとキティオンではそもそもギリシア語が使用されていなかったため、ギリシア文字を受容するメリットも必要もなかったと想像されるかもしれない。それにもかかわらず、アマトゥスからは比較的早い段階でギリシア文字が使用された公的碑文が出土している。この碑文はキュプロス音節文字で書かれたエテオキュプロス語とギリシア文字で書かれたギリシア語の二種類の文字・言語を併用した碑文であり、ギリシア文字の字体から前四世紀後半に年代特定されている（*ICS* 196）。エテオキュプロス語は未解読の言語だが、ギリシア語版には「アマトゥス人の都市はアリストナクスの子アリストンを貴族に［列する］」と記されている。ここでは行為の主体が王ではなく都市になっている点、また使用されているギリシア語がコイネーである点に着目すると、碑文はキュプロス島において都市王朝政が廃れていったのちの、プトレマイオス朝時代のものと特定される[59]。これ以前の時期に属するものとして、アマトゥスのアプロディテ聖域に奉納された彫像の台座に刻まれた二つの奉献碑文が見つかっている（*ICS* 196d; *ICS* 196e）[60]。ともに保存状態は良好とは言えないが、前出の碑文同様にキュプロス音節文字（エテオキュプロス語）とギリシア文字（ギリシア語）の併記された碑文である。奉納者のアンドロクレスは文献史料や碑文史料に何度か言及される人物で、アマトゥス王朝最後の王だと推定されている。問題の碑文はアンドロクレスが「王」の肩書きを名乗っていることから、前三一〇年代、すなわちキュプロス島都市王朝時代の最末期で、プトレマイオス朝支配期の直前に年代特定されている[61]。これらの碑文は非ギリシア系都市にギリシア語と同時にギリシア文字が流入した時期を示唆する重要な史料である。これまでギリシア語が用いられてこなかったアマトゥスにおいて、なにゆえヘレニズム時代に入った途端にかくもスムーズにギリシア文字が導入されたのかという当然の疑問が湧いてこよう。これについては、そもそもアマトゥスにおいてはギリシア語をキュプロス音節文字で表すという文化的土壌がなかったがゆえに、ギリシア語を表記する際にギリシア文字を用いるという慣習が、当地では「移行」（既存のシステムの大々的な書き換え）ではなく「新設」（ゼロからのシステムの一括導入）を意味したためとの説明が成り立つであろう。

以上で述べてきたように、音節文字はギリシア語を表現するのに適切ではなかったにもかかわらず、キュプロスでは公私の領域にわたって、なかなかギリシア文字が浸透することはなかった。この例外がアマトゥスであったことは、上で説明したごとく一種のパラドクスである。私人によるギリシア文字の使用例は、当然のことながら時代が下るにつれ増加傾向にあるが、事例数も少ないため、出土地域や使用者の帰属集団間に拡大していく過程を明確に描き出すことは難しそうである。少ないながらも、ギリシア文字単独使用の墓碑銘が出土していることを考慮すると、支配者のほうがより守旧的な態度であったと言えるかもしれない。[62]それでは、このような現象はイソクラテスをはじめとする、島外のギリシア人の眼にはどのように映っていたのであろうか。

キュプロス島の住民は基本的に、ギリシア人一般からは非ギリシア人的、バルバロイ的と見なされていたと言える。例えば、偽スキュラクスは『周航記』において、明らかに誤っているにもかかわらず、キュプロス島の内陸部には非ギリシア人が住んでいると記している（[Scyl.] 103）。アイスキュロスの悲劇『救いを求める女たち』（Aesch. *Suppl.* 282）では、エジプトでの意に添わない縁組から逃れ、救いを求めてアルゴスに上陸したダナオスの娘たちにたいし、アルゴス王ペラスゴスは彼女たちがギリシア人には見えず（娘たち自身の主張によれば、彼女たちはアルゴス人の後裔である）、むしろリビア、エジプト、インド、アマゾン族などと並んで、キュプロスの女性ではないかと訝しむ。キュプロスから発見されたアルカイック期から古典期にかけてのアッティカ製陶器のなかには、この島でしか見られない形態のオイノコエ（水差し）、アンフォラが数点含まれている。[63]これは、わざわざキュプロス人受けをねらってデザインしたアテナイ人陶工の商業的戦略の現れだと推測されており、[64]ここにキュプロス人の趣向がアテナイ人やその他一般の消費者とは異なった特殊なものとして意識されていた可能性が浮かび上がる。クセルクセスのギリシア遠征軍の構成を詳説するくだりで、ヘロドトスは、遠征に参加したキュプロス軍の服装を評して「ギリシア人と同様」（Hdt. 7. 90）であったと紹介している。この寸評の背後には、服装の点にかんしてはギリシア人と似ていたかもしれないが、キュプロス人は本質的にはギリシア人ではないとする想定が見え隠れする。この推測を下支えするように、それに続く大陸アジア、島嶼部のイオニア人とアイオリス人について叙述する箇所でも、彼らの装備、軍備が「ギリシア人と同様であった」と評言しながら、直後に彼らは本来ギリシア人ではなくペラスゴイ人であったとわざわざ断っているのである（Hdt. 7. 94–95）。さらにヘロドトスはキュプロス島を、その面積の半分にも満たないエウボイア島と同じサイズの島であったと述べ、貧弱な知識をさらしていることも（Hdt. 5. 31）、キュプロス島が島外のギリシア人にとって遠い異国の地であったことを示唆しているであろう。このような認識は、早くは『オデュッセイア』においても見て取れる（Hom. *Od.* 4. 83-5）。スパルタを訪ねてきたテレマコスにむかい、王メネラオスは故国に帰還するまでの八年間に、キュプロス、フェニキア、エジプト、エチオピア、シドン、エレンボイ人（アラブ人？）の国、リビアを放浪したと語り聞かせ、キュプロス島が彼らの認識する「われわれの世界」の外側に位置していたことを明かしているのである。

　前三九四／三年に特定されるアテナイ人によるエウアゴラス顕彰碑文からは、非常に欠損が激しいながらも「サラミス王」「ギリシア人のためにギリシア人（として）」「戦う」という語句を読み取れる（*GHI* 11）。この碑文は、クニドスの海戦の勝利におけるエウアゴラスの貢献――アテナイの亡命将軍コノンを保護しペルシア艦隊提督に就任させた――に感謝したものである。この海戦でスパルタ艦隊を撃破したコノンは（Diod. 14. 83. 4-7; Xen. *Hell.* 4. 3. 10-12）、ダスキュレイオン総督パルナバゾスから受け取った報酬によって、ペロポネソス戦争敗戦時に取り毀たれたアテナイの長城壁を再建したのである（Xen. *Hell.* 2. 2. 23; 4. 8. 10）。この結果エウアゴラスは、アテナイのアゴラにあるゼウス像のそばにコノンとともに彫像を建立されており（Isoc. *Ev.* 57; Paus. 1. 3. 2; cf. Dem. 20. 70）[65]、今次のエウアゴラスにたいするアテナイ市民の感謝の度合いがいかに大きかったかを推し量ることができる。しかし、「ギリシア人のためにギリシア人（として）」「戦う」という文言は、アテナイにたいする貢献度が尋常ではなかったゆえに「名誉ギリシア人」として認定されていたが、本来エウアゴラスらキュプロス人がギリシア人として見なされることはなかったことを暗に示しているのではなかろうか。それゆえエウアゴラスの側も、自身の伝説的祖先がアテナイ近海のサラミス島の出身者であることを強調し、自らはキュプロス人ではなくアテナイ人として卑屈に振る舞う必要があったのだろう（Paus. 1. 3. 2; cf. Isoc. *Ev.* 18）。

よく知られるように、「バルバロイ」は第一義的には「ギリシア語を話さない（「われわれ」とは異なる言語を話す）人々」であった（Strab. 14. 2. 28; cf. Hdt. 2. 57; 2. 158）[66]。しかし、ギリシア語を話すからといって、それがすなわち「バルバロイ」たることを免れたわけではないようである。トゥキュディデスはアイトリアのエウリュタニア人の言語は理解することが至極困難であると述べ（Thuc. 3. 94. 5）、プラトン『プロタゴラス』（Pl. *Prt.* 341C）では、レスボス方言が「バルバロイ語」の一種に区分けされているのである。キュプロスの方言については、とりわけ「他者」の言語として認識されていたような記述も見出せる。アリストテレス『詩学』（Arist. *Poet.* 1457b）では、「槍」を意味する「シギュノン（*σίγυνον*）」という単語がキュプロスでは一般に用いられるが、「われわれ」にとっては方言であると解説されており、言語をめぐって、「われわれ」に対立した「キュプロス」が浮かび上がるのである。同じ「シギュノン／シギュンナイ（*σιγύνναι*）」という単語について、ヘロドトスは（イタリアの）リグリア人の言葉では「商人」を意味し、キュプロス人の言葉では「槍」を意味すると述べ（Hdt. 5. 9）、リグリア語と並立する「他者」の言語として、キュプロスの言語を論じているのである。以上のように、「われわれの世界」から外れた地域に居住し、「われわれ」の言語であるアッティカ方言・イオニア方言とはかなり隔たった「他者」の言語＝アルカド・キュプロス方言を、しかも読解不能なキュプロス音節文字で書き記しているキュプロス人は、島外のギリシア人の眼にはまさしく非ギリシア人として映ったのではなかろうか。そうであるならば、いち早くギリシア文字を公的な場で採用したエウアゴラスにたいし、イソクラテスが「バルバロイ化した市民をギリシア人に変えた」と評価したことは、的外れなこととは言えないであろう。

おわりに

前六世紀にキュプロス島はペルシア帝国の版図に入った。この時期の島内の社会・文化のあり様について、先行研究者の一部はイソクラテス作の頌詞『エウアゴラス』の「深読み」から、ペルシア帝国の統治政策による島内ギリシア人とフェニキア人の「民族対立」の先鋭化という構図を提示してきた。本章はこの図式を批判的に検討しながら、関連史料を分析してきた。以下に、その結果明らかとなった歴史像を示す。

陸軍国家であったペルシア帝国にとって、海洋国家の集団であるキュプロス島の支配は容易ではなく、また海軍力の供給地という観点から見れば蔑ろにはできなかった。そのため、ある程度の自治を認め、大量のペルシア人入植を控えるなど、譲歩の姿勢を示さざるをえなかった。一方、島内では都市王朝が各自の損得勘定のもと離合集散を繰り返し、ペルシア帝国もキュプロス島統治に際しては、自らと利害を一にする都市を探し出しその都度手を組んでおり、そこにペルシア帝国＝フェニキア系都市キティオンという構造的な同盟関係を見出すことは不可能であった。また、キュプロス出土の碑文を読解するかぎりは、フェニキア系都市キティオンでのギリシア系住民の生活を推察でき（文献史料からは、その逆もまた然りであった）、フェニキア人がレシェフとアポロンを同一視し、それをフェニキア文字と音節文字で表したりするなど、ギリシア人とフェニキア人（と彼らを支持、利用していたとされるペルシア人）との文化的な対立が存在していた、あるいは少なくとも鮮明であったとは想定しがたい。しかし、イソクラテスが当時の状況をまったく見誤っていたのかというと、そうとも断言できない。というのも、島内のギリシア人もフェニキア人も、島外のギリシア人にしてみれば、いずれも「バルバロイ」であった。それにたいし、少年期に亡命生活を経験し、その後アテナイと交流を保ちながら、東地中海の国際舞台で活躍したエウアゴラスがギリシア文字を用いだしたことは、それまで島内にはほとんど浸透していなかった文化形態を、はじめて公的に導入し推進したことを意味した。したがって、イソクラテスが主張するのは、エウアゴラスはサラミス（あるいはその先にあるキュプロス）の住民を「ギリシア人に戻した」のではなく「ギリシア人に変えた」のであって、もう一方の先行研究者たちが提示した図式も、この点でイソクラテスの言説をじゅうぶんに理解していないゆえに不十分と言わざるをえない。ただし、エウアゴラスの方針がその後も継続されたのかと言うと、ギリシア文字の採用についてはわずかに後追いするような現象を確認できるものの、深く根づいたと言うには程遠いであろう。

（1）ストラボンはほかにも良質なワイン、オリーブ油、穀物の産出地としてキュプロスを賞賛する（Strab. 14. 6. 5）。

（2）このエチオピア人移住者についての言及はかなり不自然であり、エテオキュプロス人（「キュプロス先住民」の謂い）が転訛した可能性も指摘されている（Stylianou（1989: 348））。ただし、「エテオクレタ（人）」という表現は古典文献中に見られるが（Hom. *Od.* 19. 176）、「エテオキュプロス」は現代の研究者による造語であるため、この説を素直に受け入れることはできない。あるいはエジプト統治期、またはカンビュセスによる一部のエチオピア人征服（Hdt. 3. 97）と関連して移住がおこなわれたのかもしれないが、この箇所以外からキュプロス島におけるエチオピア人の存在を確認することはできない。Cf. Hill（1940: 111）; Gjerstad（1948: 467）.

（3）Hill（1940: 87）; Gjerstad（1944: 113）.

（4）Hill（1940: 87 no. 2）.

（5）Cf. Gjerstad (1944).

（6）Iacovou (2008); Iacovou (2013: 137–138).

（7）栗田・佐藤（二〇〇九：一一〇）。カルト・ハダシュトとキティオンの同定には異論も呈されており（例えばアマトゥスとの同定）、現在のところこれを確定づけるまでの証拠はない。Cf. Gjerstad (1979: 234–237); Iacovou (2008: 261–263).

（8）碑文から推測される当時の都市王朝はイダリオン、キュトロイ、サラミス、パポス、ソロイ、クリオン、タマッソス、カルト・ハダシュト（キティオン?）、レドラである。残る一都市ヌリアは、おそらくアマトゥスもしくはマリオンに対応する。Cf. Karageorghis (1982: 57–59); Lipiński (2004: 75–76); Iacovou (2013: 142–143).

（9）ディオドロスは、前四世紀なかばの状況として九つの重要都市（都市王朝）を数えるが、後述のようにこの時期までにイダリオンはキティオンによって征服され、従属的な都市に格落ちする。キュプロス都市王朝の成立過程や王権の特質については、Zournatzi (1996); Cannavò (2010).

（10）アッシリアのキュプロス統治終了時期を正確に特定することはできない。前六六四年のアッシュルバニパルの六角柱碑文（*I.Kition* 40）に言及される一〇人のキュプロス王の名前が不自然にも、それ以前のエサルハドンの碑文に登場する王名と完全に一致することから、この時期までにキュプロス島がアッシリアの支配を脱していたとの推測もなされる。Cf. Gjedrstad (1948: 450–451); Karageorghis (1982: 59). しかし、この二つの碑文の成立年代にはさほど開きがないため、以前に作成された碑文をコピーすることにより、碑文作成の作業工程を簡略化しただけであるとの推測も可能である。Cf. Stylianou (1989: 394–395). エサルハドン以降、アッシリアのキュプロス統治にかんする情報は絶えるが、いずれにせよアッシリアは前六一二年に滅亡する。

（11）Cf. Stylianou (1989: 386–387).

（12）Watkin (1987); Tuplin (1996: 19).

（13）Challis (2008: 157–159).

（14）オスマン帝国は一八七四年に文化財保護にかんする最初の法律を制定するが、本法は文化財の国外持ち出しにかんしては、一八八四年の法と比べて規制が緩かった。キュプロス島には、一八七四年の法は適用されたが、一八八四年の改正法は適用されなかったのである。Cf. Challis (2008: 160–173).

（15）発掘報告書は、*The Swedish Cyprus Expedition* として公刊されている。

（16）一九世紀末から二〇世紀に入って以降のキュプロス島発掘史については、キュプロス共和国考古局のウェブサイト（http://www.mcw.gov.cy/mcw/da/da.nsf/　二〇一四年七月七日、閲覧確認）、Historical Background の項、および Meiggs（1972: 477-478）を参照。

（17）エウアゴラスの反乱の初期段階については、前四世紀のギリシア語史家クテシアスの『ペルシア史』が貴重な情報源となる。クテシアス自身の記述によれば、クテシアスはすでに関係が悪化していたペルシア大王アルタクセルクセス二世とエウアゴラスの仲介役として活躍したという。ただし、クテシアスは自身の立場をかなり誇張する傾向にあり、この交渉においても彼がいかほどのキー・パーソンであったかは疑問視されるべきであろう。なお、クテシアスの『ペルシア史』は現在散逸してしまっているため、われわれはエウアゴラスの反乱にかんしては、九世紀ビザンツ帝国の学者ポティオスが書き残した読書メモによる断片的な情報に頼らなければならない。ペルシア大王への納税停止については、Ctes. *FGrH* 688 F 30. 72の「不和になった理由」からの推測。詳しくは、Costa（1974: 47）; 阿部（二〇〇七）; 阿部（二〇〇八）。

（18）Ctes. *FGrH* 688 F 30. 72では、「キュプロス王」アナクサゴラスとの軋轢が示唆されているが、この段階でキュプロス島は政治的な統一体ではなかったため、この記述は不適当で、正しくは「キュプロスの一都市の王」という意味だと考えられる。ただし、アナクサゴラスがどの都市の支配者であったかは明らかではない。

（19）ここに記すのは前三八七年の出来事である。それ以前にもアテナイは軍派遣を試みていたが、ロドス沖でスパルタに阻止された（Lys. 19. 21; Xen. *Hell.* 4. 8. 24）。

（20）この暗殺事件の実行犯について、ディオドロスは次期王と同名異人の宦官ニコクレス（Diod. 15. 47. 8）、アリストテレスは匿名の宦官であったとし（Arist. *Pol.* 1311b）、ポティオスによるテオポンポス『ピリッポス史』の摘要は、ニコクレオンなる人物とエリア人宦官トラシュダイオスであったと述べる（Theopomp. *FGrH* 115 F 103）。しかし、この騒動においてもっとも利益を得た人物は間違いなく次期王の座を手中にしたニコクレスであり、したがって Shrimpton（1987）は史料間に伝承上の誤りがあり、実際にはニコクレスが関与していたと推測する。

（21）イソクラテスの活動および弟子については、廣川（二〇〇五）を見よ。廣川（二〇〇五：六一―六八）はニコクレスがイソクラテスの弟子であったか否かに言及していないが、その可能性が皆無であったわけではない。当時イソクラテスは多くの弟子に弁論術を教授しており（Cic. *De or.* 2. 94）、そのなかには王族も含まれていた（Isoc. *Antid.* 30）。またイソクラテスは、弁論の授業料としてニコクレスから莫大な贈与を受け取っていたことは否定しているが（Isoc. *Antid.* 40）、彼が哲学に励み努力を怠らない人物であることは知っていると述べる（Isoc. *Ev.* 78）。

（22）『エウアゴラス』の制作年代は、彼の暗殺からしばらく時を置いた、前三七〇年頃と推定される。偽プルタルコスの『イソクラテス伝』によると、イソクラテスはこの作品の報酬として二〇タラントンを受け取ったらしい（[Plut.] *Mor.* 838A）。現在では、イソクラテス弁論九番『エウアゴラス』に、弁論二番『ニコクレスに与う』、弁論三番『ニコクレス』を合わせて、「キュプロス論説群」と呼び習わされる。「キュプロス論説群」、とくにそこで開陳される君主論を形成するに至ったイソクラテスの政治思想の変遷については、池田（一九六九）に詳しい。

（23）ただしアンドキデスは一時エウアゴラスと不仲になり、キティオンで投獄されている（*Lys.* 6. 28）。

（24）「ポリュクラテスという名のソフィストに宛てて書かれた作品。彼はアテナイ生まれであったが、その当時はキュプロス島にてソフィストとして活動していた」（hypoth. Isoc. *Bus.*）。

（25）ただしストラトニコスは、無遠慮な忠告に腹を立てたニコクレスによって処刑されたと伝えられている。

（26）Meiggs（1972: 477–486）; Gjerstad（1948: 484–485）; Gjerstad（1979: 250–254）. Zournatzi（2005）はギリシア系住民とフェニキア系住民の対立は認めながらも、ペルシア帝国とフェニキア系住民との構造的同盟関係については否定的である。

（27）一九世紀後半以降のキュプロス島におけるギリシア系住民とトルコ系住民の民族意識の創造と対立については、村田（二〇〇〇）。

（28）Seibert（1976）; Maier（1985）. Cf. Wiesehöfer（1990）.

（29）Masson（1961: 48–51）.

（30）Iacovou（2008: 234–235）.

（31）*ICS* 190–196ほか、二〇点弱の音節文字テクストがエテオキュプロス語碑文に分類されている。Cf. Steele（2013: 99–172）.

（32）遷都時期はネア・パポス市から出土したニコクレスによる奉献碑文（*ICS* 1）から推測される。しかし、二つのパポスが同時に存在していたとするストラボンの記述が示すように（Strab. 14. 6. 3）、都市機能は段階的に移されたと考えられる。

（33）Cf. Michaelidou-Nikolau（1993）; Masson（1961: 79-80）. 日本でも実印が実生活では使用されることのない篆書体で彫られるのと同様、ネア・パポス出土の封泥群についても、印章は一種の護符として、あえて古い字体で作成されたり、先祖から継承されたものが使用されたと考えられる。

（34）Mitford and Masson（1982: 74-75）. しかし、この銘句に次ぐ最古の音節文字使用例は、前八世紀前後に年代特定される壺の掻き字（*ICS* 174）となり、三世紀近くの空白期が存在する。最近では、この銘をキュプロ・ミノア文字のテクスト群に含め（キュプロ・ミノア文字によって表された言語は未解読ながら、非ギリシア語であったと考えられる）、キュプロス音節文字によるギリシア語碑文としては扱わない傾向にある。Cf. Olivier（2013: 16-19）; Steele（2013: 90-97）.

（35）Hill（1940: 153-155）. Cf. Masson（1961: 238）.

（36）Hill（1904: xxx-xxxii）.

（37）Hadjicosti（1997: 57-59）、およびキュプロス考古庁のウェブサイト（http://www.mcw.gov.cy/mcw/da/da.nsf/DMLindex_en/DMLindex_en　二〇一四年七月七日、閲覧確認）、Excavations の項参照。なお、このタブレット群を含め、現在のところキュプロス島出土のフェニキア語テクストを網羅的に収めた碑文集は公刊されていない。

（38）ヘロドトスは特記していないが、ソロイと同様にパライ・パポスでも攻城戦が展開されていたことが城壁とその下に掘られたトンネルから明らかとなっており、そこからソロイでの攻城戦の様子が類推される。Maier（2004: 59-73）.

（39）別の箇所でヘロドトスは、「［ペルシア帝国将軍の］ハルパゴスが大陸のイオニア人たちを征服すると、島嶼部のイオニア人たちもこれを恐れて、自らキュロスに降伏した」（Hdt. 1. 169）と述べているが、この記述は、カンビュセス時代までサモスが独立を保ったという事実（Hdt. 3. 120）と明らかに矛盾する。もしヘロドトスの叙述に整合性を求めるならば、残るイオニア系島嶼都市であるキオスがこの時期にペルシア領に入ったと理解できるが、ペルシア帝国臣民としてのキオス人の行動が最初に確認されるのはダレイオスによるスキュティア遠征に際してのことであり（Hdt. 4. 138）、彼らがキュロスやカンビュセスの遠征に協力したという形跡は見られない。本文中に紹介した第一巻一四三章、一七四章の記述と合わせても、この箇所はややヘロドトスの筆が滑ったとの感を拭えない。

(40)「[クセルクセスのギリシア遠征時に] 乗組員をギリシア人が提供し、戦艦はペルシア大王が準備した」というディオドロスの記述 (Diod. 11. 3. 7) や、クニドスの海戦においてコノンにペルシア艦隊が委ねられたように、ペルシア帝国が求めていたのは戦艦自体よりも、船を操れる人材だったのであろう。Cf. Wallinga (1987).

(41) キュプロスにおけるペルシア駐屯軍の存在は、二点の史料から確認できる。一つは前四七八年のことで、ペルシア軍のギリシア侵攻を防ぎ、追撃に打って出たパウサニアス麾下のスパルタ・アテナイ連合軍は「まずキュプロスにむかい、いまだペルシアの駐屯軍を持つ諸都市を解放した」(Diod. 11. 44. 2; cf. Nepos, *Paus.* 2. 1)。もう一つは、前四五〇年のキモンによる小アジア遠征に関連して、「サラミスには大きなペルシア軍駐屯地があり、都市はあらゆる種類の飛び道具と武器を備え、穀物とほかにも糧食を備蓄していたので、キモンは包囲攻撃によって都市を征服するのがよいと判断した」(Diod. 12. 4. 1) という。しかし、このいずれもイオニア (キュプロス) 反乱以後、アテナイ・スパルタによるペルシア帝国西部への介入がさかんになされていた時期にあたり、この前後のペルシア帝国によるキュプロス島への緩慢な対応に鑑みるに、駐屯軍の駐留をキュプロスの常態と見なすことはできないであろう。

(42) マリオンのネクロポリスの墓内部から発見された陶片には、音節文字で zo-pu-ro-se (*ICS* 128) という掻き字が見られる。これは、ペルシア語名ゾピュロスを表していると考えて間違いなかろう。同じくマリオンの墓内部から出土したアンフォラに刻まれた掻き字からは、mi-ti-?-wo-se (*ICS* 149) の文字を読み取れる。残念ながら中央の文字が判読不能になっているが、本来はそこに ri の文字が入っており、*Μίθριος* (Mithrios) と書かれていたのではないかと推測される。Munro (1891) によれば、これは *Μίθρις* (Mithris) の属格であり、もしこの推測が正しければ、これもペルシア人入植者の墓であったことを示すことになる。

また、現在のパポス市に位置するアポロン・ヒュラテス (一般にはクリオン郊外の聖域で知られる) の洞窟聖域から出土した二枚組み碑文 (*ICS* 2; *ICS* 3) は、状態はよくないが、残存部分より文面が互いにおおよそ一致していることが分かる。ネア・パポスから出土したという事実は、碑文がパポス遷都後、すなわち前四世紀末に属すことを示す。判読可能部分からすると、何かの役職「長 (ἀρχός)」に就いていた ta-ra-pa-se なる人物が、アポロンの聖域に入る特権を享受している旨が書き記されていたと推察できる。Mitford (1960) は、ta-ra-pa-se の前に、今は摩滅して判読できなくなった文字 sa が存在していたと想定し、*Σατράπας* (Satrapas) というペルシア語の人物名を読み取った。その後パポス市北郊タラ村の廃墟となった教会跡から「長 (ἀρχός) のサトラパス」と記された音節文字碑文が出土し（碑文集には未採録）、このサトラパスが前述二碑文の人物と同一と考えられることから、ミトフォードの推測が正しいことが裏づけられた（Masson（1988））。

（43）サラミス王エウエルトンの子シロモスと同名異人が、テュロス人として確認できる（Hdt. 7. 98）。

（44）Steele (2013: 185). イダリオン（三四二点）、キティオン（一五三点）、サラミス（一〇点）、パポス（七点）、アマトゥス（五点）。キティオン・イダリオンとその他の都市間の隔絶を考慮すると、サラミス以下の都市のフェニキア語碑文点数は誤差の範囲内かもしれないが、重要なのはサラミスからも確かにフェニキア語碑文が出土しているという事実であろう。

（45）ドゥリス『マケドニア史』を引用するアテナイオス史料（Ath. 4. 167c–d）では、パシキュプロスはただ単に「キュプロスの王」とだけ記されており、彼の領地が島内のどの都市であったかは特定されていない。しかし、上述の碑文（*NSI* 12）で「キティオンとイダリオンとタマッソスの王」であったピュミアトンが、ヘレニズム初期（前三二五年頃）の碑文（*NSI* 13）ではタマッソス王の肩書きを失っており、このことが、アテナイオス史料に示唆されるアレクサンドロスによるパシキュプロスの旧領地押収と時系列的に合致していることから、パシキュプロスがタマッソス王であったと推定される。

（46）ミルキュアトンの治世開始年は、同碑文および、貨幣から算出されるミルキュアトンの子ピュミアトンの治世年代から逆算して、前三九二年前後に特定される。Cf. Hill（1904: xxxiii–xli）.

（47）Cooke（1903: 76）. アミュクライのアポロン信仰については、Paus. 3. 18. 9–3. 19. 6に詳しい。

（48）Masson（1961: 247–248）.

（49）Masson（1961: 226–228）. アラシオテスについては、キュプロスの旧名（アラシヤ）を指すとの解釈も存在するが、そもそもキュプロスとアラシヤの同定にかんする確証はない。Cf. Hill（1940: 36–50）.

（50）Teixidor（1976: 65）.

（51）エジプト支配時代の影響は、このような人名以外にも貨幣に現れるアンク（十字の上部に楕円をともなった形状をしたヒエログリフで、生命の象徴）のデザインに認められる。前六世紀なかば、おそらくキュプロス島で最初に貨幣を鋳造したサラミス王エウエルトンが、自身の貨幣の表面に牡羊、裏面にアンクの意匠を採用して以来（Babelon 2. 1. 933–939）、キュプロス島で鋳造された貨幣の大半にはアンクの文字が刻まれるようになった。

(52) 人名と地名の関係については、例えば Thonemann（2011: 27–31）. 前六世紀以前に判別されるミレトスの人名事例中、実に七分の一までが、アナクシマンドロスやマンドロマコスといった「マ（イア）ンドロ（ス）」の語を含む。これは当時、マイアンドロス河の河口付近が近隣都市との係争地となっており、ミレトス人の同地にたいする思い入れが人名に反映されたものと推測される。

(53) 同聖域からは、アポロン・マギリオスの名が刻まれた二つの音節文字ギリシア語碑文（*ICS* 304; 305）も出土している。

(54) Masson（1961: 225–226）; Masson（1966: 20）.

(55) 銭銘の読みに異読があるが、おそらくはアブデモン鋳造の貨幣である。Cf. Hill（1904: xcviii–c）.

(56) エウアゴラス以前のサラミス王エウアンテス（前五世紀中頃）の貨幣までは、アンクが使用されていたことを例証できる（Babelon 2. 2. 1140–1141）。

(57) プリニウス（Plin. *HN*. 11. 63. 167）によると、ティマルコスがニコクレスの息子であったと伝えられているが、これは誤りである。アリストテレスの断片史料（Arist. fr. 527, Rose *ap*. Pollux. 2. 95）が伝えるティマルコス（父）、ニコクレス（子）の関係のほうが正しいことが、碑文史料から証明される。

(58) アナッサとはギリシア語で「女王」「婦人」を意味し、アプロディテのことを指す。ククリア（パライ・パポス）出土の別の碑文では、「パポス王にしてアナッサの祭司、ティマルコスの息子であるニコクレス王は、女神にこれを捧げる」（*ICS* 6; cf. *ICS* 5; 7）とあり、ただ単に女神と言った場合、アナッサを指し、王がアナッサの祭司を兼務していたことが分かる。

(59) Steele（2013: 169）.

(60) 碑文テクストは、それぞれ Hermary and Hellmann（1980）; Hermary and Masson（1982）に掲載されている。

(61) 前三三二年、前三二一年の段階ではアンドロクレスは「アマトゥスの人」と呼ばれているが（Arr. *An*. 2. 22. 2; Arr. *FGrH* 156 F 10. 6）、前三一五年以降の史料では「アマトゥス王」となっている（Diod. 19. 62. 6; *IG* 9^2 135. 39–40）。年代特定にかんする詳しい議論は、Hermary and Hellmann（1980: 263）. この議論はアリアノスの記述に過度の正確さを期待しているが、いずれにせよアンドロクレスがヘレニズム時代の初期に活躍した人物であることには違いない。

(62) ただし、これは木や紙など、腐朽しやすい素材に文字が書かれることはなかったという前提の上で成り立つ議論である。Cf. Tuplin（1996: 73）.

（63） Perreault（1986: 165–169）.

（64） Reyes（1994: 142–143）; Miller（1997: 69）.

（65） 市民個人の彫像建立を忌避する傾向にあったアテナイの彫像慣習において、このコノン像の建立は画期的事件と見なされうる。周藤（二〇一三）。

（66） 「バルバロイ」の意味の発展については、Hall（1989: 9–11）.

終章

本書はこれまで、前六世紀なかばから前四世紀後半にかけて、小アジアがアカイメネス朝ペルシア帝国の版図に組み込まれたことにより引き起こされた、地域社会・文化の反応を論じてきた。ここで、各地域を比較しつつその特色を鮮明にしながら、これまでの考察をまとめたい。

サルデイスとダスキュレイオンはともにペルシア中央から総督が派遣された、小アジアにおけるペルシア帝国支配の拠点であった。しかしながら、その支配にともなう反応については、両都市はかなり隔たった様相を見せた。サルデイスは前ペルシア帝国期、リュディア王国の時代から小アジアの「首都」として機能し、小アジア沿岸部からギリシア人の来訪を受け入れてきた。現在残るリュディア語墓碑銘の多くには、エペソスのアルテミスに死後の安寧が祈念されており、またエペソスからサルデイスに建設されたアルテミスの聖域へ奉納品を運ぶという慣習も、父祖伝来のものとして確立していた。これらが史料上に認められるのはペルシア時代以降のことであるが、それがリュディア王国時代にまでさかのぼって継続する交流の所産であることは、否定すべくもないであろう。ペルシア時代に入ると、リュディア人も補助者として統治の一端を担い、上り詰めた地位を喧伝するためであろうか、例えばリュディア語とアラム語の二言語併記で墓碑を作成する者まで登場した。公文書の作成に不可欠な印章からは、少なからぬリュディア語名の銘を読み取ることができる一方で、わずかながらではあるが、リュディア文字で刻まれたギリシア語名やペルシア語名の銘も確認できた。他方で入植者の地域社会への適応も見逃してはならない。ミトラタスの子ミトリダスタスなる祭司は、その名前から推してペルシア人入植者を祖先に持つと考えられるが、それにもかかわらずエペソスのアルテミスに神殿を建立して、その運営基金を創設したと伝えられる。ペルシア時代のサルデイスでは、日常業務（行政・商取引）や婚姻関係などの接触・交流を通じて、入植当初は他者のものと考えられていた宗教や言語を互いに受容していくことにより、冒瀆碑文に列挙される人名のごとくに、リュディア人、ギリシア人、ペルシア人という移住当初の自他の境界線が曖昧になっていったのである。

これにたいして、文献史料・考古資料から窺えるペルシア時代のダスキュレイオンの様相は、総督府、文書館、火祭壇を備えた聖域かその祭式をつかさどる人材、城壁、パラデイソスといった、総督都市の名にふさわしい施設をすべて備えた姿であった。サルデイスの場合、城壁は文献・考古学的に確認できたものの、パラデイソスと総督府は考古学的な同定がなされておらず、また火祭壇・火祭式については論争が繰り広げられていることも紹介した。一方ダスキュレイオンでも、プリュギア語で書かれたマネスの墓碑銘が示すように、ダスキュレイオン周辺における在地エリートの活動が皆無であったわけではない。しかしながら、ダスキュレイオン出土の封泥群に見られる銘や墓碑銘に占めるアラム語の圧倒的な存在感を考慮すれば、サルデイスの事情とは異なり行政のほとんどが入植統治者によって独占されていたとの推測が妥当であろう。パラデイソスでの狩猟場面など、封泥に刻まれた図像が当地の様子を完全に写実しているわけではないにしても（多少なりともデフォルメや理想化はなされているであろう）、このような考察結果を踏まえるならば、ダスキュレイオンの社会生活がペルシア人を中心とした入植者集団とその子孫によって主導されていたと想定することは、あながち困難なことではなかろう。

以上で示したようなサルデイスとダスキュレイオンの差異は、何よりもペルシア帝国領に組み込まれる以前の、両都市の発展段階の違いによってもたらされたと考えらえる。すなわち、サルデイスがペルシア時代以前から小アジアの首都としてじゅうぶんに機能していたのにたいし、ダスキュレイオンはペルシア帝国の総督都市に指定されることにより、都市として急速に発展していったために、上述のような二つのペルシア帝国総督都市の姿が立ち現れたのであろう。これに関連しては、リュディア、ヘレスポントス沿岸のプリュギアの両総督区に隣接する、大プリュギア総督区に興味深い事例を見出せる。ペルシア時代以前、プリュギア王国の首都はゴルディオンに置かれていたが、ペルシア帝国治下に大プリュギア総督区の首都に選ばれたのは、ケライナイ（のちのアパメイア）であった。ケライナイは小アジア内陸部の商業ルート上に位置し、ペルシア時代以前に都市の起源を持つとはいえ[1]、文献史料上に初出するのは、クセルクセス麾下の陸上部隊がギリシア遠征にむかう途上に立ち寄った際と（Hdt. 7. 26）、かなり遅れていた。しかし、クセルクセスはギリシア遠征からの帰路に再びケライナイに立ち寄り、アクロポリスと王宮（*τὰ βασίλεια*）を建設した。のちに小キュロスも自身の王宮を建設し、さらに都市の周囲には野生獣が放たれたパラデイソス（狩猟場）が管理されていた。キュロスは馬の鍛錬を兼ねて、ここで狩猟を楽しんだという（Xen. *An.* 1. 2. 7-9）。また、都市は堅固な城塞でもあり、アレクサンドロスは武力で攻め落とすことを控えたほどであった（Arr. *An.* 1. 29. 1-2; Curt. 3. 1. 1-8）。ケライナイの発展も、ペルシア帝国期（とりわけクセルクセス以降）に総督都市として整備されていったことに起因すると考えられ、この点でダスキュレイオンの類似事例を提供していると言えよう。

小アジアの地方におけるペルシア帝国支配の影響は、リュキアとキュプロスにその典型を認めることができよう。

前五世紀に入り、アテナイ海上帝国の拡大政策に飲み込まれていったリュキアでは、この時期にギリシア人家庭教師についてギリシア語を学んだ在地の支配者の影響で、前四世紀初頭よりギリシア語碑文の出現を見た。また年代的な確証はできないが、おそらくはギリシア語の流入と時を同じくして、アルテミス、アポロン信仰などが持ち込まれた（ただし、アポロン信仰の輸入についてはかなり不確かである）。けっきょくアテナイによるリュキア支配は長くは続かず、ギリシア人入植者の規模も小さかった。アテナイが退いたのちペルシア帝国は、リュキアの在地王朝に代わって当地にたいする支配を強めていったが、人名分析によるかぎり、これにともなうペルシア人の組織的・永続的な移住も想定することはできない。したがって、例えばサルデイスにおける状況とは異なり、リュキアでは外からの入植者との長期にわたる日常的な接触の機会は限られていた。それゆえ、ギリシア語の装飾としての利用や機械的な翻訳、アラム語のスペルミス、エニ＝レト信仰とアルテミス・アポロン信仰の連携の未確立など、外来の新勢力による在来の文化にたいする影響は表面的な段階にとどまっていた、とするのが本書の結論であった。

一方キュプロスにおいては、当地出土の碑文を読解するかぎりは、従来想定されていた島内のギリシア系住民とフェニキア系住民（と彼らを支持、利用していたとされるペルシア人）との構造的な社会的・文化的対立を認めることは難しかった。フェニキア系都市キティオンでのギリシア系住民の生活、あるいはギリシア系都市サラミスにおけるフェニキア系コミュニティの存在を推定でき、またフェニキア人がレシェフとアポロンを同一視し、それをフェニキア文字と音節文字で表すといった事例をさまざまに確認できるのであった。島外からの影響に目をむけると、陸軍国家ペルシア帝国にとって海軍の重要な供給地であったキュプロス島の支配は容易ではなく、彼らは島内への大量入植は控えるなど、譲歩の姿勢を見せた。それゆえ、キュプロスにおいては、例えばサルデイスやダスキュレイオン、さらにはリュキアで議論されたような、アラム語碑文や火祭式の有無が議論の俎上に載せられることはなかった。その一方で、前四世紀前半にはアテナイと交流を保ちながら東地中海の国際舞台で活躍したエウアゴラスが、それまで島内で主流であったキュプロス音節文字に代わってギリシア文字を公的に用いだしたことも、島外からの文化的な影響と見なすことができよう。しかし、ギリシア文字の採用については、エウアゴラスの後継者および他都市の支配者にわずかに追随するような現象を確認できるものの、深く根づいたと言うには程遠かった。この点は、リュキアにおけるギリシア語の使用状況を想起させるものであった。

これらの二地域は理由こそ異なるものの（キュプロスの場合、地政学的な重要性からペルシア帝国があまり高圧的な態度に出られなかったし、逆にリュキアの場合は、アテナイの介入が強まるまでは、とくにその必要性が感じられていなかった）、ペルシア人統治者および駐屯兵の大量入植がおこなわれることはなく、ペルシア時代以前からの地域王朝による統治、ある種の自治が許されていた。しかし、両地域がペルシア帝国の版図に入ったことは、まったく地域社会の反応を引き起こさなかったかと言えば、そうではない。両地域は東エーゲ海に位置する、あるいはペルシア帝国の版図に置かれているというその事実によって、小アジアに足場を築くことに躍起になっていたアテナイ海上帝国と、領土の切り崩しを拒むペルシア帝国の駆け引きの渦に飲み込まれ、上に記したようなさまざまな反応を見せたのであった。

最後に残ったカリアは、これまでの地域とは異なった独自の展開を見せた。地方性という点ではリュキアやキュプロスと同じ系統に分類されうるが、両地域よりもペルシア帝国の支配下にあったという事実が直接的に反映していた。カリアは、ダスキュレイオンやリュキアとは異なり、ギリシア系植民都市を内包していたために、ペルシア時代以前からペルシア帝国期にかけて先住アナトリア人（カリア人）とギリシア系移民との接触・交流が盛んであった。これは、サルデイスにおけるリュディア人とギリシア人、あるいはキュプロスにおけるギリシア系移民とフェニキア系移民の関係と同様である。その結果が特徴的に現れているのが、ハリカルナッソスにおける言語状況であった。ハリカルナッソスでは出土碑文が端的に示すように、前五世紀の前半（ヘロドトスの時代）までには、当初のドーリス系移民が用いていたであろうと推測されるギリシア語（ドーリス方言）が用いられなくなっていた。何らかの理由から、ハリカルナッソスはドーリス系の植民都市同盟から締め出され、北方のイオニア系都市とのつながりを強くしていったために、イオニア方言を受け入れたのであった。しかし、ハリカルナッソスのイオニア方言はカリア語を日常的に用いるハリカルナッソス住民との共生関係を経て、北方や島嶼部のイオニア方言とも区別された、独自の「ハリカルナッソス方言」として発展していった。そのために、ヘロドトスはわざわざ亡命先のサモス島で、学術言語《アカデミック・ランゲージ》としての「正統な《オーセンティック》」イオニア方言を学びなおすことが必要なほどであった。

しかし、このようなカリアにおけるギリシア人とカリア人の自他の境界線は、そののちさらに加速度的に曖昧となっていく。前四世紀に入ると、小アジア西部では総督区の割り直しがなされ、カリアはそれまで監督下にあったリュディアから切り離され、新たに誕生した行政区の総督には在地の支配者であったヘカトムノス家が任命された。これにより、それまでにはない裁量を手にしたヘカトムノス家は、カリア全域にわたってさまざまな改革に着手していった。代々自家との関係が深かったラブラウンダの聖域を大々的に整備する一方で、東エーゲ海の商業ルートの変動を察知すると、ハリカルナッソスを首都に定め積極的な都市開発をおこなったのである。その結果、それまでのゼウス・カリオス信仰とは異なり、排他的性格を有していなかったゼウス・ラブラウンドス信仰はカリア内に広く浸透するようになる。またハリカルナッソス内のカリア人居住区であったサルマキスは解体され、そこにギリシア人の植民活動と先住カリア人の記憶が不可分に結びついた都市の物語が誕生したのであった。ここにヘカトムノス家の直接的な政治意図（カリアの「国民統合」）を読み取らず、むしろこれらは彼らが別目的でおこなった政策の副産物であったとするのが本書の立場であったが、しかしヘカトムノス家がこのような政策をおこないえたのは、ペルシア帝国が彼らを総督に指名したこと、その遠因としては前五世紀末の小アジア西部の情勢が不安定であったこと（これらはアテナイとスパルタの小アジアへの拡大政策によってもたらされた部分が少なくない）によるのであった。

最後に、以上のような本書の考察結果をより広い文脈に置いて意義づけしたい。これまでペルシア帝国期小アジアの研究は、発掘権やローカル言語の多様性などにより、地域研究（例えば、リュディア研究やキュプロス研究など）として発展してきた嫌いがある。これにたいして本書は、小アジアの北端（ダスキュレイオン）から南端（カリア・リュキア）、さらには海を越えたキュプロス島までを対象とし、総合的・横断的に比較考察することを目標としてきた。これまで、本書のように小アジアの各地域を比較する研究としては、わずかに『ケンブリッジ古代史』第四巻ならびに第六巻の該当する章が目立つのみであった。[2] むろん、これらは概説書の一部で、もとより史料を網羅的に検証し、新しい解釈の提示を目指すという性格のものではない。このような研究状況のなか、本書刊行の前年にはE・R・M・デュシンベリーの研究が発表されたが、そこでも、ペルシア帝国期小アジアの全体像がいまだ提示されていないという、筆者と同様の懸念が抱かれている。[3] デュシンベリーの手法の特徴は、小アジアの地域的多様性を可能なかぎり無視し、小アジアを一つの地域として見ることにあり、その結果彼女は、ペルシア帝国期に小アジアが見せた社会・文化の変化とは帝国による支配（上から下への作用）と地域の自治（下から上への抵抗）とのせめぎ合いであったという結論に達した。しかし、これまで本書が縷々論じてきたように、各地域の置かれていた政治状況やペルシア時代以前の社会環境は千差万別であったために、やはり地域ごとの特徴なり特殊性を無視することはできないであろう。本書の結論をあえて類型化するならば、ペルシア人入植者が帝国中央での生活をそのままのかたちに近い状態で持ち込めた地域（ダスキュレイオン）とペルシア人の集団入植がなされず、しかしペルシア帝国の版図に置かれたという事実によって間接的に変化をこうむった地域（キュプロスと、それよりはやや直接的な度合いが大きかったリュキア）、その中間にあって、サルデイスやカリアのように、ペルシア帝国の一領土であったゆえに、既存社会内、あるいはペルシア人入植者を受け入れた新たな社会において自他の境界線が大いに揺さぶられた地域、の三つのパターンを設けることができよう。すなわち、これらの類型を決定づけていったのは、ペルシア時代以前からの状況（サルデイスとダスキュレイオンの差異）、ペルシア帝国統治にとっての重要性（前記二都市とリュキア・キュプロスとの差異）、および主にペルシア帝国とアテナイ（あるいはアテナイと覇権を争ったスパルタ）間の国際的な力関係（デロス同盟期以降のカリア、リュキア、キュプロス）などの要因であった。

しかし、本書は小アジアの横断的研究を目指しながらも、実質的には小アジアのごく限られた地域、すなわち沿岸のギリシア系植民都市群との関係が密接な地域のみを取り扱えたにすぎない。小アジアはそれよりも内陸に果てしなく広がっており、本書でも若干触れた、アフラマズダ信仰の導入と継続について多方面からの情報（文献史料・碑文史料・考古資料）を提供するカッパドキアや、旧首都ゴルディオンと新総督都市ケライナイとの比較研究を可能とする大プリュギアなどは、本書の考察結果をさらに豊かにする、興味深い事例をもたらしてくれるであろう。(4) しかし、小アジアでは内陸にむかうほど文字史料は僅少になっていき、代わりに議論に占めるモノ資料（考古資料）の比重が大きくなる。これらの地域を扱うためには、西洋史学専攻の出身で、主としてギリシア語文献およびギリシア語碑文を議論する訓練を受けてきた筆者にとっては、また別の新たな技術を身に付ける必要がある。今後の課題としたい。

（1）Cf. Thonemann（2011: 67）.

（2）Mellink（1988）; Hornblower（1994）.

（3）Dusinberre（2013: 3-4）.

（4）例えば、キリキアについてはCasabonne（2004）による成果がある。キリキアでも、前四世紀初頭まで地域王朝であるシュエンネシス朝による自治が許されていた。

あとがき

日本では、毎年七万冊以上の書物が世に出されるという。その反面、毎週一冊という読書習慣を維持したとしても、六〇年間で読み終えることのできる本は、たったの三〇〇〇冊にすぎない。一生の間に出会える本は、なんとわずかなことであろうか。まずはこの、お世辞にも読みやすいとは言えない本を手に取り、「あとがき」にまでたどりついていただいた読者の方々に、心よりお礼を申し上げたい。

本書は、筆者が二〇〇八年に京都大学大学院文学研究科に提出した学位論文「ペルシア帝国期小アジアにおける文化・社会・歴史叙述」の前半部分をもとにしている。タイトルが示すように、学位論文は小アジアの文化・社会を論じた前半と、おもにクテシアスというマイナーな（しかし、生意気にもヘロドトスのむこうを張った）歴史家を論じた後半部分から成り立っている。本書はこの後半部分をまるまる削り、前半部分に倍以上の章を書き足すという大胆な外科的手術を施した上で、完成した。したがって、すでに学位論文とはまったく違う代物となってしまっている。

なんとなく古代ギリシア史を勉強したいと考えていた筆者が小アジアの歴史を研究テーマに選んだのは、学部時代からの指導教員である南川先生が何気なくおっしゃった（おそらく先生ご自身も、覚えておられないだろうが）「最近は、前五世紀のアテナイ史は流行りませんから」という一言ではなかったかと思う。確かに先生のそのときの予言（？）は的中し、近年では筆者のまわりでも、ヘレニズム史を研究する若手研究者が増えているように思われる。しかし、筆者の場合はヘレニズム史にむかうことはなく、この「呪縛的予言」から逃れるように、東へ東へと移動していった。そして、ついには、「西洋史」なのか「東洋史」の本なのか、図書館の司書さんが配架に困るような本を書くまでにいたった。

あれこれと興味関心が移ろいやすい性格の筆者が、曲がりなりにも一書を書き上げるまでには、多くの方々の支えが必要であった。京都大学大学院の南川高志先生には、学部時代から面倒を見ていただき、すでに通常の「指導教員」という枠を超え公私にわたってさまざまなアドバイスをいただいてきた。今回、京都大学学術出版会の編集者であり、斯学の先輩でもある國方栄二氏——國方氏には、本づくりの何たるかを教えていただいた——を紹介してくださったのも、南川先生である。また、同じく京都大学大学院の服部良久先生、小山哲先生には、大学院での演習や論文試問の場で厳しいながらも有益なご助言をいただいた。残念ながら筆者が博士学位請求論文を提出する前に京都大学を退職されてしまったが、谷川稔先生からは、おもに学者としての生き様のようなものを教えていただいたような気がする。

学部から大学院時代にかけては、藤井崇（京都大学白眉センター）、山中聡（東京理科大学）という優秀な友人にも恵まれた。あなたたち二人と机を並べて勉強できたことは、研究者人生における最大の糧だったのではないかと思う。京都府立大学に赴任後は、渡邊伸先生、川分圭子先生をはじめ、歴史学科の同僚の先生方にもよくしていただき、「フリーランス」時代と変わらず、自由に研究に打ち込める環境を与えていただいている。学外にもお世話になった先生・諸先輩方は多くいるのだが、研究分野が近いこともあり、とくに親しくご指導いただいた同志社大学の中井義明先生、立命館大学名誉教授の大戸千之先生のお名前をあげさせていただくのみで、いまは許されたい。

最後に私事にわたるが、妻と本書執筆中に誕生した長男のことも、述べさせていただきたい。学者夫婦の娘として生まれた妻は、新婚当初に私が二年間海外に単身赴任することになったときも、学問のためなら好きなようにしたらよいと、笑顔で送り出してくれた（ように、少なくとも、私の目には映った）。一年前に息子が生まれてから、わたしたちの生活リズムは一変してしまったけれども、本書執筆のためだと、育児を押し付けてしまうこともあり、たいへん心苦しく思っている。この場を借りて、ありがとうと感謝の言葉を贈りたい。なお、前述した通り、本書は学位論文の前半部分のみをもとにしている。当然ながら、本書の後には、後半部分をまとめ上げるという大仕事が残されている。まだまだ、家族に迷惑をかける生活が続くことになりそうである。

二〇一四年一二月

阿部　拓児

なお、本研究を推進するにあたっては、三島海雲記念財団、松下幸之助記念財団、日本学術振興会（ＤＣ２・海外特別研究員・研究活動スタート支援）より、研究助成を受けた。そして、本書を出版するに際しても、日本学術振興会より平成二六年度科学研究費補助金（研究成果公開促進費）の交付を受けた。

初出一覧

終章を除く本書のすべての章は、何らかのかたちで、すでに発表された研究成果に基づいている。その初出一覧を以下に掲げる。ただし、一書にまとめるに際して、議論に一貫性を持たせるべく、いずれの論文にたいしても（とりわけ比較的早くに発表された論文にたいしては、原形をとどめないほど大幅に）加筆修正を施している。

序　章　「アカイメネス朝支配下小アジアにおける「ギリシア文化」と「ペルシア文化」――文化変容論再考にむけて」『史林』八七―三、二〇〇四年、六八―八五頁。

第一章　「ペルシア帝国期サルデイスの文化と社会」『古代文化』六一―二、二〇〇九年、一―二〇頁。

'Ahura Mazda in Persian Sardis?', *SOJA Bundel 2011*, 2012, pp. 74-79.

第二章　'Dascylium: An Overview of the Achaemenid Satrapal City', *The Kyoto Journal of Ancient History* 12, 2012, pp. 1-17.

第三章　「ペルシア帝国期小アジアの二言語碑文と「翻訳」?――リュキア語・ギリシア語碑文を中心に」岡本隆司編著『「異文化共生学」の構築――異文化の接触・交渉・共存をめぐる総合的研究』二〇一三年、五九―七〇頁。（ただし、「リュキアにおける神格の移入」「外国人の入植状況」の節は、書き下ろし）

第四章　「前四世紀小アジアのヘカトムノス朝とカリアの文化――ラブラウンダとハリカルナッソスの事例から」『史林』八八―五、二〇〇五年、四二―七六頁。

第五章　'Herodotus' First Language: The State of Language in Halicarnassus', *Talanta: Proceedings of the Dutch Archaeological and Historical Society* 46, 2014.

第六章　書き下ろし（ただし、「サラミス王エウァゴラスのいわゆる「ギリシア化」政策」第一一〇回史学会大会　於・東京大学、二〇一二年、および 'Evagoras I the Cypriot King of Salamis and His Pro-Hellenic Policy', The 10th International Conference on Greek Research, Flinders University, Australia, 2013 での口頭発表に基づく。）

終　章　書き下ろし

人名索引

[カ]

[サ]

[タ]

[マ]

[ラ]

事項索引（神名・英雄名を含む）

[カ]

[欧]

略号一覧

学術雑誌の略号は *L'année philologique*、および *American Journal of Archaeology* の凡例に従った。また古典作家、作品の略号は *Oxford Classical Dictionary*（S. Hornblower and A. Spawforth eds., 3rd edn., Oxford, 1996）もしくは *Liddell and Scott Greek-English Lexicon*（H.G. Liddell and R. Scott eds., 9th edn., with revised supplement, Oxford, 1996）に適宜従った。ペルシア語碑文のテクストおよび碑文番号は、R.G. Kent, *Old Persian: Grammar, Texts, Lexicon*, New Haven, 1953に従った。それ以外の略号については、以下に示した通りである。

AchHist	H. Sancisi-Weerdenburgh *et al.* (eds.), *Achaemenid History*, Vol. 1-, Leiden, 1987-.
Babelon	E. Babelon, *Traité des monnaies grecques et romaines: deuxième partie: description historique*, tomes 1-2, Paris, 1907-1910.
CAH^2	*Cambridge Ancient History*, 2nd edn., Cambridge, 1961-.
CIG	*Corpus Inscriptionum Graecarum*, Berlin, 1828-1877.
CIS	*Corpus Inscriptionum Semiticarum*, Paris, 1881-.
CL	I.J. Adiego, *The Carian Language*, Leiden, 2007.
DS	Daskyleion Seal, in D. Kaptan, *The Daskyleion Bullae: Seal Images from the Western Achaemenid Empire*, Vol. 2: *Catalogue and Plates*, Leiden, 2002.
FdX	*Fouilles de Xanthos*, Paris, 1958-.
FGrH	F. Jacoby *et al.*, *Die Fragmente der griechischen Historiker*, Berlin and Leiden, 1923-.
FHG	C. Müller, *Fragmenta Historicorum Graecorum*, Paris, 1841–1870.

GGFR	J. Boardman, *Greek Gems and Finger Rings: Early Bronze Age to Late Classical*, London, 1970.
GGM	C. Müller, *Geographi Graeci Minores*, Paris, 1855.
GHHI	*Götter, Heroen, Herrscher in Lykien*, Wien, 1990.
GHI	P.J. Rhodes and R. Osborne, *Greek Historical Inscriptions 404-323 BC*, Oxford, 2003.
Halikarnassos	D. McCabe, *Halikarnassos Inscriptions: Texts and List*, Princeton, 1991 (in CDROM PHI 6).
I.Kition	M. Yon, *Kition dans les textes: Testimonia littéraires et épigraphiques et Corpus des inscriptions*, Paris, 2004.
ICS	O. Masson, *Les inscriptions chypriotes syllabiques: recueil critique et commenté*, Paris, 1961; O. Masson, *Les inscriptions chypriotes syllabiques: addenda nova*, Paris, 1983.
IG	*Inscriptiones Graecae*, Berlin, 1873-.
IKEphesos	H. Wankel, *Inschriften griechischer Städte aus Kleinasien*, Bd. 11-17: *Die Inschriften von Ephesos*, 9 Teile, Bonn, 1979-1981.
IKMylasa	W. Blümel, *Inschriften griechischer Städte aus Kleinasien*, Bd. 34: *Die Inschriften von Mylasa*, 2 Teile, Bonn, 1987.
IKStrat	M.Ç. Şahin, *Inschriften griechischer Städte aus Kleinasien*, Bd. 21-22, 1-2: *Die Inschriften von Stratonikeia*, Bonn, 1981-1990.
ILabr	J. Crampa, *Labraunda: Swedish Excavations and Researches*, Vol. 3: *The Greek Inscriptions*, 2 parts, Lund and Stockholm, 1969 and 1972.
Inscr. Cos	W.R. Paton and E.L. Hicks, *The Inscriptions of Cos*, Oxford, 1891.
IPr	F. Hiller von Gaertringen, *Die Inschriften von Priene*,

	Berlin, 1906.
KAI	H. Donner and W. Röllig, *Kanaanäische und aramäische Inschriften*, Wiesbaden, 1966-1969.
LGPN	*A Lexicon of Greek Personal Names*, Oxford, 1987-.
LW	R. Gusmani, *Lydisches Wörterbuch: Mit grammatischer Skizze und Inschriftensammlung*, Heidelberg, 1964; R. Gusmani, *Lydisches Wörterbuch: Mit grammatischer Skizze und Inschriftensammlung: Ergänzungsband*, Lieferung 3, Heidelberg, 1986.
M	O. Mørkholm and G. Neumman, *Die lykischen Münzlegenden*, Göttingen, 1978.
Miletos	D. McCabe and M.A. Plunkett, *Miletos Inscriptions: Texts and List*, Princeton, 1984 (in CDROM PHI 6).
ML	R. Meiggs and D.M. Lewis, *Greek Historical Inscriptions to the End of the Fifth Century. B. C., Reprinted with Addenda*, Oxford, 1988.
N	G. Neumann, *Neufunde lykischer Inschriften seit 1901*, Wien, 1979.
NSI	G. A. Cooke, *A Text-book of North-Semitic Inscriptions: Moabite, Hebrew, Phoenician, Aramaic, Nabataean, Palmyrene, Jewish*, Oxford, 1903.
RE	*Paulys Real-Encyclopädie der classischen Altertums-wissenschaft*, Stuttgart, 1893-.
RES	J. -B. Chabot and C. Clermont-Ganneau, *Réportoire d'épigraphie sémitique*, Paris, 1905.
Salamine	J. Pouilloux, P. Roesch and J. Marcillet-Jaubert, *Salamine de Chypre* XIII: *Testimonia Salaminia 2*, Paris, 1987.
Sardis VII-1	W.H. Buckler and D.M. Robinson, *Sardis* VII: *Greek and Latin Inscriptions*, Part 1. Leiden, 1932.

SEG	*Supplementum Epigraphicum Graecum*, Leiden, Alphen and Amsterdam, 1923-.
SGO	R. Merkelbach and J. Stauber, *Steinepigramme aus dem griechischen Osten*, München and Leipzig, 1998-.
TG	E. Kalinka, *Tituli Asiae Minoris: Tituli Lyciae: linguis Graeca et Latina conscripti*, Wien, 1920-1944.
TL	E. Kalinka, *Tituli Asiae Minoris: Tituli Lyciae: lingua Lycia conscripti*, Wien, 1901.
Tod	M. N. Tod, *Greek Historical Inscriptions*, Vol. 1^2 and 2, Oxford, 1946-1948.

参考文献

Abe, T. (2012), 'Review of: T. Harrison (2011)', *The International Journal of Asian Studies* 9, 250-252.

Adams, J.N. (2003), *Bilingualism and the Latin Language*, Cambridge.

Adams, J.N., M. Janse and S. Swain (eds.) (2002), *Bilingualism in Ancient Society: Language Contact and the Written Text*, Oxford.

Adiego, I.J. (2007a), *The Carian Language*, Leiden.

Adiego, I.J. (2007b), 'Greek and Lycian', in A.F. Christidis (ed.), *A History of Ancient Greek: From the Beginnings to Late Antiquity*, Cambridge, 763-767.

Akurgal, E. (1956), 'Recherches faites à Cyzique et à Ergili (au sujet de la date de l'expansion ionienne)', *Anadolu/Anatolia* 1, 15-24.

Akurgal, E. (1961), *Die Kunst Anatoliens von Homer bis Alexander*, Berlin.

Akurgal, E. (1966), 'Griechisch-persische Reliefs aus Daskyleion', *IA* 6, 147-156.

Altheim-Stiehl, R., D. Metzler and E. Schwertheim (1983), 'Eine neue gräko-persische Grabstele aus Sultaniye Köy und ihre Bedeutung für die Geschichte und Topographie von Daskyleion', *EA* 1, 1-23.

Armayor, O.K. (1978), 'Herodotus' Catalogues of the Persian Empire in the Light of the Monuments and the Greek Literary Tradition', *TAPhA* 108, 1-9.

Asheri, D. (1983), *Fra Ellenismo e Iranismo: studi sulla società e cultura di Xanthos nella età achemenide*, Bologna.

Atkinson, K.T.M. (1972), 'A Hellenistic Land-Conveyance: The Estate of Mnesimachus in the Plain of Sardis', *Historia* 21, 45-74.

Avram, A. (2013), 'Indigenous Names in Heraclea Pontica', in R. Parker (ed.), *Personal Names in Ancient Anatolia*, Oxford, 51-62.

Badian, E. (1977), 'A Document of Artaxerxes IV?' in K.H. Kinzl (ed.), *Greece and the Eastern Mediterranean in Ancient History and Prehistory*, Berlin, 40-50.

Bakır, T. (1995), 'Archäologische Beobachtungen über die Residenz in Daskyleion', in P. Briant (ed.), *Dans les pays des Dix-Mille: peuples et pays du Proche-Orient vus par un grec: Actes de la Table Ronde Internationale, organisée à l'initiative du GRACO, Toulouse, 3-4 février 1995*, Toulouse, 269-285.

Bakır, T. (2001), 'Die Satrapie in Daskyleion', in T. Bakır (ed.), *Achaemenid Anatolia: Proceedings of the First International Symposium on Anatolia in the Achaemenid Period, Bandırma 15-18 August 1997*, Leiden, 169-180.

Bakır, T. (2003), 'Daskyleion (Tyaiy Drayahya): Hellespontine Phrygia Bölgesi Akhamenid Satraplığı', *Anadolu/Anatolia* 25, 1-26.

Bakır, T. (2006), 'Daskyleion', *Byzas* 3, 61-72.

Bakır, T. and R. Gusmani (1991), 'Eine neue phrygische Inschrift aus Daskyleion', *EA* 18, 157-164.

Bakır, T. and R. Gusmani (1993), 'Graffiti aus Daskyleion', *Kadmos* 32, 135-144.

Balcer, J.M. (1983), 'The Greeks and the Persians: The Processes of Acculturation', *Historia* 32, 257-267.

Balcer, J.M. (1985), 'Fifth Century BC Ionia: A Frontier Defined', *REA* 87, 31-42.

Balcer, J.M. (1993), *A Prosopographical Study of the Ancient Persians Royal and Noble c. 550-450 B.C.*, Lewiston NY.

Balkan, K. (1959), 'Inscribed Bullae from Daskyleion-Ergili', *Anadolu/Anatolia* 4, 122-128.

Baran, A. (2011), 'The Sacred Way and the Spring Houses of Labraunda Sanctuary', in L. Karlsson and S. Carlsson (eds.), *Labraunda and*

Karia: Proceedings of the International Symposium Commemorating Sixty Years of Swedish Archaeological Word in Labraunda, Uppsala, 51-98.

Barnett, R.D. (1974), 'A Silver Head-Vase with Lycian Inscriptions', in E. Akurgal and U. B. Alkim (eds.), *Mansel' e Armağan: Mélanges Mansel*, Ankara, 893-901.

Baughan, E. (2010), 'Lydian Burial Customs', in N. Cahill (ed.), *Lidyalılar ve Dünyaları: The Lydians and Their World*, Istanbul, 273-304.

Bean, G.E. (1978), *Lycian Turkey: An Archaeological Guide*, London.

Bean, G.E. (1980), *Turkey beyond the Maeander: An Archaeological Guide*, 2nd edn. London.

Bean, G.E. and J.M. Cook (1955), 'The Halicarnassus Peninsula', *BSA* 50, 85-171.

Bengisu, R.L. (1994), 'Torrhebia Limne', *Arkeoloji Dergisi* 2, 33-43.

Bengisu, R.L. (1996), 'Lydian Mount Karios', in E.N. Lane (ed.), *Cybele, Attis and Related Cults: Essays in Memory of M. J. Vermaseren*, Leiden, 1-36.

Bigwood, J.M. (1986), '*POxy* 2330 and Ctesias', *Phoenix* 40, 393-406.

Billows, R. A. (1995), *Kings and Colonists: Aspects of Macedonian Imperialism*, Leiden.

Bittel, K. (1953), 'Zur Lage von Daskyleion', *AA* 1953, 1-15.

Bivar, A.D.H. (1961), 'A "Satrap" of Cyrus the Younger', *NC* 7-1, 119-127.

Boardman, J. (1970), 'Pyramidal Stamp Seals in the Persian Empire', *Iran* 8, 19-45.

Boardman, J. (1990), *The Greeks Overseas: Their Early Colonies and Trade*, 4th edn., London.

Boardman, J. (1998), 'Seals and Signs: Anatolian Stamp Seals of the Persian Period Revised', *Iran* 36, 1-13.

Boardman, J. (2000), *Persia and the West: An Archaeological Investigation*

of the Genesis of Achaemenid Art, London.

Bockisch, G. (1969), 'Die Karer und ihre Dynasten', *Klio* 51, 117-175.

Borchhardt, J. (1990), 'Kulturgeschichtliche Betrachtungen', *GHHI*, 29-37.

Borchhardt, J. (1998), 'Gedanken zur lykischen Gesellschaftsstruktur unter persischer und attischer Herrschaft', in G. Arsebük *et al.* (eds.), *Light on the Top of the Black Hill: Studies Presented to Halet Çambel*, Istanbul, 155-169.

Borchhardt, J. (2000), 'Dynasten und Beamte in Lykien während der persischen und attischen Herrschaft', in R. Dittmann *et al.* (eds.), *Variatio Delectat: Iran und der Westen: Gedenkschrift für Peter Calmeyer*, Münster, 73-140.

Bosworth, A.B. (1980), *A Historical Commentary on Arrian's History of Alexander*, Vol. 1, Oxford.

Bousquet, J. (1975), 'Arbinas fils de Gergis, dynaste de Xanthos', *CRAI* 1975, 138-148.

Bousquet, J. (1986), 'Une nouvelle inscription trilingue à Xanthos?', *RA* 1986, 101-106.

Bousquet, J. (1992), 'Les inscriptions du Létôon en l'honneur d'Arbinas et l'épigramme grecque de la stèle de Xanthos', *FdX* 9, 155-188.

Boyce, M. (1975), 'On the Zoroastrian Temple Cult of Fire', *JAOS* 95, 454-465.

Bresson, A. (2000), 'Rhodes, l'Hellénion et le statut de Naucratis', in id., *La cité marchande*, Bordeaux, 13-63.

Briant, P. (1998a), 'Droaphernès et la statue de Sardes', *AchHist* 11, 205-225.

Briant, P. (1998b), 'Cités et satrapes dans l'empire achéménide: Xanthos et Pixôdaros', *CRAI* 1998, 305-340.

Briant, P. (2001), 'Remarques sur sources épigraphiques et domination achéménide en Asie Mineure', in T. Bakır (ed.), *Achaemenid*

Anatolia: Proceedings of the First International Symposium on Anatolia in the Achaemenid Period, Bandırma 15-18 August 1997, Leiden, 13-19.

Briant, P. (2002), *From Cyrus to Alexander: A History of the Persian Empire*, Winona Lake.

Briant, P. (2009), 'The Empire of Darius III in Perspective', in W. Heckel and L. A. Tritle (eds.), *Alexander the Great: A New History*, Chichester, 141-170.

Brixhe, C. (2007), 'Greek Translation of Lycian', in A.F. Christidis (ed.), *A History of Ancient Greek: From the Beginnings to Late Antiquity*, Cambridge, 924-934.

Brosius, M. (1998), 'Artemis Persika and Artemis Anaitis', *AchHist* 11, 227-238.

Brown, T.S. (1998), 'Early Life of Herodotus', *AncW* 17, 3-15.

Bryce, T.R. (1976), 'Burial Fees in the Lycian Sepulchral Inscriptions', *AS* 26, 175-190.

Bryce, T.R. (1978-1979), 'A Recently Discovered Cult in Lycia', *JRH* 10, 115-127.

Bryce, T.R. (1981), 'Disciplinary Agents in the Sepulchral Inscriptions of Lycia', *AS* 31, 81-93.

Bryce, T.R. (1982), 'A Ruling Dynasty in Lycia', *Klio* 64, 329-337.

Bryce, T.R. (1986), *The Lycians: A Study of Lycian History and Civilisation to the Conquest of Alexander the Great: The Lycians in Literary and Epigraphic Sources*, Copenhagen.

Bryce, T.R. (1990), 'Hellenism in Lycia', in J.-P. Descœudres (ed.), *Greek Colonists and Native Populations*, Oxford, 531-541.

Bryce, T.R. (1991), 'Tombs and the Social Hierarchy in Ancient Lycia', *Altorientalische Forschungen* 18, 73-85.

Bürchner, L. (1912), 'Halikarnassos', *RE* 7, 2253-2264.

Burkert, W. (1992), *Orientalizing Revolution: Near Eastern Influence on Greek Culture in the Early Archaic Age*, Cambridge MA.

Cahill, N. (2010), 'The City of Sardis', in id. (ed.), *Lidyalılar ve Dünyaları: The Lydians and Their World*, Istanbul, 75-105.

Cannavò, A. (2010), 'The Cypriot Kingdoms in the Archaic Age: A Multicultural Experience in the Eastern Mediterranean', in *Proceedings of the XVIIth International Congress of Classical Archaeology, Roma 22-26 Sept. 2008*, Roma, 37-46.

Carney, E.D. (2005), 'Women and *Dunasteia* in Caria', *AJPh* 126, 65-91.

Casabonne, O. (2004), *La Cilicie à l'époque achéménide*, Paris.

Challis, D. (2008), *From the Harpy Tomb to the Wonders of Ephesus: British Archaeologists in the Ottoman Empire 1840-1880*, London.

Chaumont, M.-L. (1990), 'Un nouveau gouverneur de Sardes à l'époque achéménide d'après une inscription récemment découverte', *Syria* 67, 579-608.

Childs, W.A.P. (1979), 'The Authorship of the Inscribed Pillar of Xanthos', *AS* 29, 97-102.

Childs, W.A.P. (1981), 'Lycian Relations with Persians and Greeks in the Fifth and Fourth Centuries Re-examined', *AS* 31, 55-80.

Cook, A.B. (1965), *Zeus: A Study in Ancient Religion*, Vol. 2, Rpt., New York.

Cook, B.F. (1997), 'Sir Charles Newton, KCB (1816-1894)', in I. Jenkins and G.B. Waywell (eds.), *Sculptors and Sculpture of Caria and the Dodecanese*, London, 10-23.

Cook, J.M. (1983), *The Persian Empire*, London.

Cook, R.M. (1937), 'Amasis and the Greeks in Egypt', *JHS* 57, 227-237.

Cooke, G.A. (1903), *A Text-book of North-Semitic Inscriptions: Moabite, Hebrew, Phoenician, Aramaic, Nabataean, Palmyrene, Jewish*, Oxford.

Corsten, T. (1988), 'Daskyleion am Meer: Ein Corpusculum der Inschriften und Nachrichten über die Stadt', *EA* 12, 53–77.

Corsten, T. (1991), 'Herodot I-131 und die Einführung des Anahita-Kultes in Lydien', *IA* 26, 163-180.

Corsten, T. (ed.) (2010), *A Lexicon of Greek Personal Names*, Vol. 5-A: *Coastal Asia Minor: Pontos to Ionia*, Oxford.

Costa, E.A., Jr. (1974), 'Evagoras I and the Persians, ca. 411 to 391 B.C.', *Historia* 23, 40-56.

Courtils, J. des (2003), *The Guide to Xanthos and Letoon*, Istanbul.

Crampa, J. (1972), *Labraunda: Swedish Excavations and Researches*, Vol. 3: *The Greek Inscriptions*, Part 2*: 13-133*, Stockholm.

Cross, F.M., Jr. (1966), 'An Aramaic Inscription from Daskyleion', *BASO* 184, 7-10.

Cubera, J. (2013), 'Simple Names in Ionia', in R. Parker (ed.), *Personal Names in Ancient Anatolia*, Oxford, 107-143.

Daux, G. (1957), 'Mys au Ptôion (Hérodote, VIII, 135)', in *Hommages à Waldemar Déonna*, Bruxelles, 157-162.

Debord, P. (1999), *L'Asie mineure au IVe siècle (412-323 a.C.): pouvoirs et jeux politiques*, Bordeaux.

Demargne, P. (1958), *Fouilles de Xanthos*, tome 1: *les piliers funéraires*, Paris.

Demargne, P. (1974), *Fouilles de Xanthos*, tome 5: *tombes-maisons, tombes rupestres et sarcophages*, Paris.

Descat, R. (1985), 'Mnésimachos, Hérodote et le système tributaire achéménide', *REA* 87, 97-112.

Domingo Gygax, M. (2001), *Untersuchungen zu den lykischen Gemeinwesen in klassischer und hellenistishcer Zeit*, Bonn.

Domingo Gygax, M. and W. Tietz (2005) '"He Who of All Mankind Set up the Most Numerous Trophies to Zeus": The Inscribed Pillar of

Xanthos Reconsidered', *AS* 55, 89-98.

Draycott, C.M. (2010), 'What Does "Being "Graeco-Persian" Mean?: An Introduction to the Papers', in *Proceedings of the XVIIth International Congress of Classical Archaeology, Roma 22-26 Sept. 2008*, Roma, 1-6.

Drews, R. (1973), *The Greek Accounts of Eastern History*, Washington D.C.

Drijvers, J.W. and H. Sancisi-Weerdenburg (1990), 'Introduction', *AchHist* 5, ix-xii.

Dupont-Sommer, A. (1966), 'Une inscription araméenne inédite d'époque perse trouvée a Daskyléion (Turquie)', *CRAI* 1966, 44-57.

Dupont-Sommer, A. (1979), 'L'inscription araméenne', *FdX* 6, 129-178.

Dusinberre, E.R.M. (2003), *Aspects of Empire in Achaemenid Sardis*, Cambridge.

Dusinberre, E.R.M. (2010), 'Lydo-Persian Seals from Sardis', in N. Cahill (ed.), *Lidyalılar ve Dünyaları: The Lydians and Their World*, Istanbul, 177-190.

Dusinberre, E. R. M. (2013), *Empire, Authority and Autonomy in Achaemenid Anatolia*, Cambridge.

Eichler, F. (1962), 'Die österreichischen Ausgrabungen in Ephesos im Jahre 1961', *AAWW* 99, 37-53.

Erdoğan, A. (2007), 'Beobachtung zur achämenidischen Architektur Daskyleions', in İ. Delemen (ed.), *The Achaemenid Impact on Local Populations and Cultures in Anatolia (Sixth-Fourth Centuries B.C)*, Istanbul, 177-194.

Farkas, A. (1969), 'The Horse and Rider in Achaemenid Art', *Persica* 4, 57-76.

Flensted-Jensen, P. and A.M. Carstens (2004), 'Halikarnassos and the Lelegians', in S. Isager and P. Pedersen (eds.), *Halicarnassian Studies*, Vol. 4: *The Salmakis Inscription and Hellenistic*

Halikarnassos, Odense, 109-111.

Franco, C. (1997), 'L'ellenizzazione della Caria: problemi di metodo', in C. Antonetti (ed.), *Il dinamismo della colonizzazione greca*, Napoli, 145-154.

Frankfort, H. (1946), 'Achaemenian Sculpture', *AJA* 50, 6-14.

Frei, P. (1984), 'Zentralgewalt und Lokal-autonomie im Achämenidreich', in P. Frei and K. Koch (eds.), *Reichsidee und Reichsorganisation im Perserreich*, Freiburg, 7-43.

Fried, L.S. (2004), *The Priest and the Great King: Temple-Palace Relations in the Persian Empire*, Winona Lake.

Furtwängler, A. (1900), *Die antiken Gemmen*, Bd. 3: *Geschichte der Steinschneidekunst im klassischen Altertum*, Amsterdam.

Gagné, R. (2006), 'What Is the Pride of Halicarnassus?', *ClAnt* 25, 1-33.

Gates, J.E. (2002), 'The Ethnicity Name Game: What Lies behind "Graeco-Persian"?', *Ars Orientalis* 32, 105-132.

Georges, P. (1994), *Barbarian Asia and the Greek Experience: From the Archaic Period to the Age of Xenophon*, Baltimore.

Gera, D.L. (2003), 'Psammetichus' Children', in id., *Ancient Greek Ideas on Speech, Language, and Civilization*, Oxford, 68-111.

Gérard, R. (2005), *Phonétique et morphologie de la langue lydienne*, Leuven.

Gjerstad, E. (1944), 'The Colonization of Cyprus in Greek Legend', *OpArch* 3, 107-123.

Gjerstad, E. (1948), *The Swedish Cyprus Expedition*, Vol. 4-2, Stockholm.

Gjerstad, E. (1979), 'The Phoenician Colonization and Expansion in Cyprus', *RDAC* 1979, 230-254.

Gould, J. (1989), *Herodotus*, London.

Greenwalt, C.H., Jr. (1992), 'When a Mighty Empire Was Destroyed: The Common Man at the Fall of Sardis, ca. 546 B.C.', *PAPhS* 136, 247-271.

Greenwalt, C.H., Jr. (1995), 'Sardis in the Age of Xenophon', in P. Briant

(ed.), *Dans les pays des Dix-Mille: peuples et pays du Proche-Orient vus par un grec: Actes de la Table Ronde Internationale, organisée à l'initiative du GRACO, Toulouse, 3-4 février 1995*, Toulouse, 125-145.

Greenwalt, C.H., Jr. (2010), 'Gold and Silver Refining at Sardis', in N. Cahill (ed.), *Lidyalılar ve Dünyaları: The Lydians and Their World*, Istanbul, 135-141.

Greenwalt, C.H., Jr. *et al.* (2003), *The City of Sardis: Approaches in Graphic Recording*, Cambridge MA.

Gschnitzer, F. (1986), 'Eine persische Kultstiftung in Sardeis und die "Sippengötter" Vorderasiens', in W. Meid and H. Trenkwalder (eds.), *Im Bannkreis des Alten Orient: Studien zur Sprach- und Kulturgeschichte des Alten Orients und seines Ausstrahlungsraumes*, Innsbruck, 45-54.

Gunter, A.C. (1985), 'Looking at Hecatomnid Patronage from Labraunda', *REA* 87, 113-124.

Gunter, A.C. (1989), 'Sculptural Dedication at Labraunda', in T. Linders and P. Hellström (eds.), *Architecture and Society in Hecatomnid Caria: Proceeding of Uppsala Symposium*, Uppsala, 91-98.

Gusmani, R. (1964), *Lydisches Wörterbuch: Mit grammatischer Skizze und Inschriftensammlung*, Heidelberg.

Gusmani, R. (1975), *Neue epichorische Schriftzeugnisse aus Sardis (1958-1971)*, Cambridge MA.

Gusmani, R. (1978), 'Zwei neue Gefäßinschriften in karischer Sprache', *Kadmos* 17, 67-75.

Gusmani, R. and G. Polat (1999), 'Manes in Daskyleion', *Kadmos* 38, 137-162.

Gusmani, R. and Y. Polat (1999), 'Ein neues phrygisches Graffito aus Dakyleion', *Kadmos* 38, 59-64.

Habicht, C. (2000), 'Foreign Names in Athenian Nomenclature', in S.

Hornblower and E. Matthews (eds.), *Greek Personal Names: Their Value as Evidence*, Oxford, 119-127.

Hadjicosti, M. (1997), 'The Kingdom of Idalion in the Light of New Evidence', *BASO* 308, 49-63.

Hainsworth, J.B. (1967), 'Greek Views of Greek Dialectology', *TPhS* 65, 62-76.

Hall, E. (1989), *Inventing the Barbarian: Greek Self-Definition through Tragedy*, Oxford.

Hall, J.M. (1995), 'The Role of Language in Greek Ethnicity', *PCPhS* 41, 83-100.

Hall, J.M. (1997), *Ethnic Identity in Greek Antiquity*, Cambridge.

Hall, J.M. (2002), *Hellenicity: Between Ethnicity and Culture*, Chicago.

Hallock, R. T. (1985), 'The Evidence of the Persepolis Tablets', in I. Gershevitch (ed.), *The Cambridge History of Iran*, Vol. 2, Cambridge, 588-609.

Hanfmann, G.M.A. (1962), *A Short Guide to the Excavations at Sardis*, Cambridge MA.

Hanfmann, G.M.A. (1966), 'The New Stelae from Daskylion', *BASO* 184, 10-13.

Hanfmann, G.M.A. (1975), *From Croesus to Constantine: The Cities of Western Asia Minor and Their Arts in Greek and Roman Times*, Ann Arbor.

Hanfmann, G.M.A. (1978), 'Lydian Relations with Ionia and Persia', in E. Akurgal (ed.), *Proceedings of the Xth International Congress of Classical Archaeology*, Ankara, 25-35.

Hanfmann, G.M.A. (1983), 'On the Gods of Lydian Sardis', in R.M. Boehmer and H. Hauptmann (eds.), *Beiträge zur Altertumskunde Kleinasien: Festschrift für Kurt Bittel*, Mainz am Rhein, 219-231.

Hanfmann, G. M. A. (1987), 'The Sacrilege Inscription: The Ethnic,

Linguistic, Social and Religious Situation at Sardis at the End of the Persian Era', *BAI* 1, 1-8.

Hanfmann, G.M.A. and W.E. Mierse (eds.) (1983), *Sardis from Prehistoric to Roman Times: Results of the Archaeological Exploration of Sardis 1958-1975*, Cambridge MA.

Hanfmann, G.M.A. and N.H. Ramage (1978), *Sculpture from Sardis: The Finds through 1975*, Cambridge MA.

Hanfmann, G.M.A. and J.C. Waldbaum (1969), 'Kybebe and Artemis: Two Anatolian Goddesses at Sardis', *Archaeology* 22, 264-269.

Harrison, T. (1998), 'Herodotus' Conception of Foreign Languages', *Histos* 2, 1-45.

Harrison, T. (2002), 'General Introduction', in id. (ed.), *Greeks and Barbarians*, Edinburgh, 1-14.

Harrison, T. (2011), *Writing Ancient Persia*, London.

Haussoullier, B. (1880), 'Inscription d'Halicarnasse', *BCH* 4, 295-320.

Hellström, P. (1991), 'The Architectural Layout of Hekatomnid Labraunda', *RA* 1991, 297-308.

Hellström, P. (1996), 'Hecatomnid Display of Power at the Labraynda Sanctuary', in P. Hellström and B. Alroth (eds.), *Religion and Power in the Ancient Greek World: Proceedings of the Uppsala Symposium 1993*, Uppsala, 133-138.

Hellström, P. (2007), *Labraunda: A Guide to the Karian Sanctuary of Zeus Labraundos*, Istanbul.

Hellström, P. (2011a), 'Labraunda: The Rediscovery', in L. Karlsson and S. Carlsson (eds.), *Labraunda and Karia: Proceedings of the International Symposium Commemorating Sixty Years of Swedish Archaeological Word in Labraunda*, Uppsala, 19-47.

Hellström, P. (2011b), 'Feasting at Labraunda and the Chronology of the Andrones', in L. Karlsson and S. Carlsson (eds.), *Labraunda and*

Karia: Proceedings of the International Symposium Commemorating Sixty Years of Swedish Archaeological Word in Labraunda, Uppsala, 149-157.

Henry, O. (2009), *Tombes de Carie: architecture funéraire et culture carienne VIe-IIe siècle av. J.-C.*, Rennes.

Hermary, A. and M.-C. Hellmann (1980), 'Inscriptions d'Amathonte, III', *BCH* 104, 259-275.

Hermary, A. and O. Masson (1982), 'Inscriptions d'Amathonte, IV', *BCH* 106, 235-244.

Herrmann, P. (1996), 'Mystenvereine in Sardeis', *Chiron* 26, 315-341.

Hill, G. (1904), *British Museum Catalogue of the Greek Coins of Cyprus*, London.

Hill, G. (1940), *A History of Cyprus: To the Conquest by Richard Lion Heart*, Cambridge.

Hiller von Gaertringen, F. (1931), 'Rhodos', *RE* Supp. 5, 731-840.

Hoepfner, W. (2013), *Halikarnassos und das Maussolleion: Die modernste Stadtanlage und der als Weltwunder gefeierte Grabtempel des karischen Königs Maussollos*, Darmstadt.

Hornblower, S. (1982), *Mausolus*, Oxford.

Hornblower, S. (1990a), 'Achaemenid History', *CR* 40, 89-95.

Hornblower, S. (1990b), 'A Reaction to Gunter's Look at Hekatomnid Patronage from Labraunda', *REA* 92, 137-139.

Hornblower, S. (1994), 'Asia Minor', *CAH*^{2} 6, 209-233.

Hornblower, S. and E. Matthews (eds.) (2000), *Greek Personal Names: Their Value as Evidence*, Oxford.

Houwink ten Cate, P.H.J. (1961), *The Luwian Population Groups of Lycia and Cilicia Aspera during the Hellenistic Period*, Leiden.

How, W.W. and J. Wells (1912), *A Commentary on Herodotus*, Vol. 1, Oxford.

Iacovou, M. (2008), 'Cyprus: From Migration to Hellenisation', in G.R. Tsetsklandze (ed.), *Greek Colonisation: An Account of Greek Colonies and Other Settlements Overseas*, Vol. 2, Leiden, 219-288.

Iacovou, M. (2013), 'The Cypriot Syllabary as a Royal Signature: The Political Context of the Syllabic Script in the Iron Age', in P.M. Steele (ed.), *Syllabic Writing on Cyprus and Its Context*, Cambridge, 133-152.

Irwin, E. (2009), 'Herodotus and Samos: Personal or Political?', *CW* 102, 395-416.

Isager, S. (1998), 'The Pride of Halikarnassos: Editio Princeps of an Inscription from Salmakis', *ZPE* 123, 1-23.

Isager, S. (2004a), 'The Salmakis Inscription: Some Reactions to the Editio Princeps', in S. Isager and P. Pedersen (eds.), *Halicarnassian Studies*, Vol. 4: *The Salmakis Inscription and Hellenistic Halikarnassos*, Odense, 9-13.

Isager, S. (2004b), 'Halikarnassos and the Ptolemies I: Inscriptions on Public Buildings', in S. Isager and P. Pedersen (eds.), *Halicarnassian Studies*, Vol. 4: *The Salmakis Inscription and Hellenistic Halikarnassos*, Odense, 133-144.

Jeffery, L.H. (1990), *The Local Scripts of Archaic Greece: A Study of the Origin of the Greek Alphabet and Its Development from the Eighth to the Fifth Centuries B.C.*, Rev. edn., Oxford.

Jeppesen, K. (1986), 'The Ancient Greek and Latin Writers', in K. Jeppesen (ed.), *The Maussolleion at Halikarnassos: Reports of the Danish Archaeological Expedition to Bodrum*, Vol. 2: *The Written Sources and Their Archeological Background*, Aarhus, 13-72.

Jeppesen, K. (1989), 'What Did the Maussolleion Look Like?', in T. Linders and P. Hellström (eds.), *Architecture and Society in Hecatomnid Caria: Proceeding of Uppsala Symposium*, Uppsala, 15-22.

Jeppesen, K. (1997), 'The Mausoleum at Halicarnassus: Sculptural Decoration and Architectural Background', in I. Jenkins and G.B. Waywell (eds.), *Sculptors and Sculpture of Caria and the Dodecanese*, London, 42-47.

Jeppesen, K. (2002), *The Maussolleion at Halikarnassos: Reports of the Danish Archaeological Expedition to Bodrum*, Vol. 5: *The Superstructure: A Comparative Analysis of the Architectural, Sculptural and Literary Evidence*, Aarhus.

Jeppesen, K. (2004), 'A Propos of the List of Colonizers in the Salmakis Inscription: Was Maussollos or His Mythological Namesake Referred to in Lines 35-36?', in S. Isager and P. Pedersen (eds.), *Halicarnassian Studies*, Vol. 4: *The Salmakis Inscription and Hellenistic Halikarnassos*, Odense, 89-91.

Jucker, V. H. and M. Meier (1978), 'Eine Bronzephiale mit karischer Inschrift', *MH* 35, 104-115.

Kahle, P. and F. Sommer (1927), 'Die lydisch-aramäische Bilingue', *KF* 1, 18-86.

Kaptan, D. (1990), 'A Group of Seal Impressions on the Bullae from Ergili/Dakyleion', *EA* 16, 15-27.

Kaptan, D. (1996), 'Some Remarks about the Hunting Scenes on the Seal Impressions of Daskyleion', in M.-F. Boussac and A. Invernizzi (eds.), *Archives et sceaux du monde hellénistique. Torino, Villa Gualino 13-16 gennaio 1993*, Paris, 85-100.

Kaptan, D. (2001), 'On the Satrapal Center in Northwestern Asia Minor: Some Evidence from the Seal Impressions of Ergili/Daskyleion', in T. Bakır (ed.), *Achaemenid Anatolia: Proceedings of the First International Symposium on Anatolia in the Achaemenid Period, Bandırma 15-18 August 1997*, Leiden, 57-64.

Kaptan, D. (2002), *The Daskyleion Bullae: Seal Images from the Western*

Achaemenid Empire, Leiden.

Kaptan, D. (2003), 'A Glance at Northwestern Asia Minor during the Achaemenid Period', *AchHist* 13, 189-202.

Kaptan, D. (2007), 'A Channel of Communication: Seals in Anatolia during the Achaemenid Period', in İ. Delemen (ed.), *The Achaemenid Impact on Local Populations and Cultures in Anatolia (Sixth-Fourth Centuries B.C)*, Istanbul, 275-290.

Karageorghis, V. (1982), 'Cyprus', *CAH*^{2} 3, Part 3, 57-70.

Karlsson, L. (1994), 'Thoughts about Fortifications in Caria from Maussollos to Demetrios Poliorketes', *REA* 96, 142-153.

Keen, A.G. (1992), 'The Dynastic Tombs of Xanthos: Who Was Buried Where?', *AS* 42, 53-63.

Keen, A.G. (1993), 'Athenian Campaigns in Karia and Lykia during the Peloponnesian War', *JHS* 113, 152-157.

Keen, A.G. (1998), *Dynastic Lycia: A Political History of Lycians and Their Relations with Foreign Powers, c. 545-362 B.C.*, Leiden.

Kent, R.G. (1953), *Old Persian: Grammar, Texts, Lexicon*, New Haven.

Knibbe, D. (1961-1963), 'Ein religiöser Frevel und seine Sühne: Ein Todesurteil hellenistischen Zeit aus Ephesos', *JÖAI* 46, 175-182.

Kuhrt, A. (1995), 'The Achaemenid Empire (c. 550-330)', in id., *The Ancient Near East: c. 3000- 330 B.C.*, Vol. 2, London, 647-701.

Kuhrt, A. (2007), *The Persian Empire: A Corpus of Sources from the Achaemenid Period*, London.

Langslow, D.R. (2002), 'Approaching Bilingualism in Corpus Languages', in J.N. Adams, M. Janse and S. Swain (eds.), *Bilingualism in Ancient Society: Language Contact and the Written Text*, Oxford, 23-51.

Laroche, E. (1957-1958), 'Comparison du louvite et du lycien', *BSL* 53, 157-197.

Laroche, E. (1959), *Dictionnaire de la langue louvite*, Paris.

Laroche, E. (1974), 'Les épitaphes lyciennes', *FdX* 5, 123-148.

Laroche, E. (1979), 'L'inscription lycienne', *FdX* 6, 49-127.

Laroche, E. (1980), 'Les dieux de la Lycie classique d'après les textes lyciens', in H. Metzger (ed.), *Actes du colloque sur la Lycie antique*, Paris, 1-6.

Laumonier, A. (1958), *Les cultes indigeènes en Carie*, Paris.

Legrand, P.E. (1932), *Hérodote: introduction*, Paris.

Lemaire, A. (2000), 'Textes araméens d' Anatolie d' époque perse', *Achemenet* (http://www.achemenet.com/pdf/arameens/lydie02-05.pdf 2014年7月7日、閲覧確認).

Lemaire, A. (2001), 'Les inscriptions araméennes de Daskyleion', in T. Bakır (ed.), *Achaemenid Anatolia: Proceedings of the First International Symposium on Anatolia in the Achaemenid Period, Bandırma 15-18 August 1997*, Leiden, 21-35.

Lemaire, A. and H. Lozachmeur (1996), 'Remarques sur le plurilinguisme en Asie Mineure à l'époque perse', in id., *Mosaïque de langues, mosaïque culturelle: le bilinguisme dans le Proche-Orient ancient*, Paris, 89-123.

Lenfant, D. (2009), *Les* Hisotires perses *de Dinon et d'Héraclide*, Paris.

Le Roy, C. (1981), 'Aspects du plurilinguisme dans la Lycie', *Anadolu/Anatolia* 22, 217-226.

Lewis, D.M. (1977), *Sparta and Persia*, Leiden.

Lipiński, E. (1975), *Studies in Aramaic Inscriptions and Onomastics*, Leuven.

Lipiński, E. (2004), *Itineraria Phoenicia*, Leuven.

Lloyd-Jones, H. (1999a), 'The Pride of Halicarnassus', *ZPE* 124, 1-14.

Lloyd-Jones, H. (1999b), 'The Pride of Halicarnassus (*ZPE* 124 [1999] 1-14): Corrigenda and Addenda', *ZPE* 127, 63-65.

Macan, R.W. (1973), *Herodotus: The Fourth, Fifth, and Sixth Books: With*

Introduction, Notes, Appendices, Indices, Maps, 2nd edn., New York.

Madran, E. (1981), '19. Yüzyıl Gezi Yapıtlarında Batı Anadolu Arkeolojisi', *Anadolu/Anatolia* 22, 227-237.

Maier, F. G. (1985), 'Factoids in Ancient History: The Case of Fifth-Century Cyprus', *JHS* 105, 32-39.

Maier, F.G. (2004), *Guide to Palaipaphos (Kouklia)*, Nicosia.

Malikhzade, F. (1973), 'Daskyleion', *Anadolu/Anatolia* 17, 133-140.

Mandell, S. (1990), 'The Language, Eastern Sources, and Literary Posture of Herodotus', *AncW* 21, 103-108.

Marincola, J. (2003), 'Introduction', to A. De Sélincourt (tr.), *Herodotus: The Histories*, Further Rev. edn., London, ix-xxxviii.

Masson, O. (1959), 'Notes d'anthroponymie grecque et asiatique', *BN* 10, 159-170.

Masson, O. (1961), *Les inscriptions chypriotes syllabiques: recueil critique et commenté*, Paris.

Masson, O. (1966), 'Kypriaka II-III', *BCH* 90, 1-31.

Masson, O. (1987), 'L'inscription d'Éphèse relative aux condamnés à mort de Sardes (*I.Ephesos* 2)', *REG* 100, 225-239.

Masson, O. (1988), 'L'inscription syllabique en paphien récent du village de Tala (Paphos)', *RDAC* 1988-2, 63-68.

Meier-Brügger, M. (1994), 'Ein neuer Blick nach zehn Jahre', in M. E. Giannotta *et al.* (eds.), *La decifrazione del Cario: atti del 1º simposio internazionale Roma, 3-4 maggio 1993*, Roma, 111-114.

Meiggs, R. (1972), *The Athenian Empire*, Oxford.

Meiggs, R. and D. Lewis (1989), *A Selection of Greek Historical Inscriptions to the End of the Fifth Century B.C.*, Oxford.

Melchert, H.C. (2002), 'The God Sanda in Lycia?', in P. Taracha (ed.), *Silva Anatolica: Anatolian Studies Presented to Maciej Popko on the Occasion of His 65th Birthday*, Warsaw, 241-251.

Melchert, H.C. (2004), *A Dictionary of the Lycian Language*, Ann Arbor.

Melchert, H.C. (2010), 'Lydian Language and Inscriptions', in N. Cahill (ed.), *Lidyalılar ve Dünyaları: The Lydians and Their World*, Istanbul, 267-272.

Mellink, M.J. (1964), 'A Votive Bird from Anatolia', *Expedition Magazine* 6-2, 28-32.

Mellink, M.J. (1988), 'Anatolia', *CAH*^{2} 4, 211-233.

Merkelbach, R. and J. Stauber (eds.) (1998), *Steinepigramme aus dem griechischen Osten*, Bd. 1: *Die Westküste Kleinasiens von Knidos bis Illion*, München and Leipzig.

Metzger, H. (1990), 'Zur Forschungsgeschichte in Lykien', *GHHI*, 1-6.

Metzger, H. (ed.) (1979), *Fouilles de Xanthos*, tome 6: *la ste`le trilingue de Létôon*, Paris.

Metzger, H. *et al.* (1974), 'Fouilles du Létoon de Xanthos (1970-1973)', *RA* 1974, 313-340.

Michaelidou-Nikolaou, I. (1993), 'Nouveaux documents pour le syllabaire chypriote', *BCH* 117, 343-347.

Mickey, K. (1981), 'Dialect Consciousness and Literary Language: An Example from Ancient Greek', *TPhS* 79, 35-66.

Miller, M.C. (1992), 'The Parasol: An Oriental Status-Symbol in Late Archaic and Classical Athens', *JHS* 112, 91-105.

Miller, M.C. (1997), *Athens and Persia in the Fifth Century BC: A Study in Cultural Receptivity*, Cambridge.

Mitchell, B.M. (1975), 'Herodotus and Samos', *JHS* 95, 75-91.

Mitford, T.B. (1960), 'Paphian Inscriptions Hoffmann Nos. 98 and 99', *BICS* 7, 1-10.

Mitford, T.B. and O. Masson (1982), 'The Cypriot Syllabary', *CAH*^{2} 3, Part 3, 71-82.

Moorey, P.R.S. (1988), 'Religion and the Rulers', *CAH*^{2}*: Plates to Volume 4*,

45-50.

Morpurgo Davies, A. (2002), 'The Greek Notion of Dialect', in T. Harrison (ed.), *Greeks and Barbarians*, Edinburgh, 153-171.

Mosley, D.J. (1971), 'Greeks, Barbarians, Language and Contact', *AncSoc* 2, 1-6.

Moysey, R.A. (1975), *Greek Relations with the Persian Satraps: 371-343 B.C.*, Diss. to Princeton University.

Mullen, A. and P. James (eds), (2012), *Multilingualism in the Graeco-Roman Worlds*, Cambridge.

Munn, M. (2006), *The Mother of the Gods, Athens, and the Tyranny of Asia: A Study of Sovereignty in Ancient Religion*, Berkeley.

Munro, J.A.R. (1891), 'Excavations in Cyprus: Third Season's Work: Polis tes Chrysochou', *JHS* 12, 298-333.

Munro, J.A.R. (1912), 'Dascylium', *JHS* 32, 57-67.

Munson, R.V. (2005), *Black Doves Speak: Herodotus and the Languages of Barbarians*, Cambridge MA.

Murray, O. (1966), ''Ο ἈΡΧΑΙΟΣ ΔΑΣΜΟΣ', *Historia* 15, 142-156.

Newton, C.T. (1880), *Essays on Art and Archaeology*, London.

Nollé, M. (1992), *Denkmäler vom Satrapensitz Daskyleion: Studien zur graeco-persischen Kunst*, Berlin.

Nylander, C. (1970), *Ionians in Pasargadae: Studies in Old Persian Architecture*, Uppsala.

Olivier, J.-P. (2013), 'The Development of Cypriot Syllabaries, from Enkomi to Kafizin', in P.M. Steele (ed.), *Syllabic Writing on Cyprus and Its Context*, Cambridge, 7-26.

Parker, R. (2000), 'Theophoric Names and the History of Greek Religion', in S. Hornblower and E. Matthews (eds.), *Greek Personal Names: Their Value as Evidence*, Oxford, 53-79.

Parker, R. (ed.) (2013), *Personal Names in Ancient Anatolia*, Oxford.

Pedersen, P. (1988), 'Town-planning in Halicarnussus and Rhodes', in S. Dientz and I. Papachristodoulou (eds.), *Archaeology in the Dodecanese*, Copenhagen, 98-103.

Pedersen, P. (1991), *The Maussolleion at Halikarnassos: Report of the Danish Archaeological Expedition to Bodrum*, Vol. 3-1: *The Maussolleion Terrace and Accessory Structures*, Aarhus.

Pedersen, P. (1994a), 'The Ionian Renaissance and Some Aspects of Its Origin within the Field of Architecure and Planning', in J. Isager (ed.), *Halicarnassian Studies*, Vol. 1: *Hekatomnid Caria and the Ionian Renaissance*, Odense, 11-35.

Pedersen, P. (1994b), 'The Fortification of Halikarnassos', *REA* 96, 215-235.

Pedersen, P. (2010), 'The City Wall of Halikarnassos', in R. van Bremen and J.-M. Carbon (eds.), *Hellenistic Karia*, Bordeaux, 269-316.

Pedley, J.G. (1974), 'Carians in Sardis', *JHS* 94, 96-99.

Pembroke, S. (1965), 'The Last of the Matriarchs: A Study in the Inscriptions of Lycia', *JESHO* 8, 217-247.

Perreault, J.-Y. (1986), 'Céramique et échanges: les importations attiques au Proche-Orient du VIe au milieu du Ve av. J.-C.: les données archéologiques', *BCH* 110, 145-175.

Petit, T. (1988), 'A propos des "satrapies" ionienne et carienne', *BCH* 112, 307-322.

Poulsen, B. (1994), 'The New Excavation in Halikarnassos: A Preliminary Report (1990-1991)', in J. Isager (ed.), *Halicarnassian Studies*, Vol. 1: *Hekatomnid Caria and the Ionian Renaissance*, Odense, 115-133.

Price, S. (2005), 'Local Mythologies in the Greek East', in C. Howgego, V. Heuchert and A. Burnett (eds.), *Coinage and Identity in the Roman Provinces*, Oxford, 115-124.

Raimond, E. A. (2007), 'Hellenization and Lycian Cults during the Achaemenid Period', in C. Tuplin (ed.), *Persian Responses: Political*

and Cultural Interaction with(in) the Achaemenid Empire, Swansea, 143-162.

Ramage, A. (1987), 'Lydian Sardis', in E. Guralnick (ed.), *Sardis: Twenty-Seven Years of Discovery*, Chicago, 6-15.

Ramage, A. and P. Craddock (eds.) (2000), *King Croesus' Gold: Excavations at Sardis and the History of Gold Refining*, Cambridge MA.

Ramage, A. and N.H. Ramage (1983), *Twenty-Five Years of Discovery at Sardis, 1958-1983*, Cambridge MA.

Reyes, A. T. (1994), *Archaic Cyprus: A Study of the Textual and Archaeological Evidence*, Oxford.

Richter, G.M.A. (1946), 'Greeks in Persia', *AJA* 50, 15-30.

Richter, G. M. A. (1949), 'The Late "Achaemenian" or "Graecopersian" Gems', *Hesperia* Supp. 8, 291-298.

Robert, L. (1950), 'Le Carien Mys et l'oracle du Ptôon (Hérodote, VIII, 135)', *Hellenica* 8, 23-38.

Robert, L. (1969), 'Eulaios, histoire et onomastique', in id., *Opera minora selecta: épigraphie et antiquités grecques*, tome 2, Amsterdam, 977-987.

Robert, L. (1975), 'Une nouvelle inscription grecque de Sardis: réglement de l'autorité relatif à un culte de Zeus', *CRAI* 1975, 306-330.

Röllig, W. (2002), 'Aramaic Inscriptions', app. to D. Kaptan, *The Daskyleion Bullae*, 198-210.

Roosevelt, C. H. (2009), *The Archaeology of Lydia, from Gyges to Alexander*, Cambridge.

Rotolo, V. (1972), 'La communicazione linguistica fra alloglotti nell'antichità classica', in *Studi classici in onore di Quintino Cataudella*, tomo 1, 395-414.

Rutherford, I. (2002), 'Interference or Translationese?: Some Patterns in

Lycian-Greek Bilingualism', in J.N. Adams, M. Janse and S. Swain (eds.), *Bilingualism in Ancient Society: Language Contact and the Written Text*, Oxford, 197-219.

Ruzicka, S. (1992), *Politics of a Persian Dynasty: The Hecatomnids in the Fourth Century B.C.*, Norman.

Sancisi-Weerdenburg, H. (1979), 'Meden en Perzen: op het breukvlak tussen Archeologie en Geschiedenis', *Lampas* 12, 208-222.

Sancisi-Weerdenburg, H. (1987a), 'Introduction', *AchHist* 1, xi-xiv.

Sancisi-Weerdenburg, H. (1987b), 'Decadence in the Empire or Decadence in the Sources?: From Source to Synthesis: Ctesias', *AchHist* 1, 33-45.

Sancisi-Weerdenburg, H. (1987c), 'The Fifth Oriental Monarch and Hellenocentrism: *Cyropaedia* VIII viii and Its Influence', *AchHist* 2, 117-131.

Schmitt, R. (1972), 'Die achämenidische Satrapie "tayaiy drayahyā"', *Historia* 21, 522-527.

Schmitt, R. (2002), 'Cuneiform Inscriptions', app. to D. Kaptan, *The Daskyleion Bullae*, 194-197.

Schweyer, A.-V. (2002), *Les Lyciens et la mort: une étude d'histoire sociale*, Paris.

Seibert, J. (1976), 'Zur Bevölkerungsstruktur Zyperns', *AncSoc* 7, 1-28.

Sekunda, N.V. (1985), 'Achaemenid Colonization in Lydia', *REA* 87, 7-31.

Sekunda, N. V. (1988), 'Persian Settlement in Hellespontine Phrygia', *AchHist* 3, 175-196.

Sekunda, N.V. (1991), 'Achaemenid Settlement in Caria, Lycia and Great Phrygia', *AchHist* 6, 83-143.

Shahbazi, A. S. (1975), *The Irano-Lycian Monuments: The Principal Antiquities of Xanthos and Its Region as Evidence for Iranian Aspects of Achemenid Lycia*, Teheran.

Shrimpton, G.S. (1987), 'Theopompus on the Death of Evagoras I', *AHB* 1,

105-111.

Sokolwski, F. (1965), 'A New Testimony on the Cult of Artemis of Ephesus', *HThR* 58, 427-431.

Sokolwski, F. (1979), 'ΤΑ ΕΝΠΥΡΑ: On the Mysteries in the Lydian and Phrygian Cults', *ZPE* 34, 65-69.

Spawforth, A. (2001), 'Shade of Greekness: A Lydian Case Study', in I. Malkin (ed.), *Ancient Perceptions of Greek Ethnicity*, Washington D.C., 375-400.

Starr, C.G. (1975), 'Greeks and Persians in the Fourth Century B.C.: A Study in Cultural Contacts before Alexander, Part 1', *IA* 11, 39-99.

Starr, C.G. (1977), 'Greeks and Persians in the Fourth Century B.C.: A Study in Cultural Contacts before Alexander, Part 2: The Meeting of Two Cultures', *IA* 12, 49-115.

Steele, P.M. (2013), *A Linguistic History of Ancient Cyprus: The Non-Greek Languages, and Their Relations with Greek, c. 1600-300 BC*, Cambridge.

Strong, D.E. (1964), 'A Greek Silver Head-Vase', *BMQ* 28, 95-102.

Stüber, K. (1996), *Zur dialektalen Einheit des Ostionischen*, Innsbruck.

Stylianou, P.J. (1989), 'The Age of the Kingdom: A Political History of Cyprus in the Archaic and Classical Periods', *Μελέται καὶ Ὑπομνήματα* 2, 373-530.

Tassel, J. (1998), 'The Search for Sardis', *Harvard Magazine* 1998, 50-60 and 95.

Teixidor, J. (1976), 'The Phoenician Inscriptions of the Cesnola Collection', *MMJ* 11, 55-70.

Thomas, R. (2000), *Herodotus in Context: Ethnography, Science and the Art of Persuasion*, Cambridge.

Thonemann, P. (2009), 'Lycia, Athens and Amorges', in J. Ma, N. Papazarkadas and R. Parker (eds.), *Interpreting the Athenian*

Empire, London, 167-194.

Thonemann, P. (2011), *The Maeander Valley: A Historical Geography from Antiquity to Byzantium*, Cambridge.

Treuber, O. (1887), *Geschichte der Lykier*, Stuttgart.

Tuplin, C.J. (1996), *Achaemenid Studies*, Stuttgart.

Tuplin, C.J. (2004), 'Doctoring the Persians: Ctesias of Cnidus, Physician and Historian', *Klio* 86, 305-337.

Umholtz, G. (2002), 'Architraval Arrogance?: Dedicatory Inscriptions in Greek Architecture of the Classical Period', *Hesperia* 71, 261-293.

Vannicelli, P. (1997), 'L'esperimento linguistico di Psammetico (Herodot. II 2): c'era una volta il frigio', in *Frigi et Frigio. Monografie scientifiche: Serie Scienze umane et sociale*, Roma, 201-217.

Versteegh, K. (2002), 'Dead or Alive?: The Status of the Standard Language', in: J.N. Adams, M. Janse and S. Swain (eds.), *Bilingualism in Ancient Society: Language Contact and the Written Text*, Oxford, 52-74.

Virgilio, B. (1988), 'Conflittualità e coesistenza fra Greci e non-Greci, e il caso di Alicarnasso del V secolo a.C.', in id., *Epigrafia e storiografia: studi di storia antica*, tomo 1, Pisa, 53-71.

Wallinga, H.T. (1987), 'The Ancient Persian Navy and Its Predecessors', *AchHist* 1, 47-77.

Watkin, H.J. (1987), 'The Cypriote Surrender to Persia', *JHS* 107, 154-163.

Waywell, G. (1989), 'Further Thoughts on the Placing and Interpretation of the Free-Standing Sculptures from the Mausoleum', in T. Linders and P. Hellström (eds.), *Architecture and Society in Hecatomnid Caria: Proceeding of Uppsala Symposium*, Uppsala, 23-30.

Weiskopf, M.N. (1989), *The So-called 'Great Satraps' Revolt', 366-360 B.C.*, Stuttgart.

Werner, J. (1983), 'Nichtgriechische Sprachen im Bewußtsein der antiken

Griechen', in P. Händel and W. Meid (eds.), *Festschrift für Robert Muth*, Innsbruck, 583-595.

Wiesehöfer, J. (1990), 'Zypern unter persischer Herrschaft', *AchHist* 4, 239-252.

Wörrle, M. (1991), 'Epigraphische Forschungen zur Geschichte Lykiens IV: Drei griechische Inschriften aus Limyra', *Chiron* 21, 203-239.

Zahle, J. (1991), 'Achaemenid Influences in Lycia (Coinage, Sculpture, Architecture): Evidence for Political Changes during the Fifth Century B.C.', *AchHist* 6, 145-160.

Zournatzi, A. (1996), 'Cypriot Kingship: Perspectives in the Classical Period', *Tekmeria* 2, 154-181.

Zournatzi, A. (2005), *Persian Rule in Cyprus: Sources, Problems, Perspectives*, Athens.

阿部拓児（2006）「キュロスの帝国とペルシア衰退論――クセノフォン『キュロスの教育』にみるペルシア史像」『人文知の新たな総合に向けて：21世紀 COE プログラム「グローバル化時代の多元的人文学の拠点形成」第4回報告書』下巻、京都大学大学院文学研究科、3-25頁。

阿部拓児（2007）「歴史家クテシアスの経歴と『ペルシア史』――ペルシア宮廷滞在をめぐって」『西洋史学』228、43-57頁。

阿部拓児（2008）「フォティオス『文庫』におけるクテシアス『ペルシア史』摘要――アルタクセルクセス1世からアルタクセルクセス2世の治世まで」『西洋古代史研究』8、43-63頁。

阿部拓児（2009）「クテシアス『ペルシア史』と前4世紀ギリシア語文献におけるペルシア帝国衰退史観」『史潮』新65、93-112頁。

池田忠生（1969）「イソクラテス「キュプロス演説」の史的背景」『西洋史学』82、108-124頁。

大城光正・吉田和彦（1990）『印欧アナトリア諸語概説』大学書林。

大戸千之（1993）『ヘレニズムとオリエント——歴史の中の文化変容』ミネルヴァ書房。

岡田泰介（2008）『東地中海世界のなかの古代ギリシア』山川出版社。

長田年弘（1977）「ハリカルナソスのマウソレイオンの復元」『跡見学園女子大学美学・美術史学科報』25、22-32頁。

川瀬豊子（1988）「ハカーマニシュ朝史研究の現状と問題点」『評林』15、45-56頁。

川瀬豊子（1990）「Achaemenid History Workshop——ハカーマニシュ朝ペルシア帝国再検討の試み」『西南アジア研究』33、86-100頁。

栗田伸子・佐藤育子（2009）『通商国家カルタゴ』講談社。

サイード、エドワード・W（1993）『オリエンタリズム』上下巻、今沢紀子訳、平凡社。

周藤芳幸（2006）『古代ギリシア——地中海への展開』京都大学学術出版会。

周藤芳幸（2013）「コノンの像——古典期アテネにおける彫像慣習の一考察」『西洋古典学研究』61、36-47頁。

髙畠純夫（2002）『アンティポン／アンドキデス　弁論集』京都大学学術出版会。

豊田和二（1981）「ペルシア王宮造営と東方ギリシア人——資料からみたギリシア人職人の存在とその状況」『西洋史学』121、36-50 頁。

中井義明（2005）『古代ギリシア史における帝国と都市——ペルシア・アテナイ・スパルタ』ミネルヴァ書房。

廣川洋一（2005）『イソクラテスの修辞学校——西欧的教養の源泉』講談社。

藤縄謙三（1989）『歴史の父ヘロドトス』新潮社。

ボイス，メアリー（2010）『ゾロアスター教——3500年の歴史』山本由美子訳、講談社。

松本克己（1983）「クサントスのレートーオン出土の三言語併記碑文とリュキア語研究の現状——特にその統語構造を中心に」『オリエン

ト』26-2、95-118頁。

村田奈々子（2000）「分断された島キプロス」周藤芳幸・村田奈々子『ギリシアを知る事典』東京堂出版、312-332頁。

師尾晶子（1990）「カリアスの平和——前5世紀のギリシア－ペルシア関係をめぐって」『クリオ』4、23-42頁。

師尾晶子（2000）「ギリシア世界の展開と東方世界」歴史学研究会編『古代地中海世界の統一と変容』青木書店、24-55頁。

著者紹介

阿部　拓児（あべ　たくじ）

京都府立大学文学部歴史学科准教授

1978年　愛知県生まれ

2008年　京都大学大学院文学研究科博士後期課程修了

日本学術振興会海外特別研究員（リヴァプール大学・ライデン大学）を経て、現職。京都大学博士（文学）。

主な著書

『人文学への接近法――西洋史を学ぶ』（共著、京都大学学術出版会）

Memory of the Past and Its Utility: Nation, State, Society and Identity（共著、Scienze e Lettere）

ペルシア帝国と小アジア

―ヘレニズム以前の社会と文化

平成27（2015）年１月20日　初版第１刷発行

著　者　阿《あ》　部《べ》　拓《たく》　児《じ》

発行人　檜　山　爲　次　郎

発行所　京都大学学術出版会

京都市左京区吉田近衛町69

京都大学吉田南構内（〒606-8315）

電　話（075）761-6182

ＦＡＸ（075）761-6190

ＵＲＬ　http://www.kyoto-up.or.jp

振　替　01000-8-64677

印刷・製本　亜細亜印刷株式会社

ISBN978-4-87698-548-7

Printed in Japan

定価はカバーに表示してあります